— 全球领导力 —

积极的力量

成就更高效、更幸福团队的秘密

THE POSITIVE LEADER

How Energy and Happiness Fuel Top-Performing Teams

[捷克] 扬·穆赫菲特　[英] 梅利娜·考斯蒂 著　谢天 译
Jan Mühlfeit　　　　Melina Costi

机械工业出版社
China Machine Press

图书在版编目（CIP）数据

积极的力量：成就更高效、更幸福团队的秘密 /（捷克）扬·穆赫菲特（Jan Mühlfeit），（英）梅利娜·考斯蒂（Melina Costi）著；谢天译. -- 北京：机械工业出版社，2022.6
（全球领导力）

书名原文：The Positive Leader: How Energy and Happiness Fuel Top-Performing Teams

ISBN 978-7-111-71016-5

Ⅰ. ①积… Ⅱ. ①扬… ②梅… ③谢… Ⅲ. ①企业管理-组织管理学 Ⅳ. ①F272.9

中国版本图书馆CIP数据核字（2022）第101539号

北京市版权局著作权合同登记　图字：01-2021-2731号。

Jan Mühlfeit, Melina Costi. The Positive Leader: How Energy and Happiness Fuel Top-Performing Teams.

ISBN 978-1-292-16615-5

Copyright © 2017 by Pearson Education, Inc.

Simplified Chinese Edition Copyright © 2022 by China Machine Press.

Published by arrangement with the original publisher, Pearson Education, Inc. This edition is authorized for sale and distribution in the Chinese mainland (excluding Hong Kong SAR, Macao SAR and Taiwan).

No part of this book may be reproduced or transmitted in any form or by any means, electronic or mechanical, including photocopying, recording or any information storage and retrieval system, without permission, in writing, from the publisher.

All rights reserved.

本书中文简体字版由Pearson Education（培生教育出版集团）授权机械工业出版社在中国大陆地区（不包括香港、澳门特别行政区及台湾地区）独家出版发行。未经出版者书面许可，不得以任何方式抄袭、复制或节录本书中的任何部分。

本书封底贴有Pearson Education（培生教育出版集团）激光防伪标签，无标签者不得销售。

积极的力量：成就更高效、更幸福团队的秘密

出版发行：机械工业出版社（北京市西城区百万庄大街22号　邮政编码：100037）

责任编辑：华　蕾　李万方

责任校对：马荣敏

印　　刷：涿州市京南印刷厂

版　　次：2022年7月第1版第1次印刷

开　　本：147mm×210mm　1/32

印　　张：12.875

书　　号：ISBN 978-7-111-71016-5

定　　价：79.00元

客服电话：（010）88361066　88379833　68326294　　投稿热线：（010）88379007

华章网站：www.hzbook.com　　读者信箱：hzjg@hzbook.com

版权所有·侵权必究

封底无防伪标均为盗版

PREFACE
前 言
为获得积极领导力打好基础

> 在人们眼中,普通的领导者是企业高管,而最优秀的领导者是伟人。
>
> ——迈克·米亚特(Mike Myatt)
> 《福布斯》杂志领导力专栏作家、高管教练

你天生就是独一无二的,不要去模仿别人。如今的世界过于关注弱点。个人、组织甚至国家都认为纠正错误、弥补缺陷才是成功登上"珠穆朗玛峰"的唯一途径。尤其是在商业领域,我们都沉迷于改变自己,让自己符合一流领导者的理想形象。在我看来,这种对弱点的偏执是当今时代最大的错误观念,也极大地浪费了我们作为人类所拥有的最宝贵资源——我们的独特优势。

对领导者来说,获胜的途径并不是改正自己的问题,而是发挥自己的优势。过去几十年(甚至几百年),我们对于领导力的看法都是错误的。领导力这个主题被一次次分解、包装和重

组。人们将它奉为一门艺术,甚至受到了自然科学的严格检验。有人通过提出领导力的 7 条黄金规则、21 条法则和 50 种有效习惯来教我们什么是领导力,以及如何使自己具备领导力。据美国商学院教授沃伦·本尼斯(Warren Bennis)和伯特·纳努斯(Burt Nanus)统计,有关领导力的定义甚至多达 850 条![1]我在此不再赘述,读者可以自行检索。多年来,专家一直试图将领导力压缩到一个盒子里,而实际上,领导力有各种各样的特点、形状和大小,无法被压缩到一个盒子里。我们不应费力将自己改造成社会所要求的样子,而应更多地做自己。对领导者和团队来说,持久的成功和幸福感来自充分释放自己才能的全部潜力,做自己热爱的事,而不是在自己就算做到最好也只能达到平均水平的领域埋头苦干。

在公司工作的 24 年多(其中 22 年在科技巨头微软公司)时间里,我发现商界几乎不把幸福感当回事。当提到领导力时,我们想到的通常是业绩、生产力和利润。但这些都是卓越领导力的结果,而不是它的原因。幸福感才是实现变革的关键。如果我们热情地投身于事业,受到自己的事业和未来努力方向的鼓舞,成功就会更容易实现。这便是积极领导力的魔力——它提供了登上山顶的另一条更好的路,同时还让我们享受登山的过程。通过努力成为积极领导者,我们可以为自己和团队创造更加幸福和成功的生活。积极性使我们具有远见、自信心、真实性、精力、激情、魅力和创造力,并使每一件事有了意义,

---

[1] Bennis, W. and Nanus, B. (1997). *Leaders: Strategies for Taking Charge*. New York: Harper Business.

从而帮助我们摆脱平庸，实现卓越。

在本书中，我尝试建立一个对新手友好、浅显易懂的领导力模型——"积极领导力 4P 模型"，用于分解、强调和解读积极领导者的最重要特征。文中提出的工具、流程和方法适用于处于职业生涯任一阶段、任一类型的领导者，即从有志成为领导者的新手或新入行者到有经验的老手都适用。不要认为只有掌管着英国富时 100 指数中的企业的人才有资格读这本书。无论你是一家巨头企业的总裁，还是一家小企业的老板，都可以读一读本书。"积极领导力 4P 模型"可以帮助你充分了解自己、发挥自身优势，同时激发出其他人的最大潜能，从而唤醒你作为领导者的潜力。该模型的四个方面构成了积极领导力的基本维度，有助于你克服任何形势下的领导力挑战。更重要的是，你将了解如何利用该模型将自己、团队成员和整个组织提升到新的高度，取得更大成功并收获更多的幸福感。请注意：业绩（Performance）不是该模型的维度之一！

0.1 "P"不代表"业绩"

我们生活在一个日新月异、创新成果层出不穷的世界。在这个充斥着颠覆性变革的经济环境中，大多数领导者肩负重担，竭尽全力地工作。他们需要完成太多紧迫的任务，参与太多重要的会面并要做出太多重大的决定。我知道你面对的是什么，也知道陷入对快速取胜的追求有多容易，只因为它能建立你作为成功者的地位。

回首在微软工作的早些年，我当时严重沉迷于业绩。但我很幸运得到了全球一些最伟大的商人和思想家的指点，包括迈克·卡米（Mike Kami，战略）、菲利普·科特勒（Philip Kotler，营销）、爱德华·德博诺（Edward de Bono，创造力）和东尼·博赞（Tony Buzan，思维技巧）。我参加过一些顶级管理学校（例如哈佛大学、沃顿商学院和伦敦政治经济学院）的发展项目，并迫切地想要将学到的新知识大量付诸实践。对了，差点忘了，我还有一位非常优秀的榜样——微软公司鼓舞人心的创始人比尔·盖茨，他是世界上最成功的人之一。他教我在其他人看到问题的地方寻找机遇，并且引导我在战略、愿景和沟通方面发挥天赋，寻求新的增长点。在担任微软中东欧地区业务总监时，我对成功的渴望促使我走上了一条雄心勃勃的道路——推翻现有管理体制，开创一套基于优势的方法，从而在不断转型的欧洲市场中提高团队业绩和工作动力。这条路风险很大……但好在它的效果很好。随着信心和团队效率的极大提高，我开始着力实现一个个目标，也取得了一些巨大的成功。转型后的中东欧市场连续4年成为微软公司业绩最好的地区市场，在这段时间里，微软也成为股市上规模最大的公司。不久后，我开始在全球各地的知名大学与商业活动中授课和演讲，走过了4大洲的42个国家。

但成功始终是一个不断变化的目标，我不断地给自己和团队施压。与以往的所有领导者一样，我相信全天无休止地工作是领导者的一项任务，而成功永远有代价——我指的是个人健康和家庭付出了巨大代价。经过多年的超负荷工作后，我的身体终于垮了,我甚至在精神病院住了些日子。或许你现在也濒临崩溃?当我不再钻业绩的"牛角尖",将视线放到更广阔的世界中时,我的生活发生了巨大的变化。我不再仅仅盯着业绩,开始看到更大的图景。成就斐然的领导者不光在业务上取胜,在生活中也是赢家。通过探寻自我和整合生活经验,我开始了解到,作为榜样领导者,只要做到一点,那就是:提高生活质量。

提高生活质量

努力在事业上取得成果是很重要的。个人和企业成功领域的美国顶尖权威人士博恩·崔西(Brian Tracy)明确指出,"领导者的首要任务是取得成果"。[一]但是在这个过程中,你没有必要将自己和团队变为成果的奴隶。追求胜利并不一定需要耗尽全力。"业绩"当然是工作的一项重要内容,但还有"人"的方面要考虑。领导力的人性方面应该成为领导者的首要关注点。

众所周知,很多人离职的原因都与自己的上司有关。2015年,盖洛普针对7272名美国劳动者开展的调查显示,50%的人离职都是为了逃离上司,从而全面提高生活质量。[二]无效的领导者会过度给手下施压,实行微观管理,不了解状况,不关心

[一] Gell, Anthony (2014). *The Book of Leadership: How to Get Yourself, Your Team and Your Organisation Further Than You Ever Thought Possible*. London: Piatkus.

[二] Gallup (2015). "State of the American manager: Analytics and advice for leaders", April. [Online] Available from: http://www.gallup.com/services/182138/state-american-manager.aspx.

员工，不擅长沟通和激励他人。令人惊讶的是，在员工敬业度上，领导者因素占总方差的70%。业务能力强的员工不想敷衍地工作，他们想获得意义、目标和满足感，而只有能提供目标、树立积极的榜样、重视员工并愿意帮助他们提升自己的领导者才能实现这一点。更有启发的是，根据上述报告，敬业的领导者手下员工的敬业度比一般员工高出59%。所以，作为领导者，你的幸福感也很重要！

领导者的常见错误

我认为，领导者在管理自己和团队方面经常犯下列错误：

（1）**关注弱点，而非优势**。偏离方向的领导者会浪费重要的时间、金钱和精力应对错误和失败，而不会认可和利用员工的优势。这样做的结果就是，团队失去了动力和幸福感。积极的领导者则不同，他们会利用员工的"突出优势"，避开员工的弱点，让其他团队成员来填补这方面的空缺。另外，他们鼓励团队和组织也这样做。

（2）**没有"梦想"**。领导者必须热爱自己的事业，并且要有目标，否则不如辞职回家。了解自己的领导者能够激励他人，与团队建立情感联结，这样可以号召所有人朝着同一方向努力。领导力的内涵在于领导人们过上美好的生活。积极的领导者能够想象出光明的未来图景，由此提高员工的积极性，并赋予工作更大的意义。

（3）**管理的是时间，而不是精力**。面对职场上应接不暇的要求，领导者会把工作日志的每一页都写满，以为这样可以最大限度地利用时间。相反,他们只是在大肆挥霍自己的精力,模糊工作重点,导致自己精疲力竭。时间是一种有限资源,但精力不是,精力是可再生的。领导者需要树立正确的榜样,杜绝无效消耗精力的行为,并制定策略,为自己的身体、头脑、情感和精神充电。

(4)**认为成功出现在幸福感之前**。如果领导者为物质所困,只关注物质上的成就,例如金钱和指标,他们就会忽略有助于取得长久成功并获得更大幸福感的更深层次的联结和有意义的活动。利润和名声都很重要,但领导力的一大特权在于有机会实现变革。最出色的领导者发自内心地想要帮助别人或组织,包括客户、团队、所在社区乃至整个社会,并以此为动力。如果领导者一味索取而不予回报,他们必定会失去员工的尊重和爱戴。

0.2 工作中的积极心理

积极心理是积极领导力的一项重要内容,它能帮你培养你与团队的良好关系。先别急着露出鄙夷的表情,我要讲的不是大量涌现的伪科学,也不是逐渐流行起来的主张"顺其自然"的自助型建议。拥有积极心理不代表你要在脸上挂着油腻的假笑,做事心不在焉,只看好的一面,对人客客气气。它要求你培养一种经实践证明有效的、积极的心态和职场文化,来帮助你取得更大成果。

1998年,马丁·塞利格曼在就任美国心理学会(American

Psychological Association）主席时宣布，心理学的新时代到来了——人们应该看向生活更加阳光的一面。他让人们放手去探索让自己感到幸福和满足的因素，而不仅仅是让自己难过、焦虑或抑郁的因素。积极心理学在这个时期应运而生。令人震惊的是，在塞利格曼发表这一声明的时候，心理学领域针对消极心理和积极心理的研究数量之比高达17:1。换句话说，对于每一项有关幸福和成长的研究，就有17项有关抑郁和精神错乱的研究与之对应。[一]积极心理学的定义是"有关人类繁荣的科学研究，以及实现人类最优机能的实用方法"。[二]它将心理学研究的重点从人的弱点转移到了"展现人的优势，拓展积极的技能"，使人茁壮成长。[三]积极心理学不是某些积极思考领域的专家提出的天真、简单又空洞的建议，正相反，它提供的是精准而严谨的干预，目的是创造充实且有趣的生活。总之，它是一门科学。

在这个令人激动的新领域，研究活动不断增加，因此我们逐渐明白，如果将幸福感放在第一位，我们可以取得更大的成功和更好的结果。直到最近，人们还普遍认为，如果自己工作足够努力并专注于挣很多钱，就一定能够成功，而且只有成功了才会感到幸福。如果是这样，那么所有找到高薪工作，开着

[一] Achor, Shawn (2010). *The Happiness Advantage: The Seven Principles that Fuel Success and Performance at Work*. New York: Crown Business.

[二] Positive Psychology Institute (2012). "What is positive psychology?" [Online] Available from: http://www.positivepsychologyinstitute.com.au/what_is_positive_psychology.html.

[三] Pennock, Seph Fontane (2015). "What is Positive Psychology: 7 definitions + PDF". *Positive Psychology Program*, 3 April. [Online] Available from: http://positivepsychologyprogram.com/what-is-positivepsychology/.

豪华汽车，过着奢侈生活的野心勃勃的人都会感到持久的幸福。但事实正好相反，每当人们取得了一项重大成果（例如额外获得一笔财产、通过考试、得到加薪），他们就会制定一个更高的目标，幸福感也随之消失了。人们花费时间追求金钱，将它作为生活的核心目标，结果却发现金钱无法带来持久的幸福。2005年的一项研究推翻了这套"幸福感来自成功"的观念。研究人员索尼娅·柳博米尔斯基（Sonja Lyubomirsky）、劳拉·金（Laura King）和埃德·迪纳（Ed Diener）在三种类型的研究（横断面研究、纵向研究和实验性研究）基础上发现，成功人士在取得成功之前就感到幸福了。㊀因此，顺序应该反过来：幸福感孕育了成功。在外部世界取得成功不一定使你内心感到幸福，但从一开始就具备积极的心态，可以让你在工作上同时获得幸福和成功。幸福感和业绩二者形影不离。

将领导力颠倒过来

领导力在不断变化。关于职场幸福感和积极性的新的重大研究成果彻底颠覆了商界认知。随着合作型、参与型和变革型领导模式的出现，不重视这些新趋势的领导者就会丧失加速企业发展的绝佳机会。对思想开放的高管和企业家来说，这些新的方法改变了传统的"指挥和控制"的领导模式，在传统模式下，专横跋扈的领导者待在自己的象牙塔里，要求员工像机器

㊀ Lyubomirsky, Sonja, King, Laura and Diener, Ed. (2005). "The benefits of frequent positive affect: Does happiness lead to success?" *Psychological Bulletin*, 131(6), pp. 803–855. [Online] Available from: http://www.apa.org/pubs/journals/releases/bul-1316803.pdf.

一样听从指令。在这种专制的"领导者说什么都对"的领导模式中,处于顶端的人会在工作中挥舞权力大棒,导致手下员工感到害怕,或至少对他很冷漠。但如今,以上这种威吓战术不会让领导者走太远。在以极端变革和不确定性为特征的商业世界中,压力和负面情绪不断积累,要求领导者帮助手下员工最大化地争取福利,维持他们的精力水平,并在必要的时间和地点提高员工的生产力。你可以看到,其中的关键是让人们感到幸福。如果团队成员感到幸福,成功和公司业绩的提升自然会随之而来,不需要你"发号施令"。领导者可以开展积极实践,重点提高自我意识,发挥优势,提高幸福感,找到意义、目标并给予善意,通过"软性"支持与合作获得必要的"硬性"财务成果。

幸福感也有代价

员工幸福感的提升可以直接带来利润的增加。这是事实!大量研究已经证实了积极性与业绩之间的关联。研究人员索尼娅、劳拉和埃德在针对225项学术研究的系统性分析中发现,对生活满意有助于实现商业上的成功。[一]积极的心态可以:

- 将面对压力时的工作动力提高23%。
- 将生产力提高31%。
- 将销售水平提高37%。

[一] Achor, Shawn (2012). "Positive intelligence". *Harvard Business Review*, January–February. [Online] Available from: https://hbr.org/2012/01/positive-intelligence.

- 将获得晋升的概率提高40%。
- 将创造力提升到原来的3倍。

华威大学（University of Warwick）的经济学家在2014年开展的调查显示，幸福感可以将生产力提高12%，缺乏幸福感的劳动者的生产力比普通劳动者低10%。⊖领导力与管理研究所（Institute of Leadership & Management）也发现，组织中的幸福感是上下来回传递的——从领导者传递给团队，再由团队传递回去。⊜幸福的领导者要保持独立和健康，这有助于激励他们进一步前进，并保持成功的势头。通过鼓励和保证团队的幸福感，领导者也能提升整个组织的业绩和生产力。

一些有影响力的企业迅速体会到了"幸福感要素"的意义。例如，微软做出了一些重大改革，创造了一种让员工得到支持和回报并愿意竭尽全力工作的环境，包括提供远程工作机会，设立创意项目实验室，开展家庭活动、庆祝活动、工作辅导、志愿活动、内部医疗服务和沙龙活动，制订个人发展计划，并提供其他令人羡慕的待遇。微软和其他有着相似文化的企业（例如谷歌、思科和联邦快递）明白很多企业不知道的一个道理：如

⊖ Revesencio, Jonha (2015). "Why happy employees are 12 per cent more productive". *Fast Company*, 22 July. [Online] Available from: http://www.fastcompany.com/3048751/the-future-of-work/happyemployees-are-12-more-productive-at-work.

⊜ Institute of Leadership & Management, ILM (2013). "The pursuit of happiness: Positivity and performance among UK managers". [Online] Available from: https://www.i-l-m.com/~/media/ILM_per_cent20Website/Downloads/Insight/Reports_from_ILM_website/research_positivity_and_performance_per_cent20pdf.ashx.

果员工感到幸福,企业就能在市场上获利。

然而,打造良好的工作环境并不仅仅意味着企业要提供免费的健身卡、乒乓球桌、远程工作机会和洗衣设施;重点在于培养一种精神,让工作变得有趣,使每个员工动力十足。^㊀最优秀的企业会在培训和发掘员工的优势上投资,以帮助他们成长。它们认可赋能、利他和培训的价值,并且有着比"赚很多钱"更加长远的目标,这能为整个企业赋予意义。这个强大的组合正是企业成为杰出的雇主与伙伴的原因。你作为领导者的职责就是创造这种组合。

"新"的竞争优势:人的潜力

如今,技术的快速发展给我们生活和商业的各个方面带来了动态的创新。根据摩尔定律,计算机的处理能力每两年将翻一番。我们面临的海量数据及其迅速增长意味着我们要一刻不停地快速完成大量工作。20年前,做一个决定可能需要两个月,现在则缩短到了两分钟。压力随着信息量的增加进一步提升,各个行业的从业人员都必须找到新的方法来应对压力,否则就会被压垮。

技术不断发展并渗透到社会和经济的各个领域,也逐渐成了一种商品。在这个过程中,人力资本将比以往更加重要。我将这种现象称为数字悖论(Digital Paradox)。在不远的将来,

---

㊀ Bersin, Josh (2014). "Why companies fail to engage today's workforce: The overwhelmed employee". *Forbes*, 15 March. [Online] Available from: http://www.forbes.com/sites/joshbersin/2014/03/15/why-companies-fail-to-engage-todays-workforce-the-overwhelmed-employee/.

人类将成为每一个行业或领域实现差异化的主要动力。那么显而易见，个人、企业甚至国家将主要通过释放人的潜能来获得竞争优势。领导者如何调整他们的长期战略、组织和业务流程，从而最大化地利用卓越的人力资源，将成为决定企业成功与否的要素。创意、情商、远见和对个人优势的充分利用是迅速培养领导力和取得成功的新途径。你和团队是否最大化地利用了自己的优势？你是否激励团队取得超乎想象的成就？有一点是明确的：发挥自身优势、追求有意义的目标、全心投入工作的人不会变得平庸。

0.3 成为最好的你

如果遇到优秀的领导者，我们都能辨别出来；他们有着追求卓越的冲劲儿，也有激发人们最大潜能的本领。艾伦·休格（Alan Sugar）、温斯顿·丘吉尔（Winston Churchill）、史蒂夫·乔布斯（Steve Jobs）和特蕾莎修女（Mother Teresa）都是值得我们尊敬和学习的传奇领导者。然而，并非所有成功的领导者、CEO 和企业家都闪耀着光芒或尊贵的气质。不是所有领军人物都具有超乎常人或富有禅意的智慧。事实上，所有"功成名就"的领导者都不会因循守旧。他们有自己的独特之处，并且能够发挥自己的独特优势来制定明确的目标和实施具体战略。

对那些想确切地知道如何快速成为明星高管的有抱负的领导者来说，上面的方法或许没用。但是数以千计的研究表明，对于理想的领导者没有统一的标准，这实际上是一件好事。对你来说，这意味着成为积极的领导者不要求你做到尽善尽美，或者具备所有必要的品质。你不必将自己改造为维珍集团的理查德·布兰森（Richard Branson）或谷歌公司的拉里·佩奇（Larry Page），或者为了表现得"像领导者"而隐藏自己的个性。你也不必惯用左脑或右脑，保持内向或外向，也不用在意是否上镜，但是有一点是必不可少的：你要表现得真实。

个性决定领导风格

如今，人们越来越重视真实性，因为员工（特别是年轻一代）不太能容忍肤浅且不真诚的领导者，他们愿意追随真实可靠的人。表现得真实意味着你要忘掉自己的头衔，表现出"真正的"自己。一方面，人们想要追随某个人的原因有很多，包括这个人的勇气、道德、技术水平或人际关系等，所以领导者没有必要要求别人崇拜自己，或者做出疯狂而可笑的行为来强调自己的地位。另一方面，做出趾高气扬的姿态，希望所有人认可你有多优秀也不是好办法。只是说出"所见即所得"然后什么都不做也是无用的。你必须首先领导自己，为自己的进步负责。真实性源于自我意识。具备自我意识的领导者会主动了解自己的优势和弱点，并尽最大努力扬长避短。他们还会反思自己的性格优势、核心价值和对他人产生的影响，努力培养积极的素质并做出积极的行为，为他人做出表率。因此，领导者可以从实质、风格和服务三个方面体现自己的真实性：

- 实质。实质是指你的实际优势和能力——领导力的行动层面。例如：领导员工开展变革，保持积极主动，为他人赋能，擅长分析，具有执行力，擅长解决问题、开展合作、公开演讲、财务管理，能有效影响他人，具有前瞻性思维，追求卓越。

- 风格。风格是指你的性格优势和道德准则——领导力的特征层面。例如：正直、价值观、视野远见、幽默、热情、谦逊、一致性、同理心、自信、乐观、诚实、公平、勇气和沟通。
- 服务。服务是指关怀他人和建立紧密联系的能力——领导力的付出层面。例如：重视和欣赏他人，关心团队，在所有交易中寻求双赢，开发他人的全部潜能，看到别人的优势，建立社会支持网络，帮助他人完成任务。

0.4 积极领导力 4P 模型

积极领导力 4P 模型如图 0-1 所示。

图 0-1 中的"积极领导力 4P 模型"看似简单，但可以帮助领导者制定一套新的积极领导力规则，充分发挥领导力。"积极领导力 4P 模型"的四个维度涉及积极领导力中的"谁""为什么""怎么做""去哪里"四方面问题。

1. 积极的人：建立优势（"谁"）

你要了解自己是谁。找出并发挥自己的优势，释放全部的领导力潜能。通过关心他人以及关注他人的优势而非弱点，培养人才并打造顶级团队。要表现得真实！

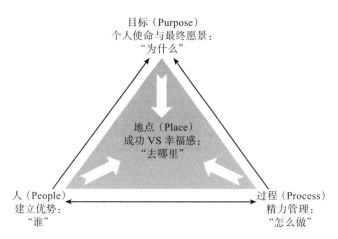

图 0-1 积极领导力 4P 模型

2. 积极的目标：个人使命与最终愿景（"为什么"）

你的目标是为世界创造价值，同时在这个过程中感到幸福。你要利用自己的独特优势、价值和热情，全力以赴地完成有意义的使命。你还要关注自己和团队的最高目标（甚至完成不可能完成的任务），与团队相互激励。

3. 积极的过程：精力管理（"怎么做"）

你要管理自己和其他人的精力，以追求卓越的成果而不至于精疲力竭。成为"首席精力官"（Chief Energy Officer，CEO），树立正确的榜样，从整体上充分调动员工的精力。避免因为管理自己的体力、智力、情感和精神资源而感到倦怠。

4. 积极的地点：成功 VS 幸福感（"去哪里"）

听从自己的内心，努力实现成功与幸福感的平衡，不要开展你死我活的竞争。幸福感能够孕育成功。将幸福感放在第一位,你就能学会积极生活的方式,为自己和团队争取有意义的回报,同时实现利润目标。你可以帮助他人,利用自己的职权为世界创造变革。

有没有注意到这里少了什么?没错,是业绩。

为什么图 0-1 中没有业绩?难道不是所有领导者都沉迷于提升业绩吗?一般是这样,但业绩本身不是一个独立的维度。这是因为业绩不是实现卓越领导力的原因或战略,而是它的结果——业绩是采取积极方法得到的积极的副产品。采取本书的建议,你将提高自己的竞争优势,并实现业绩的直线提升。

本书分为四部分。每个部分将详细阐述"积极领导力 4P 模型"的一个维度,将图形立体化——在你眼前呈现出具体的画面,从而在自己和同事身上开展必要的领导力实践。每一章都包含大量有价值的信息,包括研究综述、领导力框架、个人事迹、积极的建议、商业案例和实用工具。

现在就行动起来,成为一个积极的人吧!

CONTENTS 目录

前言

第1部分　积极的人：建立优势（"谁"）

第1章　我是谁（自我意识、优势与情商因素）2

　　1.1　自我意识：现实检验 3
　　1.2　取得巨大成就之人了解自己的优势 7
　　1.3　情商因素：情绪智力 16

第2章　审视自我优势
　　　　（发挥优势，表现真实的自己）22

　　2.1　了解自我优势 23
　　2.2　让其他人提供反馈 27
　　2.3　讲述你的人生故事 36
　　2.4　你的好恶 37
　　2.5　发挥自己的优势：行动计划 40
　　2.6　真实领导力：做真正的自己 50

　　　　2.7　个人魅力的真正力量　52

第 3 章　打造极具天赋的团队　59

　　　　3.1　打造一支平衡的团队　60
　　　　3.2　发掘团队优势　71
　　　　3.3　领导力学习　74
　　　　3.4　训练：基于优势的方法　78

第 2 部分　积极的目标：个人使命与最终愿景（"为什么"）

第 4 章　什么是"为什么"（寻找个人使命）92

　　　　4.1　引领自己的生活　93
　　　　4.2　职位、职业与事业　96
　　　　4.3　确定个人使命　108
　　　　4.4　优势 + 价值观 + 热情　118
　　　　4.5　属于每个人的使命　123

第 5 章　做有远见的人
　　　　（激励团队，实现目标）125

　　　　5.1　更大的灵感　126
　　　　5.2　有远见的领导者　129
　　　　5.3　成就不可能之事　132
　　　　5.4　未来是什么样的　140

5.5 人要有梦想 144
5.6 激励：行动的"动机" 150
5.7 攀登马斯洛金字塔 151
5.8 意义至上 156

第 6 章 纵观大局（打造制胜文化） 160

6.1 积极的文化 161
6.2 确定团队使命 163
6.3 庆祝成功 171

第 3 部分 积极的过程：精力管理（"怎么做"）

第 7 章 成功的奴隶（倦怠与压力） 176

7.1 丧失精力 177
7.2 压力的限度在哪里 183
7.3 克服压力 191

第 8 章 如何成为首席精力官 201

8.1 精力管理的科学 202
8.2 质量优先于数量 208
8.3 数字干扰 216
8.4 激励并吸引他人参与 225

第 9 章　精力管理的四个策略 236

    9.1　工作中的精力管理 237

    9.2　体力策略 239

    9.3　情绪策略 254

    9.4　脑力策略 262

    9.5　精神策略 269

    9.6　66 天精力管理图 278

第 4 部分　积极的地点：成功 VS 幸福感（"去哪里"）

第 10 章　追求幸福的道路 284

    10.1　富有之人为什么不幸福 285

    10.2　成功 VS 幸福感：哪个先到 291

    10.3　通往幸福之路：个人的独特性 303

第 11 章　到达更好的地方

    （如何保持日复一日的幸福）311

    11.1　去往更幸福的地点 312

    11.2　幸福工具包 313

第 12 章　领导力传统

    （帮助他人，提供社会支持）340

    12.1　"好的"领导者：实质、

　　　　　风格与服务 341
　　　12.2　要给予，不要索取 352
　　　12.3　职场社交 363

结论　你的成功与幸福感 377

下一步计划 381

致谢 384

关于作者 387

The Positive Leader

How Energy and
Happiness Fuel Top-Performing Teams

第 1 部分

积极的人：
建立优势（"谁"）

CHAPTER 1
第 1 章
我是谁
（自我意识、优势与情商因素）

> 领导力是个性的延伸。它是世界上最为私密的东西，原因很简单：
> 它代表的就是你自己。
>
> ——菲尔德·马歇尔·斯利姆子爵
> 英国军事指挥官

如果我告诉你，有一种了不起的领导力，一经培养，可以帮助你在各个方面成为更加优秀和积极的领导者，你会怎么想？要是这种很酷的元技能可以禁得起时间的考验，能帮助你克服任何领导力挑战呢？

这种能力确实存在，它叫作自我意识。

作为一个领导力方面的主题，自我意识经常受到抨击，尤其是西方世界一些大男子主义的领导者们经常对这个概念嗤之以鼻。然而，自我意识是最有价值的领导力要素，原因很简单：

它是所有其他要素的支撑。它是视野、决心、适应能力、战略思维、个人魅力，以及所有其他能使一个人成为伟大领导者的传统技能和品质的催化剂。

1.1 自我意识：现实检验

首先，自我意识不是自我反省或过度的自我关注。它指的是对自己的能力进行实事求是的评估，例如：

- 你的优势。
- 你的弱点。
- 你的成就。
- 你的过错。
- 你的动力。
- 你的偏好。
- 你的态度。
- 你对他人的影响。
- 你需要填补的知识空白。

这种自我意识和反省的想法听起来可能有些以自我为中心。可能有人会问，难道不应该专注于领导团队而不是反省自己吗？这当然可以，但对自己进行全面的现实检验的好处在于，你能更好地与他人相处。只有通过自我意识，你才能发现并展示自己最真实的一面，而这正是获得他人信任和尊重的奥秘。如果周围的人比你更了解你自己，对你的优势和弱点看得更清楚，你就失去了可信度。如果你了解自己以及自己对他人的影响，你自然会变得更加开放，更具同理心和影响力，也可以在不违背自己的核心原则或个性的前提下与同事巧妙地沟通。深入探索自我意识是引导自己开发最大潜能的过程，而这只会带来好处。到目前为止，这个概念可能听起来很空洞，让你感到云里雾里，但相信我，它的效果是不容小觑的！

具有真实效果的软技能

光辉国际研究所（Korn Ferry Institute）针对2750多名高管开展了一项在线评估，结果显示，自我意识对取得优秀业绩产生了显著影响，它也是体现长期工作成果的一个指标。[一]此外，咨询公司 Green Peak Partners 和康奈尔大学工业与劳动关系学院（Cornell's School of Industrial and Labor Relations）在探索某些企业领导者成功的原因时发现，"较高的自我意识分数是预测总体成功的最有力因素"。[二]自我意识强的领导者更擅长：

- 与客户和业务伙伴合作。
- 理解和执行策略。
- 创造利润。

[一] Orr, Evelyn J. (2012). "Survival of the most self-aware: Nearly 80 percent of leaders have blind spots about their skills". *The Korn Ferry Institute*.

[二] Flaum, J.P. (2010). "When it comes to business leadership, nice guys finish first". *Green Peak Partners*.

这些领导者并非没有主见之人；正相反，他们会严格要求下属取得漂亮的成绩，他们自己也能做出艰难的决定，只不过，他们能够鼓励和尊重他人。这些领导者清楚自己的弱点，因此会明智地雇用在自己有所欠缺的领域表现出色的下属。他们也愿意承认团队成员有比自己更好的想法。

自我意识产生的回报是惊人的，但缺乏自我意识也要付出巨大的代价，甚至会影响到整个组织。光辉国际研究所的研究员戴维·泽斯（David Zes）和达纳·兰迪斯（Dana Landis）分析了486家上市公司的6977份员工自我评估报告。[一]他们发现，业绩不佳的公司的员工总体自我意识较低的可能性比业绩优秀公司的员工高出79%。该研究所还透露：

"80%的领导者对自己的技能存在盲点，另有40%的领导者没有充分利用自己的隐藏优势。"

除此之外，与财务状况良好的公司的员工相比，业绩不佳公司的员工的技能盲点多出20%。用达纳·兰迪斯的话说：

"自我意识不是一种软技能，或者一种可有可无的能力。它会影响公司的利润，并且关乎领导力的成效。"

深入探索我们自己

尽管领导者们处在相当有权力的位置上，但大多数领导者从来没有花时间去审视自己的内心，了解真正的自己，这让我

[一] Zes, David and Landis, Dana (2013). "A better return on self-awareness". *The Korn Ferry Institute*, August [Online] Available from: http://www.kornferryinstitute.com/sites/all/files//documents/briefingsmagazine-download/KFI-SelfAwareness-ProofPoint-6.pdf.

觉得很讽刺。很多精明的领导者拥有丰富的外部知识，包括行业知识、市场经验、深层次的技术知识、大量事实和数据等，但他们缺乏足够的内在知识。外部意识对任何领导者来说都是透彻了解业务运作的必要条件，但是如果没有自我意识，领导者很容易感到不知所措，甚至会迷失方向。因此，你常常会看到，头脑敏捷、充满智慧的人做出了一些可笑的举动！有了这么多铁证，如果你还认为自我意识"与商业无关"，也不值得你费心，那就太愚蠢了。

练习 1-1　自我意识

以下是帮助你不断审视自己的一些简单方法：

- 写日志，记下你的关键决定和行动、它们是如何做出的，以及背后的动机。时常翻开看一看，重新审视这些决定和行动，并反思其结果。你最初的设想是正确的吗？你是否需要对方法做一些调整？
- 你也可以简要记录你对某些环境或人的强烈态度或感受。这有助于你弄清楚你的情绪传递了哪些信息。为什么那个人频频惹怒你？为什么你在那种情况下总会发火？你是否注意到某些反复出现的情形？利用这种意识来重新整理思路，以便下次做出更好的回应。

1.2 取得巨大成就之人了解自己的优势

当今职场最令人担忧的一点是，我们过分执着于弥补弱点。领导者会花费巨大的精力和数不清的时间试图弥补自己、团队和组织中大量明显的弱点。在某种程度上，这是可以理解的。解决问题、消除弱点、纠正错误、填补差距，这是人类的天性。尤其是对领导者来说，人们对你的职责抱有很大的期望，所以你肩负重任。为了满足这些普遍的期望，不辜负自己或其他人，你很容易感受到压力。但我可以肯定地告诉你，这不是取得伟大成果或激励他人发挥最大优势的最佳方式。人不是机器，不是汽车或电脑设备，我们无法通过修理或更换故障部件，就使一切完美如常。不过，很多领导者仍然试图对"故障"进行微调。

当我们忙于通过克服弱点来"修复"或"完善"我们自己和同事时，我们往往彻底忽略了让自己变得优秀的东西——我们的优势。优势来自我们固有的天赋和才能——我们天生擅长并且喜欢的事情。这些天赋和才能是持久而独特的，每个人都应该努力找出它们，精心培养，并将它们转化为优势。人们无法被"修复"，但可以得到激励、接纳，并获得能量和支持。专注于每个人的优势是取得巨大成就的最主要方法。如果要我选出我在微软工作期间做过的最好的领导决策——引发了最大变革的重大决定，我会毫不犹豫地说，是开始关注我自己和团队的优势的那个决定。我坚信，要在任何行业、职业或项目中取得惊人的进展，唯一的办法就是将人们的天赋利用起来，并将其转化为强大的资产。

把方钉敲进圆孔

我沮丧地发现，大多数组织的等级制度和流程安排注定让人们无法成功地履行职责。以一个标准绩效评估场景为例，领导者与一名团队成员（假设他叫亚当）坐下来，讨论下一阶段有哪些"需要改进的领域"（"弱点"的一种好听的说法）。假设亚当是一个专业的软件开发人员，擅长创建能满足用户需求的无瑕疵工具，并且能够熟练完成多种复杂的编程任务。亚当对自己的工作非常在行，而且他对产品了如指掌，所以你（他的上司）认为他应该向潜在客户和董事会做演示，展示自己的工作。唯一的障碍在于，他的演讲能力很差，而且在公共场合他会格外紧张。所以你们两人一致"同意"他应该接受演示和公共演讲技巧方面的培训，以弥补这个所谓的缺陷。

尽管亚当对这项任务没有表现出多少热情或天赋，但你坚信自己在给他动力，帮助他进步。亚当真诚地希望自己在这个新的挑战中有出色的表现，并在工作上得到认可。因此，他接受了所有必要的培训，并投入大量的精力，直到他在做演示上勉强"合格"。亚当开始在客户和管理层会议上花越来越多的时间做演示，而他所讲的内容其实相当乏味。与此同时，他在自己真正擅长并且喜欢的事情上花费的时间越来越少！你看出这里的问题了吗？通过集中精力克服这个人的弱点，你基本上忽略了他最有价值的天赋，将他变成了另一个人。你只是试图将方形的钉子敲进圆孔里。

　　升职也是如此。当一个人在自己的领域表现出卓越的技术或创新能力,并且想在公司获得晋升时,他往往会得到一个与自己得心应手的工作完全不同的职位。以劳拉为例,她善于策划有创意的营销活动,并具有出色的客户洞察能力,因此被提拔为营销部负责人。她对于升职感到欣喜若狂,但很快发现,新的工作需要的能力与以往的完全不同。也许她发现自己并不擅长撰写报告、编制预算或跟踪项目,而这些都是新职位的重要内容。果然,劳拉开始将大部分时间花在克服这些"弱点"上,争取表现得更好,并努力完成工作;而她非凡的创造力和客户意识都被忽略了。在这种情况下,她的天然优势无法发挥出来。这对我们很多人来说都很典型——我们把所有的注意力和精力都聚焦到自己的弱点上,并将自己的优势视为理所当然。对像劳拉这样的人来说,更好的办法是在能让她充分发挥她的才能且她能够胜任的特定职位上实现职业发展,而不是试图将她塑造成另一个人。毕竟,螺丝刀不能当锤子来用,反之亦然。我们需要弄清楚自己的工具箱里有哪些工具,并学会以正确的方式使用它们。

员工敬业度危机

　　如果人们被迫忽略自己的才能,在自己不擅长的领域苦苦挣扎,那么各种生产力和业绩问题就会出现。2013年,盖洛普公司发布了全球员工敬业度(人们在工作中的积极性和生产力)

报告。[一]该报告涉及142个国家和地区，结果显示，高达87%的员工对工作不够敬业。表1-1展示了敬业、不够敬业（对工作缺乏热情）和怠工这三类人员的研究数据，可以看出全球范围内，怠工员工的数量与敬业员工的数量比近乎2:1。

表1-1 2009~2012年针对142个国家和地区18岁及以上就业居民的调查数据

	2009~2010年	2011~2012年
怠工	27%	24%
不够敬业	62%	63%
敬业	11%	13%

资料来源：盖洛普公司。

表1-1告诉我们，在全球各个行业，大多数人来上班只是为了露个面。他们对客户、生产力、利润、安全、使命、目标或任何东西都毫无兴趣。其中大多数人只是在消磨时间，等待午休或下班。怠工员工会对企业造成损害：他们消耗管理者的时间，事故频出，造成更多的质量问题，缺勤时间长，而且不擅长处理人际关系；他们造成一场又一场危机，工作表现较差；有些怠工员工甚至会破坏敬业员工的工作成果，例如给创新项目造成阻碍，破坏与新客户的关系或者毁掉来之不易的解决方案——这对任何高层领导者来说都是很可怕的。这一切可归因于一个现实：不够敬业和怠工的员工往往从事着与自己的才能不符的工作。面对自己不喜欢做的事，人们都会抗拒。

[一] Gallup (2013). "The state of the global workplace: Employee engagement insights for business leaders worldwide". [Online] Available from: http://www.gallup.com/services/178517/state-global-workplace.aspx.

> **在工作中无法发挥优势的员工**[1]
>
> - 害怕上班。
> - 与同事的互动较为消极。
> - 不认真对待客户。
> - 向朋友抱怨自己的公司。
> - 工作很难有成效。
> - 难以表现出积极性或创造力。

盖洛普公司过去几十年的研究显示,员工的敬业度和工作满意度与他们是否最大化地发挥自己的优势之间有紧密的关联。研究人员发现,在工作中有机会专注于发挥优势的人:[2]

- 对工作的敬业度是其他人的 6 倍。
- 享受优质生活的概率是其他人的 3 倍。

> **从事自己擅长的领域的工作的人**[3]
>
> - 期待上班。
> - 与同事的互动更加积极。

---

[1] Rath, Tom (2007). *StrengthsFinder 2.0*. New York: Gallup Press.

[2] Sorenson, Susan (2014). "How employees' strengths make your company stronger". *Gallup*. 20 February. [Online] Available from:http://www.gallup.com/businessjournal/167462/employees-strengths-companystronger.aspx.

[3] Rath, Tom (2007). *StrengthsFinder 2.0*. New York: Gallup Press.

> - 认真对待客户。
> - 对自己的公司赞不绝口。
> - 工作富有成效。
> - 表现得更加积极和有创造力。

领导者需要重视这一点。如果一个人对某项任务得心应手,这可能就是他们真心喜欢做的事。也就是说,他们享受做这件事的过程,并且能做得更好。因此,他们会投入更多精力和热情,努力了解工作内容,并寻找新的、更有效的办法来取得成果。他们将表现出 100% 的投入,不太会出差错。

以优势驱动,而非利润驱动

以优势驱动对利润有什么影响?

华信惠悦咨询公司(Watson Wyatt)2009 年针对 115 家公司开展的研究表明,员工敬业度高的企业的财务业绩比员工不够敬业的企业高出四倍。[⊖]在个人表现方面,敬业度较高的员工被评为优秀员工的可能性是其他员工的两倍还多。另外,韬睿咨询公司(Towers Perrin-ISR)针对 50 家跨国企业开展了历时 12 个月的调查(见图 1-1),结果显示,员工敬业度较高的企业在三项财务指标上超过了员工不够敬业的企业,这三项指标分

⊖ Watson Wyatt (2009). "Continuous engagement: The key to unlocking the value of your people during tough times". *Work Europe Survey Report* 2008–2009. London: Watson Wyatt.

别是:[1]

- 营业利润。
- 净收入增长。
- 每股收益。

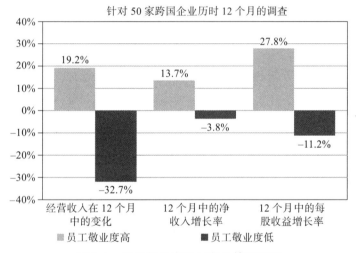

图 1-1 员工敬业度对财务业绩的影响

资料来源: 韬睿咨询公司《2007～2008年全球劳动力研究报告》(https://engageforsuccess.org/wp-content/uploads/2015/10/Closing-the-engagement-gap-TowersPerrin.pdf)。

还不止这些。美国 Kenexa 研究所针对 64 个组织进行调研,

---

[1] Towers Perrin-ISR (2008). "Employee engagement underpins business transformation". July. [Online] Available from: http://www.ifcaonline.com/wordpress2/wp-content/uploads/2013/10/EmployeeEngagement-Underpins-Business-Transformation.pdf.

结果发现，除去组织规模的因素，员工敬业度最高的前 16 个组织的年度净收入是垫底的 16 家组织的两倍。[1]而且在 5 年的期限内，前者的股东回报率比后者多出 7 倍。

从这些数据中，我们可以看到，建立优势具有重要的商业意义。作为领导者，你要努力发挥组织的人才优势，而不是限制它。如果你认真对待每个员工，着力发掘他们的能量、能力和优势，他们就会用极高的工作效率来回报你。有人擅长分析，有人懂得如何与人打交道，有人销售能力很强，还有人擅长统筹安排。你要帮助他们了解并自由发挥自己的优势，无论在当前的工作中，还是在公司的其他岗位上。让他们做自己擅长的事，这将给他们极大的鼓励。大量研究结果表明，人们在生活中越多地发挥自己的"突出优势"，他们的幸福感就会越高。在一项实验中，研究人员鼓励 577 名对象选择自己的一项"突出优势"，每天选择新的方式来发挥这一"突出优势"，坚持一星期。结果显示，他们的幸福感远远高于每天使用安慰剂的对照组的研究对象，前者的焦虑症状也轻得多。[2]另外，这种积极的效果会长期持续。实验结束 6 个月后，前者的幸福感仍然很高。

幸福感还极大地促进了人的健康。盖洛普研究显示，关注自己的优势也显著提高了他们的健康水平。人们越能发挥优势

---

[1] Kenexa Research Institute (2009). "The impact of employee engagement". White Paper.

[2] Seligman, Martin E. P., Steen, Tracy A., Park, N. and Peterson, Christopher (2005). "Positive psychology progress: Empirical validation of interventions". *American Psychologist*. July-August, 60(5), pp. 410–421. [Online] Available from: http://www.ppc.sas.upenn.edu/articleseligman.pdf.

从事自己最擅长的工作,他们出现焦虑、压力、愤怒、难过或身体不适的可能性就越小,也更有可能精力充沛地完成工作,得到充分休息,感到幸福,常常微笑或大笑,体会到乐趣,并获得尊重。㊀

有机会在工作中发挥优势的人不仅在工作效率和业绩方面更加突出,他们的幸福感和健康水平也更高。

作为领导者,你得到了哪些启发?

首先,你要把"帮助你的员工发掘他们的优势"当成自己的重点工作。只要尊重和认可他们的潜力,你将收获一支忠诚、有幸福感和创意十足的团队。我的意思不是让你将工作效率、客户满意度和质量等决策,或者其他需要考虑的业务问题抛在一边。这不是一道选择题。在以人的发展和进步为优先的同时,你当然不能忽略利润;创造效益也很重要。Facebook、微软、3M和谷歌这些家喻户晓的大公司都提倡基于优势的领导力,以及将员工的优势和热情与他们的爱好和创意相匹配。㊁这些公司都清楚,只有允许员工以有创造性和让他们愉悦的方式发挥自己的优势,公司才能取得卓越的成果。这比给他们花哨的头衔或奖金还要重要。如果员工的生活和工作水平达到最高,公司必定能获得利润和成功。

㊀ Sorenson, Susan (2014). "How employees' strengths make your company stronger". *Gallup*. 20 February. [Online] Available from: http://www.gallup.com/businessjournal/167462/employeesstrengths-company-stronger.aspx.

㊁ Walter, Ekaterina (2013). "Four essentials of strengths-based leadership". *Forbes*, 27 August. [Online] Available from: http://www.forbes.com/sites/ekaterinawalter/2013/08/27/four-essentials-of-strengthbased-leadership/.

成为世界一流的领导者

谁规定你只有变成无所不能的英雄人物才能成为伟大的领导者？最出色的领导者并不会假装自己知晓一切，也不奢求事事精通。他们清楚自己有弱点，但不会被弱点拖后腿。他们知道，在自己的一两个突出优势上成为世界一流的权威比在所有方面表现平庸要更好。克服弱点很难，甚至是不可能的，要将它们转化为资产需要耗费大量精力——比增强自己的优势还要付出更多。克服弱点和增强优势都是提高自身价值的办法，但两者的回报完全不同。克服弱点只能让它不再成为障碍，但如果你永远处于"克服弱点"的状态，就很难大获成功。这是个需要碰运气的过程。然而，如果你重点关注自己擅长的领域，你就有更大的进步空间。明智的领导者很清楚，与克服自身弱点相比，他们更应该提升自身价值。假使某方面的弱点对发挥领导力极为不利，你可以在一定程度上进行"止损"和自我完善，但不要因此分散你在发挥真正优势方面的精力。

1.3　情商因素：情绪智力

暂停一下，想一想你崇拜的领导者。我敢打赌，这些人虽然很有才华，但不见得是所在领域智力水平或技术水平最高的人。然而，他们因为在与人交往及达成出色绩效方面具有独特的天赋而被认为是明星员工。这点很有启发性。具有开创意义的作品《情商》（*Emotional Intelligence*）的作者丹尼尔·戈尔

第1章
我是谁（自我意识、优势与情商因素）

曼（Daniel Goleman）发现，尽管杰出领导者的个人风格各不相同——有人善于表达，有人沉默寡言，有人性格强势，有人行为乖张，但他们在一个关键方面很相似。戈尔曼指出，使这些领导者与众不同的一种隐秘的素质不是智商，而是情商——也称情绪智力。[一]

培养情感优势

很长时间以来，智商一直是判断一个人是否优秀的首要标准。它纯粹以逻辑能力来衡量人的一般智力水平，包括推理、注意力、记忆力、数学计算能力和空间感等。然而，戈尔曼在投入大量精力分析了大量学术研究成果后发现，智商在职业成功的因素中仅占4%～10%。没错！智商可以影响你选择哪种职业，这是个"入门要求"；但是当它达到115之后，数值的增加不会带来额外收益。因此，即使你是个智商超过170的超级天才，很遗憾，这仍是不够的。个性、情绪和行为是决定你如何表现的更重要因素，例如：

- 想象力。
- 自尊心。
- 良知。
- 直觉推理。
- 娱乐感。
- 好奇心。

[一] Goleman, Daniel (1996). *Emotional Intelligence: Why It Can Matter More Than IQ*. London: Bloomsbury Publishing.

- 适应能力。
- 共情力。
- 愉悦感。
- 大局观。
- 社交能力。

按照逻辑来思考和行动仍然是一项优势，但它并不是实现领导力差异化的重要因素。面对现实吧，我们生活在21世纪，一切能自动化的东西都已经或即将实现自动化。新的颠覆性技术和算法占据了我们大部分分析"思维"和程序性工作，且极大地提高了我们的工作效率。然而，它们永远也代替不了我们的人性和"感知"能力，包括关心能力、创造力、文化、人际关系、社交能力和同理心；也无法复制每个人的独特优势。用商业作家丹尼尔·平克（Daniel Pink）的话说，未来几年使领导者脱颖而出的将是他们"激励手下员工、建立人际关系和关心他人"的能力。[一] 没错，这几点可以归结为——情绪智力。它很难直接照搬。你会惊喜地发现，情绪智力存在于各种各样的领导力活动中，甚至包括在人们眼中极具"逻辑性"的活动，例如解决问题和做决策，以及推理和分析。一旦成熟，情绪智力将帮助你成为本领域前10%的顶尖领导者，帮助你自己、你的团队和整个组织取得重大成果。你需要关注以下五点：

- 自我意识：了解自己的情绪及其对他人的影响，例如有自

[一] Pink, Daniel H. (2008). *A Whole New Mind: Why Right-Brainers Will Rule the Future*. London: Marshall Cavendish.

信和幽默感，清楚别人对自己的看法。
- 自我调节：控制自己的情绪，例如尽职尽责，为自己的行为承担责任，适应变革，在匆忙做出反应之前先认真思考。
- 动机：了解如何用具体的方法激励自己，例如主动采取行动，信守完成一项任务的承诺，在困难时期坚持不懈。
- 移情：感受和理解他人的情绪，例如体会他人的感受，关注他人担心的问题，预测他人的需求并做出回应，不参与"办公室政治"。
- 社会技能：了解如何管理人际关系，积极影响他人的情绪，例如有效聆听和沟通，引导和激励他人，擅长使用劝说和谈判的手段解决困境。

读到这里，如果你想起以前对别人发火、对局势失去控制或者表现出零容忍的经历，不用担心，还有希望。情绪智力不是静止的，它与智商不同，不会一成不变；你可以通过提高情绪智力让自己成为更出色的领导者。积极领导力要求领导者能够读懂他人，准确理解和管理情绪，有效沟通和做出调整。其中的重点是明确了解自己的思维和习惯，以及自己在上述五个方面的优势。好消息是，本书提供了一套全面的积极领导力方法，帮助你发挥自己的情绪智力优势。

练习1-2　情绪智力

如果你想了解自己的情绪智力，可以思考以下问题：
（1）你是否擅长管理自己？

- 你能读懂自己的情绪吗？
- 你是否有专注力？
- 你是否有适应能力？
- 你能否坦诚地看待自己的优势和弱点？
- 当兴趣约束或强化了你的思维时，你能意识到吗？
- 你能否管理自己对事情的反应？
- 你能否在其他人情绪低落时保持乐观？

（2）你是否擅长处理人际关系？

- 你知道如何与他人融洽地相处吗？
- 你是否会给他人反馈和指导？
- 你能读懂他人吗？
- 你能激发他人的信任感吗？
- 你制定的目标是否能让其他人看到并愿意参与？
- 你是否会与他人建立关系？
- 你擅长团队合作吗？

如果上面大多数问题的答案都是肯定的，那表明你的情绪智力水平较高。情绪智力水平高的人往往能妥善管理自己的情绪，在职场表现得很成熟。他们还能留意到其他人的情绪并恰当地做出反应，从而更好地利用他人的天赋，激发整个企业的潜能。

> **情绪智力水平的检验方法**
>
> 以上问题无法全面评估你的情绪智力水平，只能帮助你从总体上了解自己的情绪智力水平。但如果上文关于情绪的讨论使你产生了兴趣，想全面评估自己的情绪智力水平，我推荐以下几种论证充分且被证明有效的工具：
>
> - 梅尔－萨洛维－卡鲁索情绪智力测验（Mayer-Salovey-Caruso EI Test，MSCEIT）。
> - 情绪与社会能力量表（Emotional and Social Competence，ESCI）。
> - Essi Systems⊖提供的情绪智力地图（EQ Map）。

⊖ Essi Systems 是一家国际管理咨询公司，为各个行业不同规模的组织提供员工的灵活性、压力和情绪智力方面的解决方案。——译者注

CHAPTER 2
第 2 章
审视自我优势
（发挥优势，表现真实的自己）

> 伟大的领导者不是没有弱点，而是有突出的优势。
>
> ——约翰·曾格（John Zenger）
>
> 德裔美国人，出版人、新闻记者

人们都说，知识就是力量；任何积极领导者都必须掌握关于自身优势的知识。找出自己的强项，是在生活和工作中获得幸福感和成功的第一步。优势能使人产生工作动力和良好的感受，可以激励你率领团队创造重大变革。了解团队的优势同样很有必要。每个人都有天赋和热情等待被发掘和利用。你作为领导者的终极任务是探索并释放员工的潜能，并使之通过他们从事的工作展现出来。

第 2 章
审视自我优势（发挥优势，表现真实的自己）

2.1 了解自我优势

在利用自己的优势之前，你首先要找到它们。并非所有优势都显而易见，但只要你开展自我评估和全面检查，这些优势就一定会自动浮现出来。

自我评估工具

很多工具、心理测试和商业模型都能提供可靠的结果，并且不会耗费太多精力。下面我简要列出了几种比较有价值的工具，第一个是我自己使用的评估工具——优势识别器 2.0（StrengthsFinder 2.0）。

工具 1：优势识别器 2.0

盖洛普提供的优势识别器 2.0 可以帮助你找出自己最强的五项天赋。根据定义，"天赋"指的是人们自然表现出的、可以被有效利用起来的思维、感受或行为模式。[一]天赋可以帮助我们了解自己。它们：

- 可以体现我们的特征。
- 可以影响我们的选择。
- 可以指引我们的行动。
- 可以解释我们为何在某些方面更擅长。

[一] Gallup. "What is the difference between a talent and a strength?" [Online] Available from: http://strengths.gallup.com/help/general/125543/difference-talent-strength.aspx.

23

- 可以帮助我们筛选工作内容。
- 蕴藏着巨大潜力。

优势识别器 2.0 背后的理念在于，你的最大进步空间来自你最突出的天赋，你应该着重提升这些天赋，通过实用性的知识、技能和实践将它们转化为优势。我个人非常喜欢这个工具，也强烈建议你用它来深入了解自己的卓越天赋。它的结果很有启发性。我猜你很想知道我的五大天赋是什么，对吧？是以下几点：

（1）**竭尽全力**：努力追求卓越；沉迷于探索优势；利用天赋；将强项转化为突出优势。

（2）**战略思维**：探索模式和问题；能够厘清头绪，找出最佳方案；经常问自己"如果……怎么办？"；善于做选择。

（3）**沟通能力**：将想法付诸实践；使用能够吸引和激励他人行动的语言；是出色的健谈者和演讲者。

（4）**着眼未来**：爱幻想；喜欢思考"如果……不是更好吗？"；对未来充满动力；用未来的目标激励他人。

（5）**实干家**：着眼于行动；经常问"什么时候开始？"；努力完成任务；经常迫切地做事。

"优势识别器"在实践中的运用

在我做过的最精彩的一场演讲中，我系统性地发挥了自己的三大优势。那是在 2014 年的欧洲国

> 际教育协会（European Association for International Education, EAIE）上，参会代表超过5000人。我在发表主题演讲时运用了自己在战略思维、沟通能力和着眼未来方面的优势，整场演讲几乎都围绕着这几点展开。我在介绍当前的教育和商业系统的本质时，讲了幽默的故事、有趣的研究和新鲜的案例（沟通能力）。我提到，如果大家都关注自身优势，勇于制定长远的目标，就能实现光明的未来，以及领导者必须用清晰且令人信服的目标去激励员工（着眼未来）。我还探讨了通过广泛采用教育领域的技术，例如实现个体学习、全球连接和更高水平的团队合作来实现目标（战略思维）。演讲结束后，全体观众起立鼓掌，我特别激动。这就是我所期待的反应——是我通过发挥优势赢来的。

工具2：行动价值（Values in Action，VIA）调查问卷

另一个值得尝试的有效工具是行动价值调查问卷，它是免费的在线工具，用于判断你的主要性格优势，而非技能或兴趣。换句话说，它关注的是能够提高敬业度，影响你的思维、感受和行为的核心个性特征。

工具3：迈尔斯–布里格斯类型指标（Myers-Briggs Type Indicator，MBTI）

虽然它并不是一个专门用于发掘优势的工具，但可以帮助你深入了解自己并评估自己的独特优势。它为全球公司所广泛采用，主要从四个不同的领域衡量行为偏好：

- 外向或内向（E/I）：这一点是关于你如何给予和接收能量，或者集中注意力的。你更愿意与人相处还是一个人独处？
- 感知或直觉（S/N）：这一点是关于你如何收集和使用信息的。你相信自己的五官所感知到的，还是更依赖直觉？
- 思考或感受（T/F）：这一点是关于你如何做决定（理性还是情感）的。你在做决定时更加依赖逻辑还是（你自己或其他人的）感觉？
- 判断或认知（J/P）：这一点是关于你如何规划自己的生活与应对外部世界的。你喜欢将每件事安排得井井有条，还是喜欢做灵活的、开放式的选择？

将各个选项的结果综合起来可以得出你的性格类型，可用四个字母来表示，例如 ENTP 或者 ISFJ。[一]每种性格类型都有优缺点。你需要了解你性格的优缺点，明确哪些因素可能促进或阻碍你实现业绩。

[一] The Myers & Briggs Foundation. "MBTI Basics". [Online] Available from: http://www.myersbriggs.org/my-mbti-personality-type/mbti-basics/.

工具 4：DISC 模型

DISC 模型是另一个用于展现性格特征的系统，作为提升工作技能的工具，它迅速流行起来。该工具基于四种行为风格进行打分，包括支配性（Dominance）、影响性（Influence）、稳定性（Steadiness）和尽责性（Conscientiousness）[一]。

工具 5：Realise2 模型

Realise2 是应用积极心理学中心（Centre for Applied Positive Psychology，CAPP）开发的优势评估工具，旨在帮助人们了解自己的四个独特方面，包括显著优势、隐藏优势、习得行为和弱点。另外，该模型提供了以下四个方面的建议：

- 利用显著优势。
- 充分激发出隐藏优势。
- 约束习得行为。
- 将弱点最小化。

2.2 让其他人提供反馈

以盖洛普优势识别器 2.0 为代表的自我评估工具都可以帮助你从自身的角度看清自己的优势，但它们无法提供全部答案。人无完人，我们往往不能全面地了解自己的性格，而且一些心

[一] 原书为尽责性，但一般 DISC 中的 C 指的是服从性（Compliance）。——译者注

理学家在了解我们的优缺点时也不相信我们自己的判断。[1]如果你想从真正客观的视角了解自己的优势,就需要他人的反馈。当你认真反思自己,并从其他人的角度来审视自己时,就会拓宽视野,清楚地看到自己最与众不同的优势。通常来看,其他人的反馈可以为你开展自我评估提供外部验证,帮助你进一步提升能创造最佳成果的优势。

如何根据他人的意见看清楚自己的优势?下面提供了一些简单的方法。

方法1:360度反馈评估

360度反馈评估是从多方渠道(包括同事、上级领导、报告、顾客、供应商和客户)了解自己的技能和行为的正式流程。若想获得更全面的视角,你可以向工作以外的人寻求帮助,例如朋友和家人。该方法提供了大量信息和多种视角,因此如果使用得当,它可以成为最有建设性的领导力发展工具。评估结果非常有意义,你可以快速了解其他人认为你最擅长的领域,以及需要注意的明显弱点。我在微软公司担任经理和董事时经常使用这个工具,它给我和团队提供了巨大帮助。

很多企业都制定了内部360度反馈评估制度,你可以直接借鉴。有些评估是匿名进行的,目的在于鼓励参与者坦诚地做出回答,并维护同事间的关系。但是匿名也存在缺陷,它会让

---

[1] Lebon, Tim (2014). *Achieve Your Potential with Positive Psychology*. Teach Yourself. London: Hachette UK.

人猜测"谁说了些什么",造成一种怀疑的氛围。在匿名的掩盖下,有些人会借评估之机泄私愤,还有人担心遭到报复而不敢说真话。

考虑到这些原因,我在实行匿名评估之前会谨慎考虑。如果参与反馈的人诚实可信,并且清楚整个过程的目标是帮助别人建立优势,而不是在背后捅刀子,那么匿名就有效果。如果你能鼓起勇气要求发言全透明,让别人毫无保留地说出明显的事实,你就是在表现真实的自己,同时,你也是在鼓励其他人也这样做。与其他的匿名调查相比,这种需要放开自己且表现出勇气的方法更有助于创造互信的氛围。

采取这个方法的具体步骤如下。

第一步:确定调查对象

首先多选几个人(例如5~10人),问问他们是否愿意参加这种反馈活动。这些人最好在生活和工作中跟你有密切联系。选择能以不同的方式与你交流,提供多样化视角的人,例如你的上司、同事、客户、商业伙伴、朋友、导师和配偶等。让他们提供坦诚、批判、客观的反馈,尽量诚实且毫无保留。

第二步:寻求反馈

制作一份简单的调查表,发给愿意提供反馈的人,让他们在具体日期之前返回。调查表中的问题可以对应具体的领导力标准(例如个人领导力、目标意识、风险承担能力、社交能力、引导能力、权力的运用），也可以较为宽泛，具体由你来定。*The Strengths-Focused Guide to Leadership* [一]一书的作者迈克·罗迪（Mike Roarty）和凯茜·图古德（Kathy Toogood）建议提出以下简单的问题：

- 你认为我有哪些优势？
- 在你看来，我充分利用了哪项优势？（请举例证明。）
- 我在哪些关键优势方面有待加强，还能做出更大贡献？
- 在你看来，我有哪些突出的弱点严重影响了业绩？（请举例证明。）我应该怎么做？
- 你认为我应该如何最大化地利用自己的优势？
- 我在发挥哪些优势方面用力过猛（做得太过或者用错了场合，造成了负面影响）？你建议我怎么做？

你可以将一些常见的优势和弱点列出来给他看，帮助他厘清思维，可以参考 http://positiveleaderbook.com/strengthsweaknesses。具体的领导力优势可以参考表 2-1 中的具体任务案例。如果你选择量化的方法，可以请别人给你的不同领导力方面打分（从 1 到 5，1 为最低，5 为最高）。

[一] Roarty, Mike and Toogood, Kathy (2014). *The Strengths-Focused Guide to Leadership: Identify Your Talents and Get the Most From Your People*. Harlow: Pearson.

表 2-1 基于任务的领导者优势

沟通	提供方向
• 善于归纳和厘清思路 • 积极聆听员工的想法、观点，感知其情绪 • 以简洁有力的语言传达观点 • 具有较强的访谈能力 • 在团队中促进有效沟通 • 在邮件沟通中保持礼貌 • 给员工建设性的批评意见 • 花些时间培养私人关系 • 谨慎应对坏消息 • 撰写高质量报告 • 具有较强的演讲能力 • 具有较强的人际交往能力 • 在谈判中说服他人	• 描述愿景 • 制定具体的目标和结果 • 明确传达目标和结果 • 能够明确地解释和分配任务 • 制定和提供清晰的标准和期望 • 开展检查和管控 • 监督团队，确保员工完成任务 • 盯紧目标，不偏离方向
支持团队	决策和判断
• 了解员工的天赋，以便有效分配工作 • 确立目标和期望 • 提供培训和发展机会 • 通过分派工作给员工赋能 • 激励团队取得更高水平的成果 • 定期给团队提供非正式的绩效反馈 • 正式评估员工的绩效 • 认可员工的付出 • 创造和谐积极的团队氛围 • 为团队提供支持，提高工作效率 • 公平对待所有人 • 在联合项目中与他人开展良好合作	• 明确指出和沟通问题 • 收集重要信息 • 制订最佳行动方案 • 必要时迅速做出决定 • 执行行动路线，采取必要措施 • 向团队传达和解释决策内容 • 跟进行动进展 • 总结经验教训

(续)

组织和规划	问题解决
·制定具体目标 ·详细解读目标 ·制订实现目标的有效方案 ·熟练管理项目 ·收集和分配资源 ·支持和激励项目团队 ·评估进展，提供反馈 ·有效管理会议 ·必要时迅速修改方案，取得理想的结果 ·在复杂的形势下厘清现实	·认清问题 ·分析有关信息 ·找出因果关系 ·制订可行的解决方案 ·选择最佳方案并执行 ·处理和解决团队冲突 ·有效开展危机管理

资料来源："Examples of strengths". YourDictionary. [Online]. http://examples.yourdictionary.com/examples-of-strengths.html.

那么，基于任务的弱点有哪些？将上面提到的优势反过来，就是弱点了，例如：

- 没有制定明确的目标。
- 对待员工有偏心的情况。
- 不承认自己的错误，或者不原谅其他人的错误。
- 与员工沟通时一味批评或居高临下。
- 不愿意倾听其他人的想法和建议。
- 对别人的工作指手画脚，质疑他们的所有决定。
- 没有为员工提供必要的培训。
- 在解决问题时优柔寡断——缺乏分析能力。
- 不认可他人的成就。
- 缺乏执行力，不能以身作则。

- 忽视他人的天赋。

第三步：分析数据

在得到反馈之后，你需要对数据进行分析，找出其中的模式或常见主题。你或许会惊喜地发现，你身上具备自己不曾了解的优势，其他人的反馈还帮助你找到了盲点——你自己没发现的弱点。你可以将类似的意见集中起来，绘制一张具体的思维导图或优势和弱点列表，并附上关键的例证和有效建议。将这些内容与你自己的想法、列表和打分进行对比。

第四步：整理个人信息

利用第三步得出的结论整理出简洁有效的个人信息，了解自己最突出的优势。

方法 2：乔哈里视窗（Johari Window）

乔哈里视窗是一种极具启发性的模型，可以帮助人们更深入地了解自己、提高人际交往水平。该模型简单实用，很容易让人找出自己的隐藏特征，了解其他人对自己的看法。它具体包含四个窗口，将个人意识分为四个不同的部分（见图 2-1）：

（1）公开信息：我自己了解以及愿意展示给其他人的内容。这个部分包括性格、行为、知识、技能、态度和公众经历等我们知道自己具备并愿意告诉其他人（或者向人炫耀）的东西。

（2）盲区：我自己不了解，但其他人了解的关于我的方面。

这个部分代表我们自己看不到，但对周围的其他人来说显而易见的特征（即我们的盲点）。或许我们认为自己表达得很清楚，但其他人会以完全不同的方式进行解读；或许是我们错过了某些基本信息。

	自己了解	自己不了解
其他人了解	公开信息（公开的信息；我展示给你看的内容）	盲区（反馈；你对我的馈赠）
其他人不了解	隐藏信息（私人信息；如果我信任你，我会把这类信息分享给你）	无意识信息（无人知晓的信息；可能产生新的意识）

图 2-1　乔哈里视窗

资料来源：Ready to Manage（http://store.readytomanage.com/Shared/products/MiscBooks/360_degree_feedback_booklet-final.pdf）。

（3）隐藏信息：我自己了解但不想展示给其他人的方面。这个部分包括我们清楚自己身上具备，但不想让身边的人看到的特征。例如，我们也许知道自己具备某些技能或能力，但选择隐藏起来。或者我们不想让其他人知道我们在团队环境中感到不自在，担心这样会破坏自己的权威。过了一段时间，我们与其他人逐渐熟悉，通常会放松下来，一点点展示我们所隐藏的自己，从而扩大"公开信息"的部分，缩小"隐藏信息"的部分。一般来说，当与其他人建立了信任关系时，我们就更愿意展示自己。

（4）无意识信息：我对自己不了解，其他人也不了解的方面。这些特征真实地存在于我们身上,但就目前,我们自己和其他人都没有发现。我们的复杂性和多面性超出了自己的想象。假设我们具备非常出色的指导才能,但目前还没人注意到。一旦条件具备,我们或许会在某一时刻发现这个天赋(例如通过自我反省或练习),或许不会;其他人可能也会发现我们的这个才能,并以反馈的方式告诉我们,也可能不会。[一]实际上,这个"无意识信息"的部分代表我们的潜能,这些潜能会时不时地浮出水面。

借助其他人(如朋友、同事、上司、教练)的反馈,你可以了解自己各方面的特点。首先从"公开信息"的部分开始,坦诚地想一想你了解自己的哪些方面。你有哪些优势和弱点?你对哪些方面感到自在并愿意与他人分享?用一些形容词或动词(例如启发、指导、不值得信赖、肤浅、擅长解决问题)来描述自己。可以用上一个练习的优势和弱点列表作为辅助。其次,让其他人用他们自己的话来形容你。将所有部分完成后,你会发现自己的所有特点都填入了对应的窗格。[二]最后,你会对自己的完整"形象"(包括你的性格和行为特征)有一个了解。

[一] Worldwide Center for Organizational Development (WCOD) and Ready To Manage (2009). "360-degree feedback debriefing guide". [Online] Available from: http://store.readytomanage.com/Shared/products/MiscBooks/360_degree_feedback_booklet-final.pdf.

[二] Krogerus, Mikael and Tschäppeler, Roman (2011). *The Decision Book: Fifty Models for Strategic Thinking*. London: Profile Books.

2.3　讲述你的人生故事

从出生时起，我们便不断积累生活和工作经验，并培养出某些优势。可以说，每个人身上75%的优势来自天赋，另外25%来自生活和工作，后者仍然占很大的比重。回想一下过去，看看哪些经历成就了今天的你。回顾自己的学生时期、以前加入的社团和工作单位，寻找能证明自己长项的蛛丝马迹。

童年时期

人们的优势往往与自己的童年时期有非常紧密的关联。回顾自己的童年时期，或上高中的日子，看看能得到什么启发。你还记得自己十来岁的时候有哪些特长（或许现在仍然擅长）吗？你从父母、教练、老师或辅导员那里学到了哪些积极的技能？将你在学校非常擅长或作为爱好的事情写下来。或许你在高中时喜欢科学实验，或沉迷于文学经典；或许你很期待周二晚上的象棋俱乐部或合唱团活动；再或许，你擅长体育，甚至达到了专业或竞技水平。

过去的工作和成就

回顾你过去从事的工作或承担的职责，思考它们是如何帮你发挥优势的：

- 你一下子想到了哪些为取得令自己骄傲的成果而努力的具体工作场景？
- 你在哪些活动中的业绩最好？

- 你在哪些任务上获得了认可或奖励？
- 过去的哪些工作经历或环境要素对你现在发挥优势产生了影响？
- 哪些活动能让你迅速上手？
- 你过去倾向于从事或主动承担哪些工作？

记录下你使用的技能以及取得出色成果的方法。聚焦于自己的优势。

你犯过的错误和盲区

想想自己搞砸了或者参与的工作出了差错的场景。反思自己需要在哪些方面进一步完善。或许你在发挥优势方面用力过猛，结果适得其反？或者这个领域凸显了你的弱点？你从犯过的错误中吸取了哪些教训？你需要直面过去自己犯过错误的任务或情景，这样至少能知道未来在面对类似的情景时你该如何应对。

2.4 你的好恶

优势不仅仅取决于你的长项。为了真正了解自己的优势，你还需要知道哪些东西能让你产生动力或提不起兴趣。

个人兴趣和享受

在某些方面很擅长并不意味着你会乐在其中。你可能擅长一些你讨厌的工作。或许你在注重细节的工作上表现突出，例如检查错误、统计数据或使用 Excel 公式，但你觉得这种工作极其乏味枯燥，让你哈欠连连。但是如果你对某项工作感兴趣，你就会克服一切障碍，投入大量精力，不断提高自己的水平。热情会激励你不断向前，追寻自己的"北极星"。想想那些让你感到开心的活动、爱好或项目——你热爱的东西，能让你感到兴奋和动力十足：

- 你在从事哪些工作的时候会感到激情澎湃？
- 你在学习哪些事情时感到乐在其中？
- 哪些任务让你有兴趣完成？
- 你是否在进行某项具体活动的过程中感到时光飞逝？
- 你认为"理想"的工作日应该用来做什么？
- 你期待做什么？
- 你有哪些爱好或拿手工作？
- 哪些任务让你感觉良好或满足？
- 哪些工作让你感觉展现出了"真实的自己"？
- 在工作期间，你在哪个时刻感觉最快乐和充实？

这些活动很有可能利用到了你的优势。甚至可以说，你无须费力就能达到卓越的水平。

令你厌恶和焦虑的事

除了关注自己的错误和盲区，还有其他指标能体现你的弱点，包括令你苦苦挣扎、消耗你的精力或使你产生焦虑的工作。优势的倡导者、畅销书作家马库斯·白金汉（Marcus

Buckingham）将弱点定义为任何"令你感到无力的活动"。㊀道理很简单，想想过去和现在的工作中存在的以下问题：

- 哪些工作是你排斥的？
- 哪些活动是你不擅长的？
- 哪些任务消耗了你的精力？
- 哪些活动从始至终都很难？
- 哪些工作让你一直拖延或找借口躲避？
- 哪些工作让你感到焦虑？
- 哪些任务让你力不从心？

这些活动需要你付出更多努力。做得好不好不重要，重要的是你不想从事这些活动的原因在于，它们让你感到泄气，拖慢了你的速度。

练习 2-1　优势图模板

在利用多种方法探索出自己的优势后，你还需要将结果统一记录下来。创建一个优势图，将自己的优势"绘制"出来（见图 2-2）。你可以从这里下载模板：http://positiveleaderbook.com/strengthschart。

㊀ Buckingham, Marcus (2007). *Go Put Your Strengths to Work: Six Powerful Steps to Achieve Outstanding Performance*. New York: Free Press.

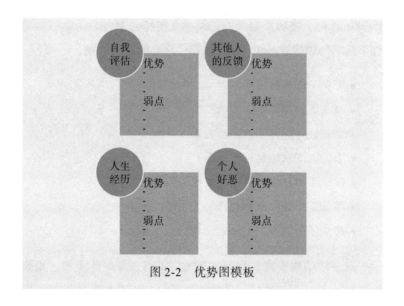

图 2-2 优势图模板

2.5 发挥自己的优势：行动计划

整理自己的优势信息，这是开启优势之旅的第一步，而不是最终目的。就像一架起飞的飞机一样，当它刚脱离地面在空中飞行时，你的旅程才刚开始，这时你要借助自己的优势开始翱翔。这趟旅程不是一条直线，它包含无穷的可能性和生活方向，你要在日常生活中唤醒你的优势。那么，你要如何从现在开始更加有意识地发挥自己的优势呢？

答案就是：你要找出优势，并聚焦于此。

首先，思考下列问题：

- 哪些优势对于我发挥领导力或实现工作目标是最重要的？

- 我在哪些优势上的兴趣最大？
- 哪些优势能帮助我成为理想的领导者？
- 哪些优势对组织来说意义重大？

选出你认为能在整体上创造最大变革的 3～5 个优势，并着力轮流提升这几个方面。重点关注你的能力、热情、工作目标和组织需求交汇处的优势。

接下来，做好行动准备。下面是一些建立优势和克服弱点的方法。

行动一：寻找机会扩大优势

寻找机会迅速利用和扩大自己的优势。这个方法很简单，例如在你胸有成竹的领域多加练习，或者主动承担更多能够发挥这些优势的任务。举个例子，假如你擅长创新、具有超前思维，那么你就可以通过多种方式轻松地推进、分享和践行自己的想法：

- 读一读关于最新技术和科研成果的文章，进一步积累知识、培养想象力。
- 找到支持你的未来构想，并愿意投身其中将你的目标转化为行动的一批人。
- 花些时间与跟你具有相似优势的同事沟通，并相互激励，提高创造力。
- 为自己的目标提供逻辑支持，使其具体化——它越有现实可能性，就越容易被其他人接受。

- 制订草案、具体的行动方案或模型，将你的想法生动地展示出来，便于其他人理解。

如果你在具体的优势方面已经做到了极致，几乎没有继续进步的空间了，不妨尝试在不同的情境下运用它。还是上面的例子，为何不用自己的创新思维帮助团队其他成员探索和提高他们的创新能力呢？如果你了解其他人的能力，你可以指引或启发他们以创造性的方式释放自己的潜能。你甚至可以从事新的工作，给自己的优势更大的发挥空间。例如，你或许适合创业环境，因为这样，你可以自由地设想更高远的未来。

行动二：制定发展目标和战略

很多人第一次当领导的时候都会失败，但并不是因为工作不够努力。实际上，这些人往往极为刻苦。他们失败的原因在于，他们花费了太多时间和精力在提升与之前的工作相关的技能，或者培养错误的新技能上，却没有提升真正能够推动他们前进的优势。想一想你最突出的天赋与目前的技能、知识和经验有什么交集，然后制定发展目标和战略，在具体的时间内最大化地提升自己的突出优势。思考如何通过积累新的知识、接受新的技能培训或承担新的任务来培养自己的主要天赋，并将其转化为优势。需要举例说明吗？如果你的目标是提升沟通水平，那么你要同时在组织内部和外部寻找机会，提高自己的口头和书面表达能力；如果你热爱写作，可以报名参加商务写作课程，并以发表作品为目标；如果你擅长公共演讲，可以加入当地的演讲社团，锻炼自己的演讲能力并获得反馈，或者主动寻找在专业会议上发言的机会。你可以通过积累某些领域的知识来提高自己的沟通水平，从而将自己打造为专业人士。

在某些情况下，你甚至可能想根据自己的优势彻底改变职业方向。优秀的沟通人士在媒体或营销等需要吸引人们注意力的领域一定会如鱼得水。如果你在工作中很难发挥这项突出的优势，不如在工作之外的地方寻找机会，实现工作和生活的平衡。例如，你可以建立个人博客，与志同道合的人分享心得，锻炼自己的写作能力，或者代表当地的慈善组织或社区发表讲话。

行动三：避开自己的弱点，或将你不擅长的工作分配给其他人

重点参与你能实现积极变革的领域，避开属于自己弱点的工作，或者将这些工作分配给其他人。你或许是一位出色的战略领导者，但在细节方面不善经营。如果你有勇气，可以直接拒绝细节工作。为什么要做你不擅长的工作呢？如果让你做你不擅长的工作，你最多只能做到二流水平，甚至会失败。很可能没人发现或关心你已经停手了。当然，大多数人都没有因为自己不擅长而放弃必要工作的特权，所以下一个选择是将这些任务分配或外包给远比你更加擅长的人，不管是团队成员、外部顾问还是其他同事。

很多领导者不愿意分配工作，因为他们不喜欢失去控制的感觉，也不愿"浪费"时间解释或指导和纠正其他人。但这只

会使你陷入讨厌工作的困境中，是自掘坟墓的行为。作为自我意识较强的领导者，你要知道自己不能事必躬亲，随时出现在任何地方或做一切决定。有效分配工作可以帮助你节省时间，重点关注你能创造最大价值的领域，例如制定目标、战略规划、解决问题以及与核心客户沟通；有效分配工作还有助于拓展团队的业务领域，但前提是你将有意义的、明确的项目分配出去，而不仅仅是分配出去使你分心的行政琐事。如果你不擅长财务或做预算，团队里一定有专业的会计可以帮助你；同样，如果你不会设计，一定有大量富有创意的人才可以填补这个空缺，作为自由职业者或全职员工加入你的团队。实际上，你可以招募能弥补你各方面弱点的人才，将他们纳入团队，推动事业进步（详见第3章）。你在将不擅长的工作分配给手下员工的同时，他们也有机会在自己擅长的工作中提高自身能力。因此，避开自己的弱点，或将你不擅长的工作分配给其他人是双赢的。

行动四：接受交叉培训，进一步扩大优势

大多数人都会通过"线性"发展路径提升自己的技能，稳步取得有限的成果，例如找机会多加练习。然而，杰克·曾格（Jack Zenger）博士和约瑟夫·福克曼（Joseph Folkman）博士（两人均来自领导力培训公司曾格-福克曼）指出，采用"交叉培训"的方法对于培养优势有更大的作用。[一]这是一种非线性的

[一] Zenger, John H., Folkman, Joseph R., Sherwin, Robert H. and Steel, Barbara A. (2012). *How to Be Exceptional: Drive Leadership Success by Magnifying Your Strengths*. New York: McGraw-Hill.

方法，要求你培养互补技能，从而在你的优势领域最大化地提高工作效率。交叉培训不是新的理论。它早已被各个体育项目的运动员所采用。例如，马拉松选手不能仅仅通过长跑练习来提高体力和成绩。对他来说，这是最显而易见的练习方式，但不一定能显著提高他的速度或耐力。要达到更高水平，他需要通过开展相关活动培养互补技能，从而进一步提高跑步成绩。例如，他可以通过游泳锻炼耐力、保护关节，通过举重来增肌，通过骑自行车获得有氧耐力，通过练瑜伽提高身体灵活性、避免受伤等。这些技能之间的相互影响和相互作用可以帮助他成为真正出色的长跑运动员。

同样，在领导力方面，每天"多跑几公里"只能将某一方面的优势发挥到极致。假设你通过优势识别器 2.0 发现自己擅长把原本出色的事情（项目、人、文件等）进一步发展到卓越的程度。从线性的角度看，为了进一步发挥这项优势，你需要完成几个关键的任务。例如，你可以在团队中扮演教练的角色，帮助其他人熟练掌握并发挥自己的优势，但这是你能达到的最高水平了。花费更多时间去指导别人最终只会适得其反，让你无暇顾及其他工作。此时，非线性的交叉培训可以发挥作用，帮助你发挥相关优势将工作做到极致。或许你擅长在不同的团体和人之间建立关系，也能将过去、现在和未来联结起来，给其他人提供不同的视角、指导和方向。交叉培训提供了新的选择，可以将你的人际关系优势与努力追求卓越的优势结合起来，帮助身边的人应对难以预测的新变化。通过提供指导，你可以让别人看到他们的优势如何帮助巩固其在团队中的地位，提高应

对意外事件的能力,从而让他们感到安心。现在你明白了吧？通过交叉培训的方法,你可以在30～60天内看到实实在在的进步。○

行动五：发挥优势,完成无法避开的任务

作为领导者,我们不能对每一项自己不喜欢的任务或决策都撒手不管。有时候,有些事情我们不得不做。因此,对于你非常不擅长的、具有挑战性而又不可避免的任务,你可以发挥自己的某项突出优势,完成必要的工作。○举个例子,如果你接下来要做一场重要的演讲,而你现在非常紧张,因为你的记忆力不好,也不擅长收集事实来支持自己的观点,那么你只要记住一个事实：你非常会讲故事,你也能把握好节奏。即使忘掉了一些内容,你至少可以保证听众开心。想想自己面临的糟糕任务,用优势来给它润色。关注结果,而非过程。你会发现,这项任务突然变得有趣了。

如果你承担了大量与天赋无关的工作,你可以通过将它们整理成为"优势三明治"来实现更好的平衡——将消耗你热情的工作夹在你能够发挥优势的工作中间。

○ Zenger, John H., Folkman, Joseph and Edinger, Scott (2011). "Making yourself indispensable". *Harvard Business Review*, October. [Online] Available from: https://hbr.org/2011/10/making-yourselfindispensable/ar/1.

○ Achor, Shawn (2010). *The Happiness Advantage: The Seven Principles that Fuel Success and Performance at Work*. New York: Crown Business.

行动六：克服弱点

虽然本书重点探讨如何最大限度地发挥优势，但我并不认为你应该彻底忽视自己的弱点。如果你的某一弱点严重影响了你作为领导者的表现，一定要想办法克服它！不能被它带偏。但是要记住：要取得成功，你要以发挥优势为主、克服弱点为辅。无论你做什么，弱点始终都会存在，所以不要将注意力从你的优势上转移开；你要做的只是尽量将弱点控制在最低水平。你可以制定一套管理机制，向同事寻求意见，找到一个榜样来学习，必要的话可以寻求外部帮助。聆听、沟通和组织协调等都是我们需要具备的基本能力。无论你的问题是什么，你都要通过多加练习，让这种行为变成习惯，而不是问题——然后到此为止！不要试图做到尽善尽美，在自己的弱点上花费太多时间是不明智的。

总结：回顾和反思

在充分发挥优势和克服弱点的过程中，你要定期评估自己的成果。你是否取得了想要的结果？哪些事情进展很顺利？你积累了哪些经验？哪些任务可以换一种方法执行？

> **练习 2-2　优势行动计划**
>
> 　　你做好将优势转化为行动的准备了吗？可以使用下面的行动计划模板来为自己寻找建立优势的机会，

并监督进展。下载地址为：http://positiveleaderbook.com/strengthsactionplan。

我的突出优势

- 哪些优势对于我发挥领导力或实现工作目标是最重要的？
- 我在哪些优势上的兴趣最大？
- 哪些优势能帮助我成为理想的领导者？
- 哪些优势对组织来说意义重大？

选出与你的能力、热情、工作目标和组织需求相结合的3~5个优势。

行动一：寻找机会扩大优势

- 有机会多加练习。
- 找到发挥优势的新环境。

行动二：制定发展目标和战略

- 将发挥优势的主要目标写下来，包括取得成果的具体日期。
- 写下获得新的知识、技能和实践的具体战略，例如读书、听网课、参加研讨会、接受辅导、轮岗或者接受新的工作和特殊任务。
- 你需要哪些方面的支持和资源（例如设备、反馈、奖励等）？

第 2 章
审视自我优势（发挥优势，表现真实的自己）

行动三：避开自己的弱点，或将你不擅长的工作分配给其他人

- 明确可以避开的工作。
- 明确可以分配出去的工作。

行动四：接受交叉培训，进一步扩大优势

1. 核心优势：＿＿＿＿＿＿＿＿＿＿＿＿
   你可以着重参加哪些互补性活动或培养哪些行为？
2. 核心优势：＿＿＿＿＿＿＿＿＿＿＿＿
   你可以着重参加哪些互补性活动或培养哪些行为？
3. 核心优势：＿＿＿＿＿＿＿＿＿＿＿＿
   你可以着重参加哪些互补性活动或培养哪些行为？

行动五：发挥优势，完成无法避开的任务

1. 无法避开的任务：＿＿＿＿＿＿＿＿＿＿
   找出相应的优势来应对它。
2. 无法避开的任务：＿＿＿＿＿＿＿＿＿＿
   找出相应的优势来应对它。
3. 无法避开的任务：＿＿＿＿＿＿＿＿＿＿
   找出相应的优势来应对它。

行动六：克服弱点

1. 弱点：＿＿＿＿＿＿＿＿＿＿＿＿＿
   想办法克服弱点或缩小其负面影响。
2. 弱点：＿＿＿＿＿＿＿＿＿＿＿＿＿

> 想办法克服弱点或缩小其负面影响。
> 3. 弱点：_____
> 想办法克服弱点或缩小其负面影响。
>
> **总结：回顾和反思**
> 进展如何？你积累了哪些经验教训？接下来你准备做什么？

发挥优势不仅仅是为了提升你作为领导者的业绩并建立竞争优势，它还能让你获得更有意义的东西：真实性（Authenticity）。

2.6　真实领导力：做真正的自己

我见过太多天赋极高的个人、企业家和运动员在职业生涯早期，为了追求外部成果（金钱、名声、权力、地位、业绩等）而奋力奔跑，却几乎没时间了解自己内心的想法。我刚工作时就是这样，真希望当时自己能明白这个道理。你的决心和精力只能维持一段时间的成功，即使你所处领域的领跑者也是这样，它很难长期保持下去。这是因为，这里缺少了一些东西，一个能帮助你接受自己、提升自信的关键要素——真实性。

真实领导力可以驱散理想型领导者的固有形象带来的巨大压力，将伟大的领导力变成普通人也能企及的能力。要成为领导者，你没必要将自己打造成为商业杂志上宣传的那种异于常人而且精力无限的人；你也不必压抑自己真实的个性来满足公

第 2 章
审视自我优势（发挥优势，表现真实的自己）

司要求。整天假装自己是另一个人会让你很疲惫，你只需要表现最真实的自己就够了。那么具体要怎么做呢？相信你已经猜到了：发挥你自己的独特优势。这是第一。当你能把握好自己与生俱来的品质和能力时，你就获得了真正的自信，成为具有独特性的领导者。此外，其他人也会更喜欢你。

能力可以创造信任

你有必要认可自己作为领导者所创造的价值，并接受自己的优势。这与以自我为中心、成为团队崇拜的偶像无关。每个领导者应该有一两项突出的能力，这是最起码的要求，这些能力经过不断完善，让别人能明显地感觉到你在例如创新、公共演讲、激励他人或做出行动判断等方面表现很突出。这比尝试做好每一件事，结果只获得了几十种平庸的能力要好。不用区分软实力或硬实力，只要找到它，你就能建立自己的独特品牌。在这些领域的杰出能力可以为你赢得尊重和信任。员工都想为自己的领导者感到骄傲，但缺乏突出能力的领导者将失去影响力，甚至会令团队感到难堪。好在你可以通过发挥自己的优势启发和激励其他人。大多数员工对于巅峰表现缺乏明确的感知；如果你能自由发挥自己的优势，就会给他们提供一个成功的学习榜样。

作为领导者，表现真实的自己还能给你带来一个关键的东西：尊重。它很重要，毕竟，你只有得到其他人的尊重，才能不断取得成果。但是你不能以自己的身份相要挟，强迫或要求其他人尊重你。你要通过以身作则来赢得尊重。

> **通过打网球赢得尊重**
>
> 　　我实现了在少年网球联赛中成为职业运动员的远大目标，早早便展现出了领导才能。起初，每个人都嘲笑我胖，网球俱乐部的总裁甚至建议我去学相扑！但作为一个不服输的年轻人，我不想放弃梦想，并努力提升我在身体和头脑上的优势。到了12岁时，我已经成为俱乐部最优秀的球员，证明了：只要相信自己的直觉并全心全意地追求自己热爱的东西，我就可以实现几乎不可能的目标。从这时起，我越来越受欢迎了。看到我能克服重重困难、实现最初的目标，其他孩子纷纷对我表示赞赏和尊重。很快，他们开始以我为榜样——即使我非常调皮，喜欢在学校搞恶作剧！

2.7　个人魅力的真正力量

　　表现得积极和真实可以使你具备所有领导者都想拥有的素质……即使他们不愿意承认——是的，这个素质就是个人魅力（Charisma）。每个领导者都想散发这种吸引力，从而领导整个组织，激发员工的工作热情，得到他们的聆听、尊重、追随甚至喜欢。人们普遍以为，个人魅力是一种神秘的特征，是少数人与生俱来的素质，例如戴安娜王妃、美国前总统克林顿或马丁·路德·金博士等。好消息是，情况并非如此。个人魅力是可以习得的，每位领导者都能学会如何通过做出具体行为来发挥这种"魔力"。你也不必为此成为社会活动家或优秀的演说家。

别误会,做出散发个人魅力的行为并不意味着你要压抑真实的自己——让你看起来有些肤浅甚至虚伪。积极的个人魅力并不是操纵他人、引诱他们喜欢自己并服从自己的任何命令,它要求你约束自己而非其他人的思想和行为。实际上,真正的个人魅力主要是一个人自然流露出来的真实性。没有什么能比虚伪更容易摧毁个人魅力了。

高管教练、个人魅力专家奥利维娅·福克斯·卡巴恩(Olivia Fox Cabane)设计了简单而具体的三步法,帮助人们培养个人魅力,给其他人留下更深刻的印象。[⊖]这几个步骤基于三种非言语的行为类型:姿态、权力和暖意,这三者对于获得魅力至关重要。通过巧妙地平衡这三个要素,反复练习、不断精进,你将培养出极大的个人魅力。

姿态

你是否在与其他人聊天时感觉他们没有认真听你讲话?这令你很懊恼,甚至有些沮丧,是吧?全神贯注地听对方说话或许很难做到,但它决定了你在其他人眼中的形象。以克林顿为代表的专业人士完美地做到了这一点。他会让你觉得他在高度集中地听你说话,完全"投入"对话,仿佛你成了宇宙的中心。这正是个人魅力的真正奥秘——让对方自我感觉良好,而不是强行让对方对你刮目相看。姿态是假装不出来的。如果你在与

⊖ Cabane, Olivia Fox (2013). *The Charisma Myth: How Anyone Can Master the Art and Science of Personal Magnetism*. New York: Portfolio.

其他人交流的时候没有全神贯注，那么你的面部反应很可能有一定的延迟，或者你的眼神很空洞。人类具有在17毫秒内捕捉到面部表情变化的能力，所以对方很可能会发现你不够专注，明显感觉你不够真诚。这也会让他们感觉自己没有得到重视和认可，使你很难与他们培养出信任和融洽的关系。这不是你想要的结果！好消息是，你可以采用一些方法，在交流的过程中集中精力，让对方感受到重视和认可。

（1）**关注自己的脚趾**。如果你在谈话的过程中发现自己的思绪飘走了，可以尝试关注自己的身体，特别是脚趾的感觉。体会它们与地面的接触，强迫你的大脑从头感受到脚趾，让你回到当前的状态。只需一两秒，你的思绪就会回到目前的对话中。

（2）**凝视对方**。在交流的过程中看着对方的眼睛，关注他们眼珠的颜色或眨眼的频率。这种方法非常有效，让你仿佛看到了对方的灵魂深处，因此会提升你的魅力，加强与对方的联结。当然，别做得太过！一点眼神接触就能产生强烈的效果，别把对方吓跑了。

（3）**提问**。在对话中不要过于关注自我。你可以提一些有趣的问题，让对方知道你完全跟上了他的思路。肢体语言学专家瓦妮莎·范·爱德华兹（Vanessa Van Edwards）建议你思考"我如何让这个人讲出自己的故事"以鼓励你实现心态的转变。在对方说完后继续追根究底，表明你在认真听，例如"你最喜欢其中哪个部分"或者"我理解得对吗"。这样做不仅会使你更多地了解对方，还能帮你与对方建立更紧密的关系。

第 2 章
审视自我优势（发挥优势，表现真实的自己）

权力

个人魅力的权力与指挥军队或领导跨国公司的那种权力不同，前者是你对自己影响周围世界（通过影响力、金钱、专业能力、智慧、体力或社会地位）的能力的理解。强大的人会让人们觉得他能实现目标，且具有一种让人难以抗拒的磁力，将人们吸引到他身边。这是从穴居人时期传承下来的一种吸引力。我们会本能地追随有充足的资源帮助我们在野外活下来的人。在寻找这些人时，我们会根据他们的行为举止和肢体语言寻找蛛丝马迹。你可以试着用以下两种方式增强权力。

（1）**做出"权力姿态"**。为了增强自己的权力，你要表现出已经掌握权力的姿态。大猩猩的首领在宣布主权时会捶胸口，这会让它看起来更高大。你可以像大猩猩一样伸展自己的肢体，散发出权力的气场。坐下时，你可以将手臂搭在椅背上，或者把双手放在头上向后靠，另外，你也可以侧过身体，占据更多空间。走路时，你要挺起胸膛，后背挺直。站立时，你可以双手叉腰，像超级英雄一样。在会上表达观点时，站起来，身体向前倾，把手放在面前的桌子上。站稳，身体不要乱晃，像大猩猩的首领一样掌控局面，使用明显的肢体语言。一旦你通过这些方式展现出自信而强大的姿态，权力感自然会随之而来。

（2）**用自信提升权力**。限制人们发挥权力的最大障碍是缺乏自信或产生自我怀疑，这与"冒名顶替综合征"（Imposter Syndrome）有关——认为自己的能力与地位不符，甚至随时会被揭发。据估计，70%~80% 的人都有这个问题。权力首先源于大脑。

即使你还在摸索怎样获得权力，你也可以假装自己已经拥有了权力一样思考和行动。如果你对自己有信心，其他人也能感受到，并做出回应。自信是一种迷人的品质，它告诉别人你掌握了权力，使他们更愿意了解你，并证明你有能力影响周围的世界。培养自信的根本是提高某项优势、技能、知识或资源上的熟练度㊀，这将从根本上改变你对自己的感受和行为，我在此不再赘述。本章教给你的最重要一点，就是如何熟练地发挥自己的优势！

但是与此同时，你要如何克服对自己深深的怀疑？

（1）一个有效的方法是去污名化——消除自己的愧疚感。愧疚是一种非常糟糕的感受，是取得成绩的一大障碍。你要明白，"冒名顶替综合征"是一种正常的心态，与我们的生存本能有关，我们都会有这种感觉。它并不值得你感到愧疚，而且与你的实际价值或能力无关。其他人也有过类似的不愉快体验，特别是你崇拜的人，全人类都会在相同的时刻产生相同的感受，你只是其中之一。作为领导者，你相当于部落的首领，因此你应帮助其他人克服他们的负面情绪。

（2）另一种方法是脱离消极心态。它的关键是认识到你的想法（尤其是自我批评的想法）不一定正确。作为人类，我们的有意注意能力是有限的，这限制了我们在一定时间内能接收的信息量。我们的大脑不断在眼睛接收的数百条视觉信息中筛选有用的信息，在这个过程中消极信息往往会更凸显。这意味

㊀ McKay, Brett and McKay, Kate (2013). "The 3 elements of charisma: Power". *The Art of Manliness*, 12 November. [Online] Available from: http://www.artofmanliness.com/2013/11/12/the-3-elements-of-charisma-power/.

着我们对现实的认识是不完整的，甚至是扭曲的。我们的大脑会产生负面的想法，但这不意味着它具有真实性。要克服这些不断出现的无用想法，你要努力抛却个人感受，缓解不愉快的情绪。将它们看成墙上的涂鸦，你路过时会看一眼，但不会认真关注。或者设想脑海中那些令人讨厌的声音是从收音机中传出来的，你可以把音量调小，关掉收音机，或者将它扔到一边。

暖意

个人魅力的第三个要素是让身边的人感到舒适和放松。当你让人感到温暖，你的魅力指数就会上升，其他人会认为你平易近人、体贴善良。这决定了对方是否愿意利用他们手中的权力帮助我们。暖意同样是无法假装的。我们体内有太多变化，无法有意识地一一控制。我们脑中在想什么永远会通过肢体语言表现出来，甚至最难以察觉的微表情也能透露一些内心的想法。其他人可以凭直觉捕捉到这些，以确定你是否表现得真实。如果他们觉得你只是在利用他们，他们就会躲得远远的，就像逃避一个脸上挂着假笑，看似很热情，实际上只想做成生意的推销员一样。要想让别人感觉自己的暖意是真实的，你必须发自内心，不能只图一己私利。如果你真正关心其他人，暖意就会从你的表情和行为中体现出来，人们也会认为你是真正的体贴和热心肠。以下几种方法可以帮助你充分展现出符合内心的外在行为：

（1）**改写现实**。散发暖意的最大障碍是消极的批判思维。如果你在与人交谈时产生了自我贬低的情绪，例如羞耻、压力大或尴尬，它会让你陷入焦躁的状态，并表现在你的表情和行为上。你的交谈对象并不清楚你的思维过程,所以会自然而然地以为你脸上的紧张或反感与他有关。为了从这种消极的内心状态恢复正常,不要试图控制外在(你的肢体语言),而应直面内在(你的思想)。大脑无法区分想象和现实,所以你要创造另一种不同的现实,重新恢复平静的思想和相应的肢体语言。以一种更好的、更具魅力的方式来应对当前的状况。问问自己:"这种体验对我来说是不是好事?"观察你的大脑能得出多少富有创意的答案。你当前的视角也会迅速向好的方向转化。为了取得最好的效果,你可以将新的现实写在纸上,并描绘具体的细节,最好用已经完成的语气,例如"那个项目取得了巨大成功,原因是……"。

(2)**培养共情力**。散发暖意的一个重要途径是共情。拥有暖意是一回事,你还需要让其他人看见和感受到它。共情是在这个愤世嫉俗的世界中向他人散发暖意的最有效途径,可以让他们感觉得到了理解、认可和关怀。它的关键是在对方身上找到三个你认可的点。当你开始寻找积极的方面时,你的思维状态就会相应地变化,这样产生的热情和暖意将全面地通过肢体语言展现出来,使你的目光柔和下来,并让面部表情和肌肉放松。如果对方很难缠或令你反感,你可以将自己置于他的角度。想象一个关于他的完全不同的故事。要有同理心,思考对方为何这样无礼:昨天或今天早上他经历了什么?他的过去或童年经历怎么样?每个人都有自己的现实问题要解决,或许你在过去也有过类似的不愉快经历。培养这种共情力,希望其他人过得好,这能使你即使在最简短的交流中也能产生神奇的积极反应。

CHAPTER 3
第 3 章
打造极具天赋的团队

> 如果你按照人们原本的样子来对待他们,他们就会一成不变;但如果你按照他们应该成为的样子来对待他们,他们就会成为更加伟大和优秀的人。
>
> ——歌德
> 德国作家、政治家

领导者曾经以实现业绩为主要职责。现在则不同了。你突然开始承担大量其他责任,其中最主要的是激励团队。作为领导者,有一件事你永远也不能忘记——团队的成功就是你的成功。[一]很显然,你的个人生产力仍然很重要(因此你才需要发挥自己的优势)!但你只有一种途径可以实现领导力目标并打造竞争优势,那就是团队。别理解错了:其他人评判你的标准不是你做了什么,而是你的团队成绩如何。

[一] Morris, Michael (2005). *The First-time Manager: The First Steps to a Brilliant Management Career*. Third edition. London: Kogan Page.

如今，团队的创意层出不穷。尽管我们仍然钦佩那些有丰富的奇思妙想、"单打独斗"、主动承担责任，并总能在人们最需要的时候出现的领导者，但在现实中，领导力更多是一个集体合作的过程，所有人一起努力实现共同目标。这不是一场个人游戏，而是团队比赛。在本章中，我们将探讨如何将基于优势的理念融合到团队合作与业绩管理的流程中，包括培训、发展和训练，以及绩效评估。

基于优势的团队[⊖]

- 每天关注优势的团队的生产力比普通团队高出 12.5%。
- 接受优势反馈的团队的创收能力比普通团队高出 8.9%。
- 高绩效团队的成员 75% 的时间都在发挥优势。
- 员工敬业度高的团队旷工率比普通团队低 37%。
- 员工敬业度高的团队的客户服务评分比普通团队高 12%。
- 接受优势反馈的团队的成员流动率比普通团队低 14.9%。

3.1 打造一支平衡的团队

团队与领导者一样，也呈现出多种多样的外观、规模和色彩。

⊖ Buckingham, Marcus (2007). *Go Put Your Strengths to Work: Six Powerful Steps to Achieve Outstanding Performance*. New York: Free Press.

第 3 章
打造极具天赋的团队

那么如何打造一支实力过硬且充满激情的团队？

答案是将优势互补的人集中在一起，并根据他们的独特风格、技能和视角给他们安排工作。强大的团队是相互依赖的。就像一支足球队一样，为了进球得分和提升球队在联盟中的名次，球员之间必须紧密配合，他们要依赖对方完成任务。强大的团队也是多样化的。如果上场的 11 名球员都是前锋，球队就存在极大的缺陷。它需要包含中锋、后卫和肩负重担的守门员，兼顾每个位置的需求，实现技能的平衡，为球队取得最佳成绩。打造高效团队的最佳战术是确定好每个成员的位置，让他最大限度地发挥自己的能力。你不必打造一支全明星队伍，虽然全明星队伍的每个人都具备突出的个人优势，但组合在一起不一定能成为高效团队。相反，你可以吸收个人能力不算突出，但能力互补的成员，确保所有人组合在一起能成为明星团队，就像 2014 年世界杯冠军德国队一样，该球队以团结高效闻名，而不是以突出每个球员闻名。这就是团队协作（Team Synergy）的全部意义——挖掘每个人的优势，提高团队的整体业绩、平衡性和能力，取得"1+1 > 2"的效果。

如何打造自己的理想团队？很简单，把所有人放到正确的位置。你可以遵循以下步骤。

第一步：将团队成员的优势集中起来

首先，领导者必须抽出时间了解每个团队成员的优势，清楚他们能做出哪些贡献。可以从个人评估报告和简历中收集信息，了解团队的总体优势和弱点。

有很多方法可供使用。我喜欢使用优势识别器 2.0 的团队表格，它以人们的五个突出优势为基础。另外，你还可以自行创建团队矩阵、地图或表格，使团队的总体优势一目了然。

一种方法是将所有人的优势分为不同的类型，例如：[一]

- 一般能力（例如行业经验、市场知识或竞争洞察）。
- 具体技能（例如技术、财务、营销、管理等）。
- 人际交往能力（指导、谈判、建立人际关系）。
- 总体导向（例如战略、以行动为导向、有条理、动手能力强）。

接下来，你可以勾出每个人的 3 ~ 5 个优势，或者针对他们在某些领域的水平或专业能力打分。假设有一支 5 个人组成的团队，表 3-1 勾出了每个人的优势（你可以将评估对象改为任何类型的企业、职能部门或项目团队）。

表 3-1　团队优势表

优势	团队成员				
	露西	保罗	拉维	艾比盖尔	拉里
一般能力					
行业或领域经验					√
竞争洞察		√			
市场知识				√	

[一] Ashman, Joann Warcholic and Shelly, Susan (2011). *Play to Your Team's Strengths: The Manager's Guide to Boosting Innovation, Productivity and Profitability*. Avon, MA: F+W Media Business Now.

(续)

优势	团队成员				
	露西	保罗	拉维	艾比盖尔	拉里
具体技能					
财务或会计		√			
演讲	√				
写作或整理文件				√	
执行流程和制度规定			√		
行政管理			√		
营销策划					
创意和设计	√				
研究或分析		√			
会议管理	√				
技术能力			√		
客户服务					
项目管理				√	
人际交往能力					
谈判	√				
管理变革					
指导他人					√
团队合作				√	
领导能力					√
冲突解决		√			
总体导向					
战略或长期思维	√				√

(续)

优势	团队成员				
	露西	保罗	拉维	艾比盖尔	拉里
规划或制定目标					
动手能力				√	
完美主义者			√		
以行动为导向					√
时间观念（有条理）	√				
以数据为导向（调查研究）			√		
"救火"能力					

这样做的目的是以简洁而清楚的方式了解团队目前的优势，为接下来分配具体工作、实现组织目标做准备。

你可以进一步给每位成员每项优势的具体水平打分。下面提供了一个标准量表，在情境领导力和胜任力模型中得到了广泛采用：

优势评分标准

1. 技能水平较低

2. 技能水平尚可

3. 技能水平较高

4. 技能水平非常高

这个量表的作用在于，它凸显了每位团队成员能做出最大贡献的重点工作，以及值得进一步培养的卓越潜能，从而提高团队整体优势（例如从第 3 阶段"技能水平较高"提升到第 4 阶段"技能水平非常高"）。

收集到全部数据后,你可以花些时间来研究一下这些数据体现了团队的哪些特征:

- 你对团队的第一印象和观察结果是什么?
- 团队优势最大的领域或工作类型是什么?由此判断,你认为团队真正擅长哪些方面?
- 团队的突出优势是什么?这些对于团队的成功有什么作用?
- 团队的弱点是什么?哪些方面令你感到沮丧?
- 你在团队中看到了哪些潜在的强大合作关系?

在理想情况下,你希望设计一个透明、合作的流程,让所有团队成员参与进来,开诚布公地介绍自己的优势和弱点。如果每个人都了解其他人的优势,他们之间的关系和互动就会更紧密,这将为团队变革打下坚实的基础,并实现卓越的成果。

第二步:谁负责做什么

这一步比较棘手……你需要妥善地给每个人分配任务,以确保团队高效运转。"贝尔宾团队角色"(Belbin's Team Roles)是一个经过验证的有效方法,有助于打造强大而稳定的团队和项目小组,它提供了一种途径,可以帮助人们将工作和任务与自己的优势和工作偏好相结合。如果你还不熟悉这个模型,可以在网上搜索一下,但在这里我也会简要介绍一下。简单地说,梅雷迪思·贝尔宾(Meredith Belbin)博士花费了九年时间研究成功的团队成员,并得出结论:这些人通常扮演九种不同的团队角色。他将这九种角色分为三大类：以行动为导向、以人为导向和以思维为导向，具体如表 3-2 所示。

表 3-2　贝尔宾团队角色分类

以行动为导向	鞭策者	有进取心，精力充沛；能将压力转化为动力；勇于克服障碍
	执行者	有强烈的纪律意识，为人可靠；能将想法转化为实际行动
	完成者	做事一丝不苟且准确度高；能确保准时完成任务；善于打磨和完善成果
以人为导向	协调者	成熟且自信；能阐明目标，有领导者的姿态；能有效分配工作
	凝聚者	思维敏捷，善于变通；鼓励开展合作，能够提升士气和避免冲突
	外交家	外向，沟通能力强；善于探索新的机会和建立关系
以思维为导向	创新者	有创意，思想自由；能产生新的想法，解决困难的问题
	审议员	态度严肃，处事讲究方法；能分析不同的选择并准确做出判断
	专家	做事认真、主动；能提供深层次的知识和专业技能

资料来源："贝尔宾团队角色"，www.belbin.com。

你的团队不必包含这九种人。但一般来说，团队这九种角色必须有人来扮演，以确保团队能发挥全部潜能。有些人完全可以一人扮演两三种角色。

"贝尔宾团队角色"是一种非常有效的工具，可以帮助你看清团队存在哪些弱点，将所有人的优势集中到一起，还能克服"可容许的弱点"。你可以用它来了解团队需求，提高团队成功概率，同时检查你是否将每个人都安排到了最适合的岗位上。举个例子，如果团队中缺少"完成者"，那么你可能不得不催促团队成员完成任务。没有"审议员"会怎么样？工作就会出现太多小错误。如果成员之间冲突不断，那么你绝对需要"凝聚者"或"协调者"将所有人重新团结在一起。如果你的团队需要全方面提升业绩呢？那就要确保团队中有"鞭策者""执行者"和"外交家"。不同的角色面对不同环境、挑战或组织工作重点时的重要性会有差异。例如：㊀

- 新组建的团队需要"鞭策者"来启动工作。
- 团队在面对竞争性的环境时需要"创新者"提出好的创意。
- 团队进入高风险领域时需要出色的"审议员"提供协助。

更多信息请参考：www.belbin.com。

不管你打算使用"贝尔宾团队角色"工具，还是你自己制作的优势矩阵，目的都是在团队成员之间平等地安排活动、目标或职责，同时充分兼顾他们的个人优势或他们希望提升的技能，而不仅仅关注他们目前的角色或职位。这要求你实行个人差异化，对每个人的期望稍有区别，并发挥每个人的独特优势。很少有职位能让员工将 100% 的时间投入自己的优势领域，但是你可以有意识地提高这个比例，让员工把更多时间用在自己最

㊀ Department of Trade & Industry. "People development & teamwork". [Online] Available from: http://www.businessballs.com/dtiresources/ TQM_development_people_teams.pdf.

擅长的工作上。

确保员工在自己喜欢而且能发挥其优势的活动上拥有主导权，最大化地提升团队业绩。例如，如果桑德拉擅长帮助客户解决问题，你可以将她安排在对接客户的职位上，让她充分发挥优势；如果她不擅长这个，她明显就会在客户支持活动上浪费时间。想办法帮助团队成员尽可能将他们不擅长的工作自动化、分配给别人或者彻底放弃，让他们有时间自由地发挥自己的优势。例如，如果卢克的优势是具有较强的战略思维，那么你要允许他有更多时间用于提出有前瞻性的创意，将他负责的不重要的活动重新分配给其他人。

第三步：实现正确的平衡

如果使用得当，基于优势的方法可以帮助你将精力和资源集中到最重要的领域，极大地提高团队效率，并在短期内取得卓越的成果。记住，出色的团队一定包含多种能够相互平衡的行为方式。如果所有团队成员的行为方式类似，团队就会存在弱点和不稳定性。你没有可以用来克服弱点的筹码，相当于将弱点放大了，而且成员的优势也缺乏针对性。

举个极端的例子，假设团队中的每个人都很外向。如果大家争抢着做自己想做的工作，而不是相互协调、确保所有工作都能完成，团队就会陷入一片混乱。这时你只需添加几名内向的成员，整个局势就会发生变化。如果销售团队中全部是擅长达成交易的人，而没有出色的售前人员与陌生人开启对话、引起他们对产品或服务的兴趣，团队就无法取得很好的成绩。每个人独特的优势集中起来有助于弥补彼此的弱点,你要做的只是放手让员工发挥自己的优势。

打造平衡的团队,领导者本人也能受益。盖洛普公司研究人员汤姆·拉思和巴里·康奇(Barry Conchie)发现,最高效的领导者不一定多才多艺,但他们能打造一支拥有自己所缺乏的优势的团队。㊀凝聚力高、业绩好的团队在以下四个不同的领导力领域具有优势:执行力、影响力、人际关系和战略思维。

- 有执行力的人知道如何"完成工作"。他们擅长执行解决方案,将目标转化为现实。
- 有影响力的人擅长在组织内部和外部推销创意,帮助团队得到更广泛的受众。他们能够大胆站出来,确保团队的声音被其他人听见,并为团队领导者赢得更多追随者。
- 擅长建立人际关系的人是重要的团队黏合剂。通过个人关系和兴趣,他们会将团队的总体激情保持在较高的水平,通过建立积极的伙伴关系创造更强大的团队。
- 战略思维较强的人可以培养团队的全局观。他们不断收集和分析信息,帮助团队寻找通往未来机遇的最佳路线。

㊀ Rath, Tom and Conchie, Barry (2008). *Strengths Based Leadership: Great Leaders, Teams and Why People Follow*. New York: Gallup Press.

> **微软公司中东欧市场部的团队技巧**
>
> 我刚刚接管微软公司的中东欧市场部时,它只是一支业绩平平的团队。我们彻底颠覆了原有的工作方式,将基于优势的领导力和积极心理学方法结合起来,在短短四年内一跃成为公司全球业绩最高的地区。我们的成就前无古人、后无来者,但我们的方法并无奥秘。我利用优势识别器 2.0 和迈尔斯 – 布里格斯类型指标重新塑造和组织团队,将每个人的职责与他的突出优势和熟练度相结合,同时将团队重点从克服弱点转为最大化地提高效率。我不需要通过招募大量新人来打造强大的团队;我只变动了原有团队的 2%,最重要的是让每位成员更充分地发挥优势,并确保优势互补。领导力很重要,但能进一步激发员工潜能的"转型领导力"更重要。

作为积极领导者,你为团队树立了榜样。但榜样的意义不在于出色地完成每一项工作,而是了解自己的优势,并最大限度地发挥它。毕竟,领导力的关键是将重心从"我"转移到"我们"。它的全部理念在于团队成员可以将其他成员不擅长的工作"接管"过来,确保每个人做自己最擅长的事,从而取得成功。

团队 = 所有人团结起来,取得更大成果

3.2 发掘团队优势

你现在应该能明白，我们在本书中介绍的基于优势的领导力方法与"传统的"领导力方法存在很多差异。其中关键的一点是，前者敦促领导者改变自己对于团队的看法，努力成为团队推动者、教练、激励者和向导，而不是一味苛求、不懂变通的上级。积极领导者不会浪费时间在每件事上亲力亲为，约束员工的每个行为并挑错，而是激励和支持员工发掘自身优势，做自己喜欢的事并热爱自己的工作，在这个过程中不断提升业绩。

关于如何实施基于优势的领导力方法，我的建议是从小处着手：为每个团队成员选出两三个他的优势，通过培训进一步提升；或者利用小型项目团队开展试点，这样可以给团队机会迅速取胜，从而激励大家继续努力，争取积极的进步。上一章介绍的"优势行动计划"提供了一些行动建议。如果你对实验结果很满意，接下来可以考虑将基于优势的计划纳入正式的流程，例如有关绩效评估的讨论。

培训对人们发挥优势来说至关重要。天赋无异于一块璞玉，而培训可以将它打磨至闪闪发光。通过增强必要的知识和技能，培训可以将内在的天赋转化为强大的、一招制敌的优势。参考以下定义：⊖

⊖ Buckingham, Marcus and Clifton, Donald O. (2001). *Now, Discover Your Strengths: How to Develop Your Talents and Those of the People You Manage*. London: Simon & Schuster.

- 天赋是你自然而然地表现出来的思维、感受或行为模式。优势识别器 2.0 等自我评估工具可以真实地衡量出你的多种天赋。
- 知识包括你获得的事实和道理。
- 技能是开展一项活动的步骤。

遗憾的是，很多组织都没能看到持续开展培训和培养人才的价值。它们往往将 50% ~ 70% 的预算用于发放人员工资，但在提升员工优势的培训上投入不到 1%。[⊖]你作为领导者应给下属提供机会，有针对性地锻炼和提升他们的优势，进而促进组织总体增长。培训是对人的潜能的一项投资，它不是毫无意义的。当你为员工投资，就会为他们甚至你自己开启一个前景光明的世界。团队成员越强大、越不可或缺，他们就越有能力为你做事。最终，你会感觉如释重负。下面提供了一些积极的步骤，有助于你为团队探索新的职业发展机遇。

步骤一：制定学习和培训目标

人们当前的优势有助于实现短期学习和培训目标，并满足长期的职业发展需求。与其坐等员工主动找来，你不如直接找到他们，帮助他们制定具体的目标，进一步提升他们的优势、重新规划职业路径。让他们知道，你认为哪些素质最能帮助他们满足职位要求。但你同时要说清楚，如果他们想发挥自己某方面的优势，你愿意提供必要的支持。如果他们想提高公共演

⊖ Sharma, Robin (2010). *Leadership Wisdom from the Monk Who Sold His Ferrari: The 8 Rituals of the Best Leaders*. London: Harper Element.

讲能力、技术水平、谈判能力、创造力或决断力,你要全心全意地表示鼓励。他们的热情与你的支持加在一起,将给予他们极大的动力,从而付出最大努力来提高自身能力,为团队创造附加值。

步骤二:制定发展规划

根据所有人一致同意的目标,为员工寻找合适的学习和发展机遇。其中可以包括正式的脱产培训课程、活动、网课和研讨会,或者实地学习、轮岗、辅导、临时调任、特别项目、使用工作手册等在职活动。基本上,任何能帮助团队成员培养和发挥其优势的活动都可以。

我们来举个例子。假设你的团队里有位成员叫杰克,他的优势是提供信息(根据优势识别器 2.0 评估出来的),而且他也喜欢收集信息,并在此基础上做出正确的决策,那么你的任务就是密切观察杰克,思考让他承担哪些学习任务或特殊职责,以进一步提升他的信息收集优势,同时为团队中的其他人提供帮助。以下是几点建议:

- 让杰克负责一个小项目,设计一个便于存储和查找信息的新系统。与团队所有人公开分享这个系统,为他们的决策和研究提供依据。
- 让杰克自由地在工作时间阅读对他有启发的作品和文章,将他收集信息的优势发挥到极致。
- 找到杰克的专长,让他参加正规的培训课程,帮助他成为有资质的专家。这将使他成为团队中的权威，其他人可以向他寻求专业知识、支持或答案。

如今，我们面前有太多培训和学习的选择。你需要了解其他人的学习风格和偏好，为他们选择正确的学习工具。有人喜欢听，有人喜欢看，还有人喜欢亲自动手做。远程学习和基于计算机的培训课程都适合自主学习人士，但需要实际挑战或管理经验的人更需要轮岗或承担额外的任务，亲自接触不同类型的工作。以通用电气和联合利华为代表的一些大公司主动将年轻人才派到全球不同的地区和部门轮岗，让他们积累广泛的经验，在文化多元的多职能团队中担任优秀的领导者。

步骤三：别忘记跟进

员工在建立和提升优势的过程中需要反馈，了解自己的进展情况。你不必直接提供反馈，可以通过同事意见或自我评估来实现。重要的是，你要花些时间来了解他们在建立和提升优势方面的进展如何，以及是否有必要对未来的培训或职业机会做出调整。在员工取得重大成果时，你要及时表达赞美，将他们的工作动力保持在高水平。

3.3 领导力学习

不只是团队需要培训，你也需要！真实而强大的领导者所拥有的素质和优势并不是凭空出现的。与花园里的植物一样，这些优势也需要播种和持续的滋养，直到扎根、发芽和茁壮成长。领导者只有在工作环境中才能更好地学习和提升。这并不意味着参加公司培训、阅读最新的管理书籍或参加专家研讨会没有效果，这些途径也能帮助你获得会计、营销、运营或财务等方面的技术知识。但领导力不仅包含知识或技能，它也需要你推动和激励其他人取得伟大的成果——经验和实践占其中的很大一部分。

熟能生巧

不用于实践的知识是毫无意义的。所有领导者都应该借鉴自己最欣赏的运动员的某项优势，并反复不断地练习！不管成功的运动员和体育明星在自己的领域有多少天赋或知识，他们能取得辉煌的成绩都离不开一点，就是练习。对首席执行官、企业家、团队领导和各种各样的领导者来说也是如此。领导者的持久成功并非建立在知识储备上，而是取决于他们是否能根据自己掌握的知识采取行动。人们普遍认为，领导力70%来自经验，20%来自培训，10%来自课堂学习。[一]对初次当上领导者的人来说，发挥自己的优势并运用知识有助于确保他们能完成必要的工作，因而可以提升自信；一段时间后，他们在这些领域会更加熟练。

有意识地观察

你要反思自己的行为，并清楚这样做的原因。我们又回到

[一] Lombardo, Michael M. and Eichinger, Robert W. (2001). *The Leadership Machine: Architecture to Develop Leaders for Any Future*. Minneapolis, MN: Lominger.

了第 1 章有关自我意识的内容。随着经验的积累，你取得的胜利、遭受的挫折和收到的反馈也会越来越多。与其他技能一样，学习成为领导者也是一个客观地观察自己，并根据观察结果调整和完善工作方法的过程。通过自我评估，你可以更直接地发挥优势，从而扩大自身影响，同时能更清楚地了解当前的状况、状况发生的原因和未来发展方向。

你不必过度地反思自己，或者给未来制订宏大的计划。你要做的只是写下几个小目标，作为发展方向和行动基石。[一]思考以下几个问题：

- 你对于目前的领导力实践有什么目标？
- 你希望朝着哪个方向发展和进步？
- 你面临哪些重大挑战？你将如何制定战略来应对这些挑战？

向榜样看齐

本书的目标是教你如何成为最好、最真实的自己，但这并不代表你不能向他人学习。每个人都会向榜样学习，无论自己是否注意到。你很容易向周围的人（父母、上司、同事、老师、教练或明星）学习他们好的或坏的习惯。这种学习往往是无意识的，因此，你有必要主动寻找正确的榜样，这些榜样能教你正确的知识，让你学习好的习惯。如果你在职业生涯之初从错误

[一] Pedler, Mike, Burgoyne, John and Boydell, Tim (2010). *A Manager's Guide to Leadership: An Action Learning Approach*. Second edition. Maidenhead: McGraw-Hill Professional.

的人那里学到了不好的习惯，它可能会根深蒂固，难以摆脱。

我并没有建议你将对方的所有言行照搬过来，成为另一个他；你可以将不同风格的领导者作为榜样，将他们身上令你认同或感到真实的东西"偷学"过来。写出你崇拜或认可的三位领导者的名字，想一想他们身上具备哪些特点（我的榜样是释迦牟尼和比尔·盖茨）。思考你从这些人身上学到了哪些领导力素质，并观察他们的言行，以提高你的学习速度。

> **练习 3-1　你的三大榜样**
>
> 1. 我的榜样：＿＿＿＿＿＿＿＿＿＿
>   他具备哪些素质：＿＿＿＿＿＿＿＿
>   我学到了什么：＿＿＿＿＿＿＿＿＿
> 2. 我的榜样：＿＿＿＿＿＿＿＿＿＿
>   他具备哪些素质：＿＿＿＿＿＿＿＿
>   我学到了什么：＿＿＿＿＿＿＿＿＿
> 3. 我的榜样：＿＿＿＿＿＿＿＿＿＿
>   他具备哪些素质：＿＿＿＿＿＿＿＿
>   我学到了什么：＿＿＿＿＿＿＿＿＿

别忘了，你不仅能学习积极的方面，还可以从消极的行为中吸取教训。如果你的同事或领导把事情搞砸了，或者有不端的行为，例如在外人面前贬低他人，或者用别人的成果去邀功，你一定要留心。即使最积极、最有影响力的领导者也会有无心之失，毕竟人无完人。领导者犯下的小错误或表现出来的反面案例都能提供宝贵的教训，告诉你哪些能做、哪些不能做。你可以从中吸取经验教训，但不要模仿他们的行为！

3.4 训练：基于优势的方法

在每一支出色的球队背后都有一位伟大的教练，公司中的团队也是如此。如今，人们普遍认为，训练与领导、激励团队和个人一道，成了几乎所有领导者必须承担的职责。对基于优势的领导者来说尤其如此，因为他们的角色与教练实际上没有太大区别。

训练往往与辅导相混淆，但两者是完全不同的学习和管理方法。我的好朋友安妮·斯库拉（Anne Scoular）在总部位于伦敦的培训公司梅勒·坎贝尔（Meyler Campbell）担任董事总经理，她明确解释了这两个概念的区别：⊖

"传统的辅导（或培训、建议、咨询等）是将建议、内容和信息灌输给别人；训练正相反，它是将人们内在的能力激发出来。"

从优势的角度看，训练可以将人们的优势发掘出来，通过不断建立信任、培养技能和独立性，将优势引向成功的方向。出色的教练不会直接告诉别人做什么或者事无巨细，而是以提问为主，让学生自行找出针对具体挑战的解决方法。有句话说得好："告诉我，我会忘记；教给我，我会记住；让我参与，我

⊖ Scoular, Anne (2011). *The Financial Times Guide to Business Coaching*. Harlow: Pearson Education.

会学会。"这种轻度干预的方法有助于教练激发和释放队伍里每个人的潜能,从而取得一流的成绩。教练应该把学生当作成年人来看待,而不是没有独立思维的孩子。如果训练得当,学生的分析能力和自我意识都会提高,并能自行培养洞察力和批判性思维。员工能成长和实现独立的唯一方式是亲自翻越大山。你可以聆听,并给予建议、支持和鼓励,但是不能代替他们去翻过那座山!

作为一项常规的检查活动,训练还能给团队注入优势文化和思维,并在整个组织内传播。当然,领导者要在一个动态的工作环境中持续不断地训练和支持员工,这是一项艰难的任务。当你忙得不可开交时,你很容易忽略那些表现出色、没有出现任何问题的员工。毕竟,他们不需要你过多地关注。但这意味着你失去了提供一对一反馈、表达对他们的期待、保持他们工作动力的宝贵机会。⊖无论员工是否表达出来,他们都希望得到你的关注,在增强自身优势、努力实现目标和超越期望的过程中都想得到你的指导。训练可以帮助你实现这一切。

"UGROW 模型"

为了有效地提供训练,你最好将训练作为固定的流程,定期与每位团队成员在一起进行自我审视,分享有关提升优势的方法,庆祝成功,探讨是否有必要提供额外的帮助,并在问题

⊖ Ashman, Joann Warcholic and Shelly, Susan (2011). *Play to Your Team's Strengths: The Manager's Guide to Boosting Innovation, Productivity and Profitability*. Avon, MA: F+W Media Business Now.

进一步扩大之前解决掉。著名的绩效训练先驱（前赛车手）约翰·惠特默（John Whitmore）提出的"GROW模型"提供了现成的开展均衡辅导课程的框架。[一]我在此基础上稍做修改，提出了"UGROW"模型，其中U代表"独特性"(Uniqueness)，即个人的特点和真实性。它为个性化、基于优势的训练提供了基础，也遵循了传统的"GROW"架构：目标（Goal）、现状（Reality）、选择（Options）和将来（What's Next），详细解释如下。

独特性：你是谁（思考是什么使你与众不同且有存在的意义）

一个人的独特性即他的真实性，也就是最能给他启发的东西。遗憾的是，人们在做生活规划和解决问题的时候往往不会先花些时间去探索自己的独特性。"UGROW"模型中的第一个要素就是引导团队成员进行坦诚且真实的自我评估，了解自己的生活目标。这可能会令人感到气馁甚至恐惧。让别人审视他们自己的内心，思考为什么这样做而不是那样做很难，但这是帮助他们制定更明确的生活目标的最有效方法。认可自己的独特性是充分发挥自身潜能、找到工作意义的第一步。关于个人优势的问题很有冲击性，但答案必须发自内心。你可以重点思考以下几方面问题：

- 优势：你最有信心的天赋和技能是什么？（例如我擅长与人打交道，提出创意，使用计算机，收集信息，做事，处

[一] Whitmore, Sir John (2002). *Coaching for Performance: Growing People, Performance and Purpose*. London: Nicholas Brealey Publishing.

理数字,和小朋友相处。)其他人认为你擅长什么?(例如你是天生的销售人员、领导者、老师,擅长建立人际关系,有创意。)你如何利用自己的优势克服挑战或解决问题?你最喜欢发挥哪些方面的优势?你不想每天使用哪些技能?

- 价值:你最珍视自己的哪些品质?(例如诚实、团队合作意识、结果导向、学习能力、乐观、稳定性、纪律性、勇于成长、大度。)你在做决策时是否会按照优先级排序?在这个过程中,你是否发挥了自己的价值?你是否一贯坚持自己的价值主张?
- 热情:哪些事情能让你感到兴奋和动力十足?你最喜欢的工作活动和个人兴趣是什么?其他人对你有什么评价?你在做哪些事时感觉时间过得飞快?
- 目的性与贡献:上述问题的答案展现出了你的哪些特点?你如何利用自己的优势、价值和热情最大限度地为团队、组织或整个社会做出贡献?你能创造哪些变革?

目标:你希望取得哪些成果(介绍你想实现的目标)

在了解了每位团队成员的独特性以后,接下来你要明确团队的前进方向。你的目标是让他们清楚自己想要什么、想去哪里。将员工希望实现的变革转化为具体、可衡量的目标,并引导他们基于自己的核心能力和优势制定目标。在这一过程中,你可以思考下列问题:

- 如果实现这个目标，最终的成果是什么样的？
- 你（我们）用什么标准来衡量成功？
- 对于你或团队来说，实现目标会有哪些好处？
- 你会利用哪些天赋和优势？
- 你对这个目标有多大热情？（思考每个人的干劲和动力，这决定了他们是否能发挥优势和产生工作热情。）
- 你对实现这个目标有多大信心？（体现了员工是否掌握必备技能。）
- 这个目标是否与你最重要的工作保持一致？（确保目标兼顾了员工的价值。）
- 这个目标是否符合你或团队成员的总体职业目标？

现状：你朝着目标的方向取得了哪些进步（探索当前的形势、相关的过去经历和未来的趋势）

接下来，你需要鼓励员工思考目前的状况，包括行为和进展等。花些时间探索事情的核心，将关键事实摆出来。如果有具体案例的话，你也可以提出来让大家讨论，思考前进的道路上是否存在障碍。一旦局面变得清晰，你会惊喜地发现，提出下一步计划就容易多了。你可以思考以下有关现实的问题：

- 你在实现目标的过程中已经实现了哪些进步？
- 你采取了哪些具体行动？
- 你发挥了哪些优势？
- 你或团队目前受到了哪些影响？

- 如果理想的局面（即完全实现目标）为 10 分，你们现在得到了几分？
- 如何继续进步？
- 进步的最大约束和障碍是什么？

选择：迈出下一步有哪些选择（提出实现目标的新想法）

到目前为止，员工们都看清了目前的进展和下一步的方向，接下来你要集思广益，让他们针对下一步行动建言献策。你要谨慎地提出建议，帮助员工筛选和完善不同的选择，考虑每个选择的优势和劣势。你可以用一些开放性问题来帮助员工拓宽思路，如下：

- 在这里你看到了哪些可能性？
- 你还能做些什么？（重复这个问题，激励员工提出更多想法。）
- 之前哪些方法有效？
- 你是否遇到过类似的情况？
- 你能发挥哪些优势或天赋？
- 如果没有资源（预算、人员、工具等）的限制，你会怎么做？
- 谁能提供帮助？
- 你需要我给出更多建议吗？

将来：你将采取哪些行动（制订具体的行动计划）

最后一步是争取员工的行动承诺，并制订方案来执行上一步做出的选择。记住，你要让员工主动争取业绩的提升，花些时间规划下一步有助于实现这一点，也能激发他们的动力。你要制订具体的行动计划来克服潜在的障碍，并准备好提供一切必要的支持。你可以思考以下问题：

- 你想保留哪些选择？
- 你会怎么做？
- 第一步是什么？
- 它能否帮助你实现目标？
- 还能做些什么？
- 什么时候做？
- 你有多大把握？
- 你有多大热情？
- 你如何保持充足的工作动力？
- 你会与谁沟通？还有谁需要了解你的计划？
- 你需要哪方面的支持？
- 你需要多久总结一次进展？每天、每星期还是每个月？

"UGROW"模型的一个优点在于，你可以在面对多种不同的情况、事项和问题时应用它——包括困扰了团队成员很久的问题。除了鼓励成员实现更大目标之外，你还可以用它来重新规划路线、克服能力缺陷或消除前进道路上的障碍。反馈和训练应该成为将问题消除在萌芽状态的首选方法。作为领导者，你有义务确保每个人都在为团队做出贡献，及时解决成员表现不佳的问题。如果团队中有人骄傲自满、动力不足或问题重重，

这会打击团队士气，甚至使成员之间产生嫌隙。差劲的表现就像一种具有高度传染性的疾病，拖得越久，每个人就会越痛苦。㊀

一个严重的问题

你会发现，员工表现不好的原因往往在于他们从事着自己不擅长的工作，这方面的弱点降低了他们的工作效率、拖延了工作进展，并令他们感到沮丧。我要澄清一点：基于优势的方法并没有完全忽略人们的弱点。与工作无关的弱点是没有危害的，它只是不属于人们的天赋领域，因此可以忽略不计。但是严重影响人们提高工作效率的弱点就完全不同了。如果问题长期存在，你需要将它看作一项需要克服的突出的弱点。举个例子，如果某位员工在你多次提醒后仍然继续犯错，或者对你和其他人的态度越来越恶劣，你就需要介入来解决这些问题。需要重点关注的负面问题包括：㊁

- 行为或行动：工作效率下降；屡次出错；工作质量较差；常常迟到；工作缺乏条理；缺席活动；电子邮件或网络使用不规范；依赖其他人完成某些任务；长期不在工位；规避某些工作；不能按期完成任务。
- 态度：对他人态度消极；缺乏主动性；常常抱怨；指责他

㊀ Clemmer, Jim (2003). *The Leader's Digest: Timeless Principles for Team and Organization Success*. Toronto: Clemmer Group.

㊁ Holliday, Micki (2001). *Coaching, Mentoring and Managing: Breakthrough Strategies to Solve Performance Problems and Build Winning Teams*. Career Press.

人；爱争论；对工作缺乏兴趣；毫无工作热情；不参与团队活动；"拉帮结派"，排挤某些同事；说别人的闲话；不擅长合作；过于内向；不服从权威。

你需要通过训练将这些令人反感的弱点都找出来，并公开探讨它们的影响。你可以认真思考以下问题：

- 某位团队成员的弱点为何造成了负面影响？
- 这项弱点给他的业绩带来了哪些影响？
- 这项弱点给他的角色和组织带来了哪些影响？
- 这项弱点是否可能导致团队偏离方向？
- 这项弱点在团队其他成员看来是否非常明显，而且影响了他们的业绩？
- 这项弱点是否因为浪费或低效而增加了成本？
- 这项弱点是否在团队成员之间造成了冲突？
- 你是否因此失去了顾客或客户？

如果这个人的弱点给个人、团队和组织的业绩造成了严重影响，那么不管他的优势有多突出，只要没有克服弱点，优势就很难充分发挥出来。假如领导者缺少共情力，从不聆听，这会严重影响团队的团结。由于他不能在团队成员中培养信任和尊重的关系，导致成员认为他既傲慢又冷漠，即使他有极强的组织能力也是没用的。从长期来看，这种弱点将造成惨重的后果。

过度发挥优势

不管你是否相信，有些业绩问题是优势造成的。

如果你过度发挥优势，它也可能产生相反的效果；如果把优势用错了地方，优势也可能变成劣势。我必须承认，多年来我一直有"过度表现"领导才能和激励他人的倾向。这不仅让我看起来要求苛刻、缺乏耐心且对团队过于严格，也严重消耗了自己，因为我变成了工作狂，不断追求完成一个又一个任务。人们往往着重提高核心优势来取得成功，但也有必要考虑优势造成的限制，以及由盛转衰的点。一味地追求"更多"不一定能确保成功。

优势发挥不当也可能会造成问题。它不仅代表你的工作方向，其他人也应该有机会以最有利于自己的方式利用你的优势。如果你将自己的优势作为唯一的真理（"这是最适合我的工作方法，我们都必须这样做"），你就忽略了其他可能更好的选择，并在这个过程中破坏了与他人的关系。你的视野和领导力都会受到限制：过于关注一个方面，忽略了与它相辅相成的其他方面。[1]高管教练乔莉·杰伊博士（Joelle Jay）曾说过："你的优势可以提升你的影响力，但它不代表世界的运转方式。"[2]如果你

---

[1] Kaplan, Robert E. and Kaiser, Robert B. (2013). *Fear Your Strengths: What You Are Best at Could Be Your Biggest Problem*. San Francisco: Berrett-Koehler Publishers.

[2] Jay, Joelle K. (2007). "The best of you and the rest of you: Making the most of strengths-based leadership". White paper. *Pillar Consulting*. [Online] Available from: http://joellekjay.com/documents/09090422-the-best-of-you-and-the-rest-of-you.pdf.

怀疑某位团队成员过度或不当地发挥了他自己的优势，你要帮助他找出原因。

损害控制方法

如果有人难以完成任务或掌握一项技能，态度很冷淡，或者团队效率很难提高，你要怎么办？这时，你有三个选择：学习、调整重点或辞退员工。

1. 学习。有时候，工作难出成果的原因不是缺乏天赋，而是缺少知识或技能。如果一位团队成员难以满足职位对知识和技能的要求，无论他有多努力，都很难取得理想的成绩。解决办法很简单：给他们提供必要的学习机会，包括学习产品特性或规章制度等实用知识，以及提高技术能力。

如果问题在于缺乏天赋且弱点突出，你要学习如何将他的弱点转化为能力。聆听和沟通对任何人来说都是基本要求，尤其是领导者。如果人们逃避这些活动或者水平欠佳，就会破坏整体表现。你要寻找不同的培训方案，克服员工的弱点，帮助他们"稍有改进"，例如让员工参与正式的课程或培训项目、体验式学习或者辅导。不要在这方面浪费太多时间，你的目标是让他们做得"刚刚好"，将弱点降到最小，不至于给他们的业绩造成负面影响。

学习也是约束过度发挥优势的一种有效方法。我成功地运用训练和辅导收敛了领导力的过度发挥，使其刚好符合工作的具体要求。你也可以在组织外部寻找一位教练或导师，让他利用基于优势的方法指导你一段时间（一般为6个月）。还有一个

第 3 章
打造极具天赋的团队

方法是在组织内部请一个人以身作则地指导你，探索克服弱点的不同方法。好的导师会采用训练的方法，鼓励团队成员独立思考并遵循自己的工作安排，同时他也会贡献出智慧和经验，这会大有裨益。

2. 调整重点。学习不管用？不妨考虑以下几种选择，将注意力从弱点上转移开：

- 停下来。团队成员能否停下这项工作？如果他们能将这一条从"待办事项"中划掉而不至于造成明显的影响，那这个问题就解决了！另外，成员还会有更多时间发挥优势。
- 重新调整职位要求。你能否重新调整这位成员的职责，降低对弱点技能的依赖？具体来说，你可以改变他们的职位要求，或者将有关工作分配给另一位成员。
- 提供辅助措施。帮助成员找到克服弱点的方法。如果他们工作缺乏条理，你可以提供一些任务管理工具或资源（例如 DropTask），帮助他们顺利开展工作；如果他们难以长期保持注意力，你可以允许他们灵活地安排工作，例如将短时间高度集中与定期休息结合起来。
- 用优势来弥补。鼓励团队成员利用自己的一项或多项优势来弥补自己的弱点。关注结果而非过程；思考哪些优势会起作用。
- 找一位互补的搭档。找另一个擅长做这项工作的人来协助，例如，富有创造力的人可以与逻辑和系统性思维较强的人合作，做出更全面的决策。必要时可以让员工交换任务，用一方的优势去弥补另一方的弱点。
- 调动整个团队。你可以分析每个人的相对优势，将一个人不擅长的任务分配给另一个擅长的人。这样做的目的是在分配和管理团队工作中尽量发挥所有人的优势，同时尽量克服他们的弱点。
- 为团队成员更换职位。团队成员现在的职位是不是不适合他？你需要给他们换一个更符合他们优势和技能的职位，这有利于他们的长期发展。如果有必要，可以给他们调换部门。

这些方法或许不够完善，但在大多数情况下会让每个人都受益。

3. 辞退员工。作为领导者，我们有时需要做出痛苦的决定，并承担后果。如果成员在你尝试了以上方法后仍然没有进步（虽然这种情况极少），你就需要承认自己招错了人并将他辞退。事实不会说谎。不管你做什么，不要忽视这个问题或者一意孤行地坚持解决它。这不仅会浪费你的时间，也会打击有关人员的积极性。也不要通过公开处分来警示其他人。这不仅对当事人来说是一种耻辱，也会让其他人感到恐慌，担心自己成为"下一个"。有时候，人们只是难以适应团队的工作风格，想找到一个可以释放潜能的新环境。最好别绕弯子——如果你决定辞掉某个人，要果断；但也要诚实，不能对他太刻薄。

The Positive Leader
How Energy and Happiness Fuel Top-Performing Teams

第 2 部分

积极的目标：
个人使命与最终愿景
（"为什么"）

CHAPTER 4

第 4 章
什么是"为什么"
(寻找个人使命)

> 对任何一个人来说,最美丽的命运、最美妙的好运,就是有人付钱让他做自己最热爱做的事。
>
> ——亚伯拉罕·马斯洛(Abraham Maslow)
>
> 美国心理学家

现在,我们要讨论领导力的动力源泉——威力巨大、力量无限、极为重要的目标(Purpose)。目标是所有成功的企业、团队或人的内核。真正的灵感和幸福只有在我们开始思考"为什么",并在工作中寻找更大意义、创造更多价值时才会出现。目标解释了"为什么"从事现在的工作,它真实地表现了我们自身的特点和我们真正想要的东西。它是世界上最有效的激发动力的工具,是我们存在和做事的理由。孩子们都爱问"为什么"……这可不是为了骚扰我们大人!

你一定听到过这样的话:"找一份自己热爱的工作,这样你

第 4 章
什么是"为什么"(寻找个人使命)

没有一天会觉得自己是在工作。"作为领导者,你也要对自己负责:找到自己热爱的职位、公司、行业、专业、团队、环境、搭档、生活方式,或者任何东西。事实上,我们都必须拥有个人使命——使我们动力十足、注意力高度集中、感到时光飞逝并且愿意尽最大努力、最令自己满意的工作。拥有自己热爱的使命(工作)意味着我们发自内心地相信自己从事着非常重要的工作,能带来积极的变革,获得卓越的成果;同时,我们还可以清除前路上的障碍。

4.1 引领自己的生活

成功的企业会确定长期的使命宣言,明确自己的核心优势和价值,为日常工作提供动力和方向,并强调为什么要从事现在的工作。个人使命没有太大区别,一般包括你是谁,你坚持什么理念,以及你想给世界做出什么贡献。⊖没错,它与个人有关!我认为,确定个人使命是你过上优越生活的最重要途径,这绝非夸大其词。

你存在的理由

个人使命是一个人存在的基础,是对你自己,对你的工作、家庭、行业,对社会乃至全世界的承诺。它体现了你的各

⊖ Steinbrecher, Susan (2014). "Why you need to create a personal mission statement". *The Huffington Post*, 1 October. [Online] Available from: http://www.huffingtonpost.com/susan-steinbrecher/why-you-need-to-create-a-_b_5642112.html.

个方面，包括你如何做决定，你的底线在哪里。它还提供了获得成功和幸福感的双赢途径，因此它对优秀的人来说是个强大的工具。

你做事的理由

个人使命是将你的最高梦想（或目标）转化为现实的最直接途径，是有意识的"行动号召"。它提供了日常行为的精准聚焦、承诺和意图，也决定了你能给生活带来哪些重要变化。我们将在下一章介绍，拥有愿景（最终目标）可以激励你自己和其他人为了更大的目标去努力，但是这个愿景只有通过使命才能实现。为什么不让这个过程变得有趣呢？

每个人都有自己的生活目标和使命，但大多数人都没有意识到。你或许觉得自己现在没有目标……你当然有。然而，没有人能告诉你它是什么，你要自行判断。毕竟，只有你清楚什么对自己最重要。不要以为有人会主动将对的工作、上级、生活方式或人际关系摆在你面前。我们面对着生活中的种种选择，如果你不能以有意义的方式确定自己的使命，你就会像一个现代游牧者，漫无目的地游走，希望"找出真实的自己"并塑造自己的生活，却没有具体的地图或蓝图可以参考。你最终很有可能走错了方向，感到失望和灰心，甚至看不到生活的意义。

一旦确定了哪些选择更有可能给自己带来幸福，其他一切（成就感、满足感）就更容易实现了。个人使命提供了一个坚实的决策和行动框架，包括日常的以及具有变革意义、能使人脱胎换骨的决策和行动。当你看清自己存在的理由以及做事的理由时，你的沮丧和自我怀疑的情绪消失了，你开始（或许是第一次）感觉真正掌控了自己的生活。

> **确定使命的好处**
>
> 　　根据积极健康的原则确定自己的使命可以带来以下好处：
>
> - 将精力集中在自己的优先事项和拥有最大热情的事项上。
> - 为指引生活方向的重大决策提供基础。
> - 让你有机会发挥优势和特长，充分激发潜能。
> - 找到阻止你实现目标的障碍。
> - 使命可以作为一只无形的手，为你提供指引。
> - 确保你不偏离核心价值观和信念。
> - 在充满压力和不确定性的情况下，以及你情绪激动的时候为日常的小决策提供指引。
> - 帮助你更轻松地应对变化。
> - 帮助你克服干扰因素。
> - 帮助你卸下做好每一件事的担子。一旦有了使命，你在思考现状时就不必做出预判、假设或产生偏见。[一]

使命要能够吸引你，并让你动力十足，它必须代表你想要

[一] The Community. "Business mission statements". *Stephen R. Covey* [Online] Available from: https://www.stephencovey.com/mission-statements.php.

的东西。乍一看这个答案很明显，但太多人都会被他人的期待或盲目攀比的情绪所困。例如，蕾切尔要学医，好继承父亲的衣钵；菲利普身边都是创业人士，所以他也会开公司。关注适合你自己的东西，不要去管其他人。如果你任由别人为你确定使命，或者以某些肤浅的理由（例如金钱、自尊心、权力或名誉）为出发点，你就会缺乏内生动力。这些目标源自外部，而不是你自身，所以你得到的动力和满足感难以持久。为自己确定使命，这样你才能更有动力去追求它，并坚持下来。

4.2 职位、职业与事业

要想过上幸福且有意义的生活，我们对待工作的态度实际上比工作本身更重要。耶鲁大学心理学家埃米·瑞斯尼斯基博士（Amy Wrzesniewski）与同事针对各行各业的从业者展开了调查，结果显示，人们的"工作导向"（Work Orientations）（或心态）可以分为三类[一]：职位（Job）、职业（Career）或事业（Calling）。

（1）职位。将工作看成"职位"的人认为工作很枯燥，是实现具体目的的手段，他们关注的是每星期或每月拿到薪水，用于维持工作以外的生活。他们工作的原因是不得不做，而不是为了充实自己，或为企业（社会）做出贡献，而且他们会将工

[一] Wrzesniewski, A., McCauley, C. R., Rozin, P. and Schwartz, B. (1997) "Jobs, careers, and callings: People's relations to their work". *Journal of Research in Personality*, 31, pp. 21–33.

作与个人生活严格区分开。这些人机械地做事，但在枯燥的日常事务中看不到任何意义，只是消极地等待下班或放假。

（2）职业。走上职业道路的人渴望取得进步和成功。这些人在"取得胜利"时的幸福感最高，并期待下一次获得晋升或加薪，或者得到其他能够提高权力或地位的机会。具有清晰的"上升台阶"的职业道路对拥有这种工作导向的人来说极具吸引力，因为这些人喜欢通过与同事和同行比较来评判自己的成就。如果为公司做出牺牲可以让他们身居高位，他们也愿意这样做！虽然动力十足，但如果上升的速度没有达到预期，他们也会很沮丧。

（3）事业。以事业为目标的人本身就是积极的，他们热爱自己的工作，而且在谈起工作时，他们的眼睛会发光。虽然外界的回报（金钱和地位）对他们也很重要，但他们的更大动力源于内在。对他们来说，工作是一种自我表达和满足的方式，是一种特权，而不是苦差事。具有这种导向的人更有可能将工作看作发挥优势、体现个人价值、为更多人的福祉做出微薄贡献的机会——例如清洁工认为自己给办公楼、医院或学校创造了更加干净和健康的环境，或者生产线劳动者想象人们喜欢自己组装的产品。将工作看成事业的人会更乐于接受自己的职责、建立人际关系，并为工作赋予更多意义和满足感。

有趣的是，这几种导向在各行各业都会出现，医院清洁工、理发师、职员、工程师、高管、医生、销售人员等都有可能属于这三种导向者。三者的分布也是比较均匀的，在所有行业的从业者中各占1/3左右。

瑞斯尼斯基博士的研究结果表明，具有事业导向的人对生活和工作的满意度更高，而且更有可能根据自己的优势和兴趣来"设计"自己的职位。积极的心态是关键。有事业心的人对自己的工作感觉很好，无论他们具体做什么。他们很幸运，因为一般来说，找到能带来更大的满足感和幸福感的工作并不容易。但我们可以选择自己看待工作的方式，并积极参与其中。只关注工作的消极面（截止时间、工作压力、艰苦劳动）的人会错过摆在他们面前的积极的机会。对于有着积极观念的人来说，事业导向是一个加分项，可以为所有工作经历带来意义和乐趣。[一]这些人在最普通和乏味的日常活动中（例如拖地或泡茶）也能找到乐趣。

事业导向的人还有一项优势：他们在工作中不仅感到幸福和满足，而且往往非常成功。他们在工作中投入更大的激情和能力，因此可以得到更多回报，包括经济上的回报。读到这里，你应该已经明白，只有在自己感兴趣的事情上，你才能做到最好。当追求给我们带来意义和乐趣的工作时，我们不仅会有更大动力，优势和能力也会提升——成功将随之而来。

认清自己的工作导向是明确工作需求的第一步。首先，它可以帮助你找到激励自己、在不换工作的前提下确定更好的工作使命的办法。当你处于持续的压力和紧张中时，你或许会想放弃现有的一切，但不必为了追求更好的生活而这样做。有时

[一] Brooks, Katharine (2012). "Job, career, calling: Key to happiness and meaning at work?" *Psychology Today*, 29 June. [Online] Available from: https://www.psychologytoday.com/blog/career-transitions/201206/job-career-calling-key-happiness-and-meaning-work.

你只需做一些小的改变，例如多参加团队活动、调整工作时间或者给办公桌换个位置。在其他情况下，彻底变换职业路径或者重新开始是最正确的选择。你可能向上爬得太快，结果发现选错了方向。这时你要怎么做？你可以稍做自我反省，然后换一个新的职业或领域，这样或许会更满足。当我认真思考应该做些什么来激励人们改善自己的生活和周围的世界，而不是在无休止地实现下一个业绩目标中迷失自己时，我发现，我想成为真正的领导者、战略家、教练和导师。

练习 4-1 你拥有的是职位、职业还是事业

你将现在的工作看成职位、职业还是事业？

描述一下典型的工作日，看看日常活动是否令你感到愉快、精力充沛且有意义。通过这样仔细审视每一天的工作，你可以了解自己对工作的感受。总体来说，你对工作的感受是积极的还是消极的？你甚至可以用同样的方法去体会你以前的工作。

花点儿时间想一想，目前的工作导向对你的工作动力和总体职业或生活满意度产生了什么影响。它是否决定了你要继续现在的工作还是换一个新的工作？

如果你在明确工作导向时需要帮助，可以采用宾夕法尼亚大学开发的免费"工作—生活问卷"（Work-Life Questionnaire）。登录 Authentic Happiness（"真实的幸福感"）网站，在 Questionnaire（"问卷"）的

> 下拉列表中选择测试题。仅占用几分钟时间。(注意：你需要注册网站，只需填写用户名和密码。)网址：https://www.authentichappiness.sas.upenn.edu/。
>
> 测试结果如何？如果你达到了"事业"的标准，那么恭喜你，这表明你从当前工作中获得了强烈的使命感和满足感。如果你只将工作看成一个职位或职业，或者对工作本身毫无兴趣，那么你要思考是否有必要改变目标或方向了。如果你能获得更愉快的"心流"，就有机会实现更大的进步。

进入"心流"状态

思考一个问题：哪件事常常会让你废寝忘食？

我们都体会过高度专注于某件事的感觉，例如猜字谜、玩游戏、作曲、写报告、烹饪、打理花园、达成交易、开展项目或者作画等，在这个过程中，时间感消失了，你似乎只用了几分钟，但实际上已经过去了几个小时。我们的注意力完全集中在这一件事上，周围的一切都不见了，我们听不见电话铃声或者别人喊我们的名字，甚至还会忘记吃饭！杰出的心理学家米哈里·契克森米哈赖（Mihaly Csikzentmihalyi）将这种令人充满活力、心情愉悦的体验称为心流（Flow）。[一]

契克森米哈赖认为，人们处于这种"心流"的状态时幸福

[一] Csikzentmihalyi, Mihalyi (1990). *Flow: The Psychology of Optimal Experience*. New York: Harper and Row.

感最强烈，他将这种状态形容为："完全沉浸于活动本身，自我消失了，时间飞逝，行动、动作和想法很自然地流露出来，就像在演奏爵士乐。你的整个人都投入进来，并将自己的技能发挥到极致。"㊀运动员将这种状态称为"全神贯注"（Stay in the Zone），艺术家称之为"美学狂欢"（Aesthetic Rapture）。你越投入"心流"的状态，就越能做到最好——这是一种理想的状态，在这种状态下你可以：

- 完全沉浸于当前的事情：你的精力高度集中，不会被其他想法打断。
- 内心澄明：对自己想要取得的成就和目前的进展有清晰的了解。
- 主动掌控局势和手上的工作：你看起来"知道"如何应对将要出现的情况以及会有什么结果。
- 确信这项工作是可以完成的：你掌握了成功完成这项工作的必要技能。
- 行动与意识相结合：在一切工作"走上正轨"，感觉工作毫不费力的时候产生和谐与兴奋感。日常生活中的沮丧消失了，出现了一种超脱现实的感受。
- 达到"非我"的境界：自我意识消失，这对当前的工作有利，因为你不会被自己的烦恼所困扰。你享受宁静的感觉，突破了自我的边界。

㊀ Geirland, John (1996). "Go with the flow". *Wired*. September, Issue 4. [Online] Available from: http://archive.wired.com/wired/archive/4.09/czik_pr.html.

- 没有时间意识:"这几个小时去哪儿了?"你没有看表,完全沉浸在当下。几小时过去了,但是你感觉只有几分钟。
- 内在动力:认为活动本身就是一种奖励。最终目标往往是经历过程的一个理由。

显然,这种"心流"理论存在一个悖论。虽然与工作相比,大多数人更喜欢休息,但米哈里·契克森米哈赖和朱迪斯·勒费夫尔(Judith LeFevre)的研究发现,人们在工作中比在家里有更多的"心流"体验。[一]实际上,人们在工作中出现这种状态的时间会比在家里多出三倍。这与人们普遍认为的"幸福在于休闲和放松,而工作需要你付出艰苦努力,甚至受到惩罚"的观点正相反。人们体验最佳、最有成效的时刻往往出现在身体或大脑被开发到极致,主动完成一些具有挑战性或有意义的事情时;人们处于被动的休息和放松状态时(例如度假或看电视时)很少会体验到"心流"。伴随"心流"而来的幸福感是我们自己创造的,而且在这种体验的基础上,我们会变得更加成熟、自信和强大——懒洋洋地躺在床上看电视剧无法使我们产生这种感受。来看看如图 4-1 所示的心流模型:

- 高挑战、低技能:如果一项任务具有很高的挑战性或难度,而我们的能力不足,我们就会感到沮丧和有压力。任务过于困难 = 焦虑。

[一] Csikszentmihalyi, M. and Lefevre, J. (1989). "Optimal experience in work and leisure". *Journal of Personality and Social Psychology*, 56, pp. 815–822.

- 低挑战、高技能：如果一项任务的难度不大，而我们的能力绰绰有余，我们就会感到枯燥乏味。任务过于简单＝厌倦。

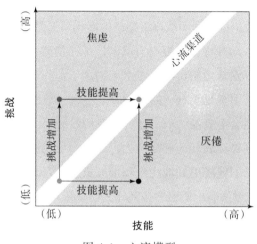

图 4-1　心流模型

资料来源：改编自特雷弗·范·高普和埃迪·亚当斯所著的《情感与设计》。

如果我们被逼得太紧，超出了自己的承受能力，我们就会将工作与痛苦、担忧、沮丧、失望和不幸福联系起来。我们一心想克服这些感受，因而无暇享受过程。当我们处于图 4-1 中的"焦虑"区域时，肯定感受不到"心流"。相反，如果任务过于简单，我们毫不费力就能完成，我们就会感到无趣，失去了克服挑战的成就感。当我们处于"厌倦"区域时，也不会有"心流"，这时我们的精力很容易分散。任务需要达到一个不太难也不太简单——恰到好处的点。这项任务对我们来说应该是考验，而不是折磨。图 4-1 中的"心流渠道"表明，当我们在任务挑战性（难度）和技能水平之间取得平衡时，就会产生"心流"体验。

高挑战 + 高技能 = 心流

所以说，在职场中获得幸福感的奥秘与努力工作并不冲突。我们需要主动并持续地提高自己的技能，创造获得"心流"的条件。如果网球运动员遇到了水平稍高于她的对手，她会打得更好，而且更享受比赛；如果钢琴家练习一首比昨天那首更难的曲子，他会更受益。但是还好，我们没必要太过用力。不需要为了达到最佳表现而竭尽全力，这只会让我们倦怠。清楚了这一点，我们就能更好地找到和把握机会，完成那些难度刚刚好，不仅能激发我们的潜力，还让我们乐在其中的任务。结果 = 巅峰体验（幸福感）+ 巅峰表现（成功）。我们不能强求，但是可以通过创造适宜的条件更多地体验"心流"。

在工作中触发"心流"

每个人都有上百个机会来拓展自己，充实自己的生活并提高工作效率。积极领导者会想方设法在团队中激发出高度的参与感和幸福感。微软、爱立信、巴塔哥尼亚⊖和丰田等企业在分配工作的过程中运用了契克森米哈赖的想法，给员工恰到好处的挑战，从而极大地提高了团队效率。⊜你可以做一些事来激发

⊖ Patagonia，世界顶级户外奢侈品牌。——译者注
⊜ Marsh, Ann (2005). "The art of work". *Fast Company*, 1 August. [Online] Available from: http://www.fastcompany.com/53713/art-work.

第4章
什么是"为什么"（寻找个人使命）

个人或企业的"心流"体验。

（1）处理棘手的任务：但要适可而止！选择一些能够帮助你提升技能，并带来新的感受、体验和见解，但不至于将你压垮的任务。为了触发"心流"，这项任务必须有启发性，让你乐在其中并有能力完成，否则"心流"便不会出现，你也会想放弃。如果工作太枯燥乏味，你很难享受这个过程或实现成长，并且很容易分心。对个人来说，"心流"任务指的是任何敦促你学习或提升技能的东西，例如写小说、给八个人做晚餐、学会滑雪、发明新的应用程序等。从职业的角度看，确定个人使命可以帮助你根据自己的能力和优势调整职位或工作，就像手套一样（详见下一节）。每个人培养自己优势的方式各不相同，这正是发挥个人独特性的必要条件。

（2）制定小目标：制定能够合理实现的目标。小而清晰的目标有助于你提高自己的动力、专注度和条理性。每周选择一件与自己的核心优势相关的事，有意识地提高能力。稳步走向理想中的成功，有助于你坚持正确的方向，并触发"心流"体验。

（3）跟进：在朝着目标前进的过程中，你需要定期让其他人提供反馈，或者自己主动观察。根据全面的反馈，你可以调整工作方法，确保自己处于"心流"状态，并维持高水平的工作效率。你需要学习如何提供和接受反馈，并确保团队或组织中有开放的反馈机制。每次我在网络上发表文章或博客时，我会让同事提供反馈，确保内容准确清楚（这还有利于提升我的沟通优势）。

（4）集中注意力：各种各样的事情都会分散你的注意力。如果你经常受到干扰，就很难沉浸或者持续保持在"心流"状态中。反复"一心多用"是"心流"的敌人，你需要毫无保留地完全专注于手上的工作。退出社交媒体账号，关掉手机，排除一切干扰。学会制定策略来提高专注力和一天中的工作效率（例如优先使用任务管理工具，专门安排整块时间处理邮件，重新规划办公空间，听音乐或"白噪音"，为"心流"活动定一个闹钟）。

（5）提升精力水平和情绪状态：关注自己的身体感官和心理感受。身体上的紧张是正常的，而且一旦进入工作状态，身体会自然放松下来。如果你缺乏精力并感觉有些疲惫，可以做一些事让自己振作起来，例如吃点儿健康的零食，读一读激励人心的文章，或者出去走走。同时你还要密切关注自己的情绪状态。如果你感到兴奋、愤怒、焦虑或担忧，那就做些事让自己冷静下来，比如冥想或与朋友聊天，或者请一位教练帮自己通过"正念"来减压，提升幸福感。要进入"心流"状态，你必须保持冷静和沉稳。

练习 4-2 评估你的"心流"

活动 1：过去的"心流"

1. 找到你产生"心流"体验的具体时间或活动

- 它是何时产生的？
- 你做了什么？

- 你在哪？（单位或者家里等）
- 哪些因素帮助你在那个时刻产生了"心流"？（例如你的能力与当时面临的挑战）

2. 介绍一下你在体验"心流"时做的具体事件或遵循的原则。

活动2：未来的心流

1. 选出一项让你感觉乐在其中的任务。
2. 你现在处于"焦虑"（任务过于困难）还是"厌倦"的区域（任务过于简单）？
3. 思考如何通过调整技能或挑战水平来增加获得"心流"的可能性。

- 在提升技能方面，思考可以利用哪些自身优势、知识、资源和工作关系来有效完成任务（例如通过接受培训或采用新设备来发挥自己的某一项天赋）。
- 在提高挑战水平方面，在同一项任务中探索新的学习和成长途径（例如在团队讨论中积极发言，找一位稍强于自己的对手等）。
- 在降低挑战水平（以及压力水平）方面，找机会将工作分配出去，排列优先顺序或者寻求帮助。

4. 还有哪些行动或原则可以帮助你获得"心流"？

可登录网站下载练习模板：http://positive-leaderbook.com/measureyourflow。

4.3 确定个人使命

作为领导者,你在生活中需要身兼数职。你的个人使命可以将所有角色集中起来,形成一个全面的总体目标,帮助你合理安排当前的工作,从而确保自己不仅是在"做一份工作",而是在从事一项事业。一份完全为你量身打造的工作往往是不存在的,你要有意识地调整自己的工作。只要了解自己的特点和立场,你可以有意识地改造自己的工作,为它赋予更多意义和平衡。为此,你首先要审视自己的内心,了解自己的优秀之处、价值观和热爱的东西都是什么。这些信息不会主动出现,你需要进行自我反思,深入探索自己的基本信念、价值观和动机,并努力回想过去那些令你感到振奋和有价值的经历。这个过程有助于你了解自己存在的意义、把握自己的命运。我制定了一套简单的方法,帮助人们确定个人使命,它们成功地帮助我的学生们获得了更大的成功与幸福感。该方法要求你审视自己的三个核心方面,如图 4-2 所示。

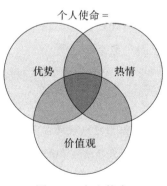

图 4-2 个人使命

第4章 什么是"为什么"(寻找个人使命)

三个圆重叠的区域体现了哪些工作能给你带来最大的幸福感,即你的优势、价值观和热情同时所在的工作。我们首先可以思考下面三个关键问题,找到正确的使命:

- 我的优势有哪些?(即我擅长做什么?)
- 我的价值观是什么?(即哪些东西能带来意义和使命感?)
- 我的热情在哪里?(即哪些事让我感到愉悦和乐在其中?)

接下来,我们逐个分析。

我的优势有哪些

本书第一部分告诉我们,每个人都有超能力——在某些方面可以做得相当出色。这些优势对我们来说是与生俱来的,是我们内在的一部分,所以我们常常把它们视为理所当然。要把优势看作自己与众不同的一个标志,这个很重要。优势是我们做出最佳表现的关键手段,因此是个人使命的必要方面。当我们真正发挥出优势时,会感觉动力十足。这时,你会有更多的"心流"体验,并过上更有意义的生活。如果你还没有根据第2章的内容找出自己的优势,可以根据以下方法快速判断:

(1)过去的成果:找出曾经取得的成果,总结出你最常发挥哪些优势。这些成果可以在工作、社区、家庭活动甚至童年时期寻找。将它们写下来,例如:

- 为最近销量下降的产品制定了成功的营销策略。
- 在孩子的学校组织了一次筹款活动,为慈善机构筹集到有史以来最大一笔善款。
- 制订了个人学习计划，帮助自己在最近一次职业资格考试中得到了最高分。

我们可以总结出一些共同点：所有成果都与认真规划和创造性地解决问题有关。因此，你可以更加主动地选择发挥突出优势，并将它作为个人使命的一项内容。

（2）现在的优势：把你现在所有的优势和扮演的角色都写下来。过去几周你在这些方面的表现如何？你对自己目前发挥优势的状态满意吗？你应该发挥多方面天赋和技能，为日常工作增添活力。

（3）未来的贡献：写出你可以利用自己的优势改变现状的所有方法。如果你要成为"世界权威"，会在哪个方面？在理想的情况下，你如何为家庭、雇主（或未来的雇主）、朋友、社区和整个世界做出最大贡献？

敏锐地感知自己的优势不仅能给你带来更大的价值和力量（为你的领导力加分），还能激发热情（为你的幸福感加分）。毕竟，当你从事真正擅长的工作的时候，才能体会到工作的乐趣。一旦走上一条能发挥优势的道路，你便有可能热爱自己的工作。

我的价值观是什么

在你的核心价值观里，隐藏着有关你真正渴望的东西的线索。你内心最深处的价值观明确了对你来说最重要的东西，也是你生活的指导原则和道德准则。它们代表了你的优先事项，

第4章
什么是"为什么"（寻找个人使命）

并决定了你如何评判自己在工作、家庭和社区中的成就。了解自己的价值观，有助于你明智地做出决定和计划，也可以帮你摆脱生活中的累赘，关注真正重要的事情。

你可以根据自己的价值观来评估一个职业或一份工作从长远看是否真的对你有益。如果你做的事不断违背你的个人价值观，你将很难对工作产生热情，从长期来看这会造成更严重的问题。举个例子，假如"家庭"代表了你的一个核心价值观，但是你每周工作超过 60 小时或者经常出差，那么你很有可能因为没有很多时间与家人在一起而产生高度的内心冲突和焦虑。同样，如果你认为"诚实"很重要，但经常要执行需要你扭曲事实（无论在行动还是言语上）的任务，那么对你来说，工作就会不断带来压力。由于偏离了自己的价值观，你会感到很痛苦。你一定要真实地表达自己的价值观，这样才能随心所欲地做自己。

把你认为自己拥有的价值观写出来。思考以下问题：

- 你认为在工作中有什么很重要？
- 你愿意为什么事情捐款或提供志愿服务？
- 你喜欢在报纸或电视上了解哪些内容，或者处于什么环境中？
- 你敬佩的人是谁？可以是你身边的人，或者遥不可及的人。你的生活里是否有人令你印象深刻或者有威慑力？（通常来说，你的个人价值观可以体现在你对别人的敬佩上。）
- 你喜欢参与讨论哪些话题，或者愿意为哪种事业而奋斗？（你的立场代表了哪些价值观？）

- 你最关心的人或事是哪个?(例如行业领域、目标或人。)
- 你更愿意表现出哪些原则或个人品质?

迅速回答这些问题,不要想太多。回答完后,看一看你写出来的价值观,选出 3 ~ 5 个你认为最重要的,这些是你想要每天展示出来的东西。如果你卡壳了,可以参考表 4-1 所示的价值观清单。其中哪些内容让你产生了共鸣?如果你认为最重要的价值观不在其中,你可以自行添加。

表 4-1 价值观清单

成就	纪律意识	友情
冒险	多样性	乐趣
真实	高效	奉献
平衡	热情	成长
勇敢	优秀	和谐
敬业	公平	健康
同理心	信仰	帮助他人或奉献社会
创造力	名誉	诚实
值得信赖	家庭	幽默感
意志力	自由	鼓舞人心
诚信	和平	内心宁静
公正	坚韧	服务他人
善良	权力	才智
知识	财富	成功
学习能力	认可	团队合作
爱心	人际关系	传统
忠诚	尊重他人	信任
培养人才	责任感	多样性
开放	承担风险	健康
热情	安全感	智慧

如果你要在工作中获得快乐,就不能违背自己的核心价值

观。通常，我们认为工作和生活中最重要的东西（例如取得物质上的成功和丰厚的利润）与真正能赋予我们意义的东西并不一致。总有一天，我们会出现问题，而在我们意识到问题之前，可能早已精疲力竭、彻底崩溃或者陷入了不健康且绝望的状态。这正是发生在我身上的情况，我将在第7章与大家分享我的经历。为了避免这种错误发生并为团队树立好的榜样，请你不要约束你的价值观，将它们作为内在的导航仪，确保自己不偏离目标的方向，帮助你克服所有困难。无论你感到幸福还是举步维艰，都要遵循自己的价值观。

我的热情在哪里

最优秀的领导者对自己的事业有真正的热情。商业或其他领域的领导者都不指望别人为自己的工作费心，除非他们自己晕头转向。热情是成功领导力的一个重要的先决条件，它使我们产生内在动力，推动我们朝着目标前进。这种渴望和激情不断激励我们取得非凡的成就，并组建同样积极和充满热情的团队，变得更加势不可当。

热爱自己工作的人会更加努力，并投入更多的时间，但关键的区别在于……他们不把它看成工作。他们很愿意从床上爬起来，并以饱满的精神状态去做该做的事。沃伦·巴菲特和比尔·盖茨为什么还要工作？他们并不缺钱，也不需要操心孩子的衣食问题——他们是因为热爱工作而工作的。热爱工作的领导者有以下表现：㊀

㊀ Boyer, Lyn. *7 Secrets of Sensational Leaders*. Sarasota: Leadership Options.

- 愿意承担风险来完成使命。
- 即使面对艰难困苦也不改变初心。
- 不断学习，探索更好的方式来实现目标。
- 在求索的道路上寻找同伴。

但是我们要面对现实。即使我们热爱自己的工作，其中一定还有一些琐碎或令人不愉快的事。我们不能因为对这些事提不起兴趣就放手不管。你可能不喜欢核对资产负债表或解雇员工（我是不喜欢），但是作为领导者，这些也是你的职责。我们在工作上都经历过糟心事，关键是不要对坏的方面嗤之以鼻，而是确保大多数时间都花在你真正享受的事情上。平衡是最重要的。如果你不享受工作，并且没打算采取措施来解决这个问题（即使朝着正确方向做出很小的改变，也会有天壤之别），那么你还不如放弃工作，回家好好想想自己喜欢什么。我会给你团队里的其他人同样的建议：要么全心投入、努力追求卓越，要么干脆不要参与。

商业作家罗伯特·克里格尔（Robert Kriegel）和路易斯·帕特勒（Louis Patler）引用过一项历时20年、针对1500人的研究，证明了在职业生涯中找到并专注于自己热爱的事的重要性。[⊖]在研究的一开始，参与人员被分为三组。A组（83%的研究对象）为了以后能做自己喜欢的事，选择了赚钱前景好的职业；B组（剩余17%的研究对象）完全相反——他们选择做现在热爱的事，把赚钱放到以后去考虑。研究结果令人震惊：

⊖ Kriegel, Robert J. and Patler, Louis (1991). *If It Ain't Broke... Break It!* New York: Warner Books.

- 20 年的研究期限结束后，1500 人中有 101 人成了百万富翁。
- 在所有百万富翁中，只有一人来自 A 组，其余的人都来自 B 组，即选择了自己热爱的事业的那一组。

这个说法似乎是真实的——如果你找到了自己热爱的东西（并为之付出努力），颠覆世界的成功就会"奇迹般地"到来。

那么，你要如何找到自己的热情所在呢？

第一步：通过自我审视找出自己喜欢和热爱的东西

首先，找出自己享受或热爱的任务和工作，写在表格中。不要让批判思维影响你的想法；你的目的是找出自己最真实的渴望，而不是打破幻想。你可以通过思考下列问题来判断自己对某项任务或工作的热情程度：

- 在目前的所有工作中，哪些是你愿意无偿做的？
- 你上一次进入"心流"状态、完全忘记了时间是什么时候？你当时在做什么？
- 如果你有一小时的空闲时间上网，你会浏览什么？
- 你喜欢处于什么样的环境中？（例如你喜欢独自工作还是团队合作？你喜欢在户外还是室内？你是否喜欢出差？）
- 假设你中了 1.5 亿元彩票，但还是要工作，你会去做什么？
- 什么职业是你梦寐以求的？哪些人的工作是你向往的？尽量发散思维。

- 选出你想加入的 3～5 家公司。
- 你愿意在哪些方面帮助别人？你通常以哪种方式提供帮助？
- 如果你知道自己不会失败，你会做什么？（假如你得到了一种魔力药水，使你对失败免疫，你最想做什么？）
- 在生命的结尾，你希望因为什么而被他人记住？
- 你有哪些无论如何都想做的事？你的兴趣点在哪里？
- 你如何打发自己的闲暇时间？在完成所有必要的工作后，你期待做什么？
- 哪些东西会激发你的创造力？（在运动中、公司、家庭或者任何地方。）
- 你喜欢聊什么内容？（你最喜欢的话题体现了你真正的兴趣所在。问问朋友，哪些东西能让你激动起来或眼睛发亮。）
- 什么东西能让你充满活力？（花几天时间记录自己在工作期间的精力水平和参与程度，关注巅峰时刻出现的原因。）

下面的例子可能会有所启发：

表演、写作、航行、教课、旅游、设计、烹饪、探索、制作或演奏音乐、聊天、技术、唱歌、影响他人、政治、提供灵感、手工、艺术、治病、跳舞、阅读、锻炼、与小孩子玩耍、访谈、规划、发明新的东西、演出、冥想、家庭关系、运动、健身、自然、品尝美食、钓鱼、组织活动、辩论、研究、社交、逗别人笑、学习、清理打扫、休闲娱乐、摄影、辅导、统筹安排、跳伞等。

第二步：尝试新鲜事物

还有一种办法可以让你了解自己所热爱的事业，那就是养成尝试新鲜事物的习惯。生活常常将我们推向某些方向，让我们陷入某种境地，而我们从未想过（或始终害怕）改变现状。如果我们只是被动地等待"真正热爱的东西"出现在面前，而不是信心十足地朝着新的方向出发，这只会适得其反，倒不如让自己永远身陷于泥沼中。

要充分了解自己，我们就要走出去检验现实，而不是冷眼旁观。我们生活在一个快速而疯狂的全球化世界里，我强烈建议人们多出去走走，体验新鲜事物。找一些临时的工作，上夜校，出去度假，寻找外包、顾问、管理课程甚至兼职的机会，在新的部门或行业中试水或者积累经验；与知识渊博的人交流，独立开展研究，保持耐心、认真寻找，直至找到自己真正热爱的东西。尝试和犯错是必经的过程。在某种程度上，热爱成了一种奢侈品，因为人们意识到，要改换生活轨迹、追求更加积极的生活，是要承担一定风险的。但这些风险不会白白承担，从长远来看，你在探索的过程中积累的技能和经验会成为你的职业资本。所以你需要做点儿什么，什么都可以，来给自己一些动力。你或许会发现自己有惊人的另一面。愿所有人都能感悟销售大亨哈里·戈登·塞尔福里奇（Harry Gordon Selfridge）的座右铭——"没有什么像工作一样有趣"。

4.4 优势+价值观+热情

在探索了优势、价值观和热情这三个领域后,你需要将它们放在一起,找出重叠的形状或主题。虽然每个部分都可以单独发挥作用,但是你需要同时利用三个要素才能完成拼图。回到之前的三环图,其中三个圆圈重叠的地方就是你释放了全部潜能、实现三赢的领域,如图 4-3 所示。将个人和职业目标的重点放在这个区域的活动和兴趣上,这是最理想的情况。下面我将通过自己的经历来详细解释。

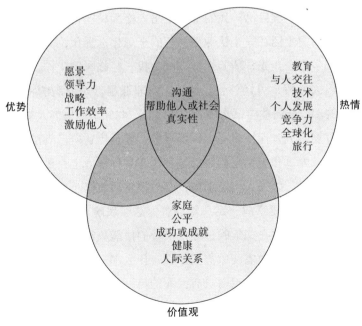

图 4-3　扬的个人使命模型

第 4 章
什么是"为什么"（寻找个人使命）

第一步：展示使命

找出三个圆圈重叠的部分，将其中的所有活动和兴趣结合成一个强大而明确的使命——它代表着你最真实的内心。最后的结果不会是显而易见的——使命不会提前组合好，等着你去找到它。毕竟，这是个过程。

> **找出我自己的使命**
>
> 在画完三环图后，我意识到自己在成功或成就方面花费了太多时间，却忽略了家庭、真实性和个人健康方面的价值。在我的印象里，工作永远处于关键阶段，所以不出意料，我最终在努力保持巅峰状态的压力下崩溃了。我感觉脱离了真正的自我，因为没有遵循内心最深处的价值观和热情。然而，三环图让我发现，我在确定个人使命时可以更多地考虑自己的个性，真实、开放、透明和坦诚地表现自己；同时，我可以通过学习、洞察并利用经验来指导他人更好地发挥优势。世界似乎过于"千篇一律"了，要改变这一点，我认为人们需要展示自己独特的个性，而不是为了工作而压抑自己。
>
> 从我自己的三环重叠区域来看，哪些我感兴趣的工作让我有机会发挥自己的优势，与其他人建立更紧密的关系并回馈社会，同时还能做真实的自己？训

> 练、辅导、培训和在大会上发言等都能让我发挥优势并乐在其中，而且符合我的价值观。如今我发现，帮助其他人了解自己的性格和优势，变得乐观和勇于追寻自己的事业能带来更大的回报。除此之外，我还可以谈论自己感兴趣的"宏大"主题，并采取我认为能让世界变得更美好的行动，例如实现财富与使命、智慧与情感、学习与休闲、技术与人类潜能等方面的平衡。训练他人，包括鼓励他们追求自己的目标，或者在他们偏离轨道的时候将他们拉回来，有机会让我展现真实的自己。另外，我可以发挥自己的沟通优势，迅速与他人建立特殊的关系。总而言之，我的使命是释放全人类的潜能，这是我最热爱的工作。我每天早上醒来都会想，我何其幸运，能在工作中体会到幸福和激情。我想让你们也有这种感受。本书正是我履行使命的一个例证，所以我希望你能从中获益。

你的使命是什么？是与孩子打交道，保护环境，自己开公司，娱乐大众，反对歧视，设计漂亮的衣服，帮助病患和弱者，策划有创意的活动，还是其他的事情？你的使命甚至有可能跟我的一样，但你或许要通过其他手段，例如参与政治、培训或教学来实现它。一旦你找到了对你来说无比重要而且乐在其中，还能发挥你的优势的使命，你要将它写下来（以积极陈述的形式），或者画一幅图来展现它，可以花哨一些。每当你看到它，就能获得方向、灵感和动力。随身带着它，多复印几份，贴在家里和办公室显眼的地方。让使命围绕着你，使它变得真实起来。

第二步：规划使命

接下来，你需要规划如何开始在微观和宏观层面履行使命。

微观层面

不要以为，你只有离开当前的职位或组织才能获得更满意的工作。过于激进的改变有时候会让你无暇一一顾及，因此很容易失败，最好先争取一些小的进展。想一想，如何重新设计自己的角色，或沿着边缘做一些小的改变，让它更符合自己的使命。你要如何完善日常工作，使它与你的优势、价值观和热情更加匹配？例如：

- 承担更多职责：想想自己是否可以参与不同的会议或为不同的部门工作；为某些项目提供服务；培训新人；承担额外的任务或发展更多客户关系；主动在你感兴趣的领域组织活动。尝试开始做你喜欢的事，或者更多地参与其中。
- 告诉上级领导：让上级领导知道你想接受更多挑战，进一步发挥自己的优势，践行自己的价值观并实现个人职业目标，同时，你希望减少对你毫无吸引力的工作。对方可能会提出建议，或者提供一些你没想到的机会。
- 开展实验：自己开展一些小型实验，短期内尝试一些新的东西，看看自己感觉如何。例如，稍微调整工作环境，或者尝试对团队成员采用新的训练风格。在你希望提升的领域制定明确的目标挑战自己，即使它不属于你的职责范围。

- 改善人际关系：改变工作中人际交往的数量和质量。想增强团队合作？你可以思考如何参与跨部门活动，或者参与兼顾了团队所有目标的活动；你也可以与同事一起参加读书会或健身俱乐部。喜欢一个人工作？那么你不妨寻找居家办公或开展个人项目的机会。

- 审视自己的前景：如果你无法做出任何实际的改变，想想在你当前的工作中存在哪些潜在的意义、乐趣和成长机会，就像清洁工认为自己的工作能为别人改善健康、环境并带来福祉一样。你在一周的工作中能否加入一些能提升幸福感的因素——激发你的动力、增加工作乐趣的小型活动？⊖例如挤出时间读一些有趣的文章。记住，日常活动中的心理建设比具体活动本身更能反映我们真实的自己。

- 全面履行自己的使命：在工作之外，还有哪些活动符合你的优势、价值观和热情？你可以每周抽出两小时，去做一些你感兴趣的事情，例如锻炼或玩音乐。或者做一些好玩且有挑战性的事来为当地慈善机构筹集资金，例如与孩子跑半程马拉松。你也可以每个月抽出一天时间进行社区服务。另外，你还可以投入更多精力与朋友和家人培养感情，提升总体的幸福感和生活满足感。

⊖ Ben-Shahar, Tal (2007). *Happier: Learn the Secrets to Daily Joy and Lasting Fulfillment*. New York: McGraw-Hill.

宏观层面

如果你尝试过将职责与使命结合起来，但工作仍然枯燥乏味，这时你应该采取一些更激进的行动。要把工作转变为"事业"，你要做出多大的改变？有没有其他的收入来源更适合你？公司里有没有另一个职位更符合你的优势、价值观和热情，并能让你取得成功？或者是不是应该跳去一个更先进或者更适合你的公司？了解自己的使命有助于你与价值观和信仰相一致的公司建立联系，帮助你权衡新的职业机会的利弊。你甚至可以自己开公司，将"给自己打工"的理想变为现实。这完全由你自己决定。

第三步：履行使命

最后一步是履行你的使命。根据微观和宏观行动制定积极的短期和长期目标，帮助你聚焦于成功（你想实现的东西），而非失败（你想避免的东西），将你的职业方向与个人目标相匹配。借用耐克的著名广告语：想做就去做吧（Just Do It）！

不同人生阶段的目标也会有变化，所以你有必要时不时地回顾三环模型，让你的使命保持新鲜。你可以随时记录下自己的活动、想法和感受，回顾个人和职业目标的进展，这有助于你增强自我意识，时刻关注自己的优先选择。你或许需要一些激励、纠正和小幅的调整来确保获得成功。

4.5　属于每个人的使命

积极进取的领导者擅长使用三环模型为自己的团队、部门乃至整个组织谋利。每个人都能从他人多样化的优势、价值观和热情中得到启发（或者教训）。能激励一个团队成员的东西不一定对其他人也有效，因此，"一刀切"的方法没有用。没有人想变得无足轻重，你要做的事就是将他们看作独特的个体。高度重视员工的福祉和独特性的领导者能极大地激发团队热情，培养他们的天赋，让普通的工作对团队来说更有意义。

在我看来，领导者为团队成员提供支持和服务的最佳方式是帮助他们确定个人使命。要做到这一点并不容易，哪怕你与团队成员的关系很融洽。试图了解每个人的喜好本来就不容易，再加上具体职位和组织的要求，更是难上加难。小企业主和创业人士在这些方面往往较为领先，因为他们已经适应了这种形式的个人领导力。让每个人都按照自己的优势、价值观和热情去工作要耗费一些时间，而且其中不可避免地会涉及建立人际关系、开展对话和调整工作等事宜。在如今这个变化多端的世界里，每个人都期待事情能够在一瞬间完成，因此这更令人沮丧。我之前说过，帮助团队成员确定个人使命是个过程，但是必不可少。当你的团队成员能够从事他们喜欢、有意义且擅长的活动时，他们就会为争取团队成功付出两倍甚至三倍的努力。

CHAPTER 5

第 5 章
做有远见的人
（激励团队，实现目标）

> 未来的王国是思想的王国。
>
> ——温斯顿·丘吉尔
> 英国政治家、前首相

你对自己的生活或事业有什么愿景？它清晰吗？感觉真实吗？是否让你感到兴奋？目标明确的领导者都会向前看。他们会在脑中绘制出鼓舞人心且富有吸引力的未来图景，同时也能让其他人看到、感受到、充分理解并完全被吸引。美国黑人民权运动领袖马丁·路德·金博士在发表著名的演讲"我有一个梦想"时充分体现了他对愿景的力量的深刻理解。"强烈的"愿景或梦想可以激发想象力，鼓励我们看向美好的远方。它使我们愿意承担领导力风险并走出舒适区，并且可以带来回报。

作为一个有远见的领导者，你必须能激励自己和他人。著名的励志演说家、作家韦恩·戴尔博士（Wayne Dyer）将灵感

（Inspiration）形容为"处于灵性之中"（Being in-Spirit）。[一]当我们处于灵性之中时，就会被某个愿景或想法所掌控，我们感受到了自己的力量之源，并且有十分清晰的目标。这种灵感带来了一项意义非凡的使命（Mission），它激发了我们独特的优势、价值观和热情。被自己的使命所激励的领导者能够预见一个光明的未来——通过履行自己的职责为世界做出独特的贡献。另外，他们还能帮助周围的人确定自己的目标并为之努力，从而将梦想变为现实。

5.1 更大的灵感

有一则寓言告诉我们如何从不同的角度看待生活目标：

> **描绘未来的图景**
>
> 有位游客来到一个小镇，无意中看见一个建筑工地，一群瓦匠正在干活。于是，他挨个问了这些人在做什么。
>
> 第一个人不耐烦地嘟囔着："我在垒砖。"
>
> 第二个人看起来更有干劲儿，他停下来答道："我在砌墙。"
>
> 游客走到第三个人身边，发现他一边工作一边哼

[一] Dyer, Dr Wayne W. (2010). *Inspiration: Your Ultimate Calling*. London: Hay House.

第 5 章
做有远见的人（激励团队，实现目标）

> 着小曲，快乐地说道："我在盖一座教堂。"
>
> 　不远处的第四个人放下工具，抬头看看天，笑着回答："我在侍奉上帝。"

四名瓦匠都在做着相同的事，但每个人看待目标的角度不同，因此他们对工作的热情和投入程度也不一样。如果要在这四个人当中选出最适合当领导的一个，那么很明显，应该是最擅长激励别人追求更大、更好的目标那个人！第四个人做的事与其他三人并无区别，但他清晰地看到了更高层的意义。

领导力离不开做出选择和全心投入。与故事里的几名瓦匠一样，我们也可以选择自己的目标——是更远大的目标，还是"赶紧完成今天的工作，早点下班"的较低目标。这个故事提醒我们，抬高视角、在工作中寻找更崇高的意义很重要。如果你热爱工作，认为它有价值，你就会产生工作热情，并不断获得灵感。别忘了，没有人愿意追随你进入荒漠。

激励自己与他人

杰出的领导者了解工作的目标。他们能看清背后的"为什么"，并深信它与比自己更重要的东西有关。这些领导者会为自己从事的工作和前进的方向所激励，他们能看到"全局"。除此之外，他们还能通过制定共同目标，确保所有人都能看到全局。纵观历史，所有杰出的领导者都以某种方式做到了这一点。据说在第二次世界大战之前，丘吉尔只是个普通的政客，身上并无过人之处，直到他确定了"保卫英国、赢下战争"这个光荣的使命，才成为至今仍受人敬仰的伟大英雄。[1]战争触发了他的使命，也激发了他的潜能（隐藏的优势）、价值观和热情。

假如灵感不是作为领导者的附加条件，那么它应该是你的首要职责。领导力顾问约翰·曾格、约瑟夫·福克曼和斯科特·艾丁格开展了一项为期四年多的研究，探索高层领导者的特征，结果发现，"激发高水平表现"是杰出领导者身上最突出的品质。[2]商业世界并没有太多天生有远见的领导者。大多数首席执行官、企业家和高管都要学习如何用言行去激励他人。

> **拥有技术愿景的人**
>
> 信息技术领域有大量创新者，但只有两位真正有远见的领导者改变了世界——微软公司的比尔·盖茨和苹果公司的史蒂夫·乔布斯。或许我有些偏激，但我始终将盖茨看作鼓舞人心的榜样。1977年，当他第一次提出微软公司的大胆设想，即"要让每张桌子上和每个家庭中都有一台电脑"时，能实现这个设想的技术还没出现，人们在日常生活中对计算机的需求也非常少。但比尔在脑中绘制了迷人的未来图景，它

---

[1] Gell, Anthony (2014). *The Book of Leadership: How to Get Yourself, Your Team and Your Organisation Further Than You Ever Thought Possible*. London: Piatkus.

[2] Zenger, John H., Folkman, Joseph R. and Edinger, Scott K. (2009). *The Inspiring Leader: Unlocking the Secrets of How Extraordinary Leaders Motivate*. New York: McGraw-Hill.

> 不仅激励员工行动起来，也改变了人们生活、工作和沟通的方式。他将曾经充满激情的爱好变成了有史以来最成功的一桩生意……他让技术变成了一种时尚。我相信，正是因为他如此疯狂地痴迷和投入自己的使命，他才能够与员工和客户建立一种特殊的情感联结。尽管他看起来沉默寡言，但他坚定的信念和洞察未来机遇的能力的确异于常人。
>
> 再看看另一位技术天才——史蒂夫·乔布斯，他非凡的远见、对卓越的狂热追求和强大的信念彻底颠覆了信息技术行业。如果说盖茨关心的是可以给客户提供的产品效益，那么可以说乔布斯在功能、细节和设计上极尽完美。众所周知，乔布斯在技术和情感上都将团队推到了极限，孤注一掷地追求他所设想的难以企及的标准。他们真的做到了！

5.2　有远见的领导者

你是否有一个让自己热血沸腾的愿景？或许你想要：

- 实现某个愿望。
- 改变现状。
- 创造一些新的东西。

你能否将这个愿景转化为实践，并让它成为其他人所向往和梦想的东西？

如果没有崇高的目标或愿景的指引，我们的行动就会变得被动，或具有随意性，受最新的事件或任意因素影响。好的规划在一定程度上有帮助，但不一定能保证整个过程都很顺利。规划是短期的，而灵感是长期的。领导力的本质是带领我们走向某个地方、走向光明未来。告诉你要去哪里、描绘成功画面的是愿景，而不是规划。因此，马丁·路德·金博士有的是一个梦想，是一个愿景，而不是一个规划！在"我有一个梦想"演讲中，金描述了他对未来世界的愿景，其中人们相互尊重地生活在一起，子孙后代"不会以他们的肤色，而是以他们的品格得到评价"。他的远见卓识促使美国人在平等和民权问题上实现了道德觉醒，彻底改变了历史进程。

如果没有愿景——你、团队或者组织未来的理想图景，那么你要将员工带往何处？

激发灵感离不开变革型领导力（Transformational Leadership），这一概念最早由领导力专家詹姆斯·麦格雷戈·伯恩斯（James MacGregor Burns）于1978年提出[1]，于1985年由伯纳德·巴斯（Bernard Bass）进一步拓展。[2]变革型领导者会将人们从A点（坏或好）带领到B点（好或更好）。作为领导者，你是这条路上的交通工具，燃料便是激发他人的灵感。如果没有你，一切都无法运转，所以你的独特职责就是以自己的人格和权力为条

---

[1] Burns, James MacGregor (1978). *Leadership*. New York: Harper & Row.
[2] Bass, Bernard, M. (1985). *Leadership and Performance Beyond Expectation*. New York: Free Press.

第 5 章
做有远见的人（激励团队，实现目标）

件，从而：

- 描绘一个明确且令人兴奋的愿景，使他人信服。
- 激发团队成员的高层次需求，为工作赋予意义和挑战。
- 唤起团队成员的积极情绪。
- 帮助团队成员确定个人使命，并将他们的优势、价值观和热情与自己热爱的工作相匹配。
- 合理地分配精力，在激烈的战斗中保持冷静。

变革型领导者能够振奋人们的精神，并获得追随者的信任和尊重，善于激发灵感；相反，管理者负责执行组织战略，处理日常的细节工作，善于做规划。激发灵感与精神和情感有关，与实践的关系不大。规划（"是什么"和"怎么做"）虽然有用，但无法像灵感（"为什么"）一样激发出原始的热情、奉献精神或动力。回顾我的整个职业生涯，我相信自己60%的时候表现得像个管理者，40%的时候是领导者。我费了些工夫才明白这一点：管理者可以激励人们实施想法和"开展工作"，但只有领导者才能将优秀的团队凝聚在一起，建立情感联结、制定共同的目标，将团队引领到有价值的方向。

尽管如此，"是什么"和"怎么做"仍然在全局中占有一席之地。规划和目标同样重要。你或许听过一句话："不是所有的梦想家都能成功，但所有成功的人都是梦想家。"我们都要有梦想，但同时还要行动起来。领导力不是可以听天由命的东西，虽然听起来像陈词滥调，但我们都要做功课，尽量向前看。如果没有将战略转变为实践，踏踏实实地坚持向前走，梦想就只能是梦想，永远也不会变成现实。

5.3　成就不可能之事

实现愿景不可能一蹴而就，你需要走很多小步。在这个过程中，你需要有坚定的信念、决心和积极的心态，确保员工拥有远大的目标并会努力追求成功。这可不像去野餐一样简单。从 A 点（现在所处的位置）到 B 点（你的愿景）可能会经历一些挫折、遇到一些障碍。无论开始有多么顺利，旅途中总会有一些难以预见的威胁或挑战，让你陷于危机之中。即使最完善的规划也不一定能按预期进行。在这些情况下，人们的积极性会产生变化。作为领导者，你要站出来，在形势变得艰难、员工纷纷想退缩和放弃的时候帮助他们保持坚定的决心和热情。

> **攀登高山的信念**
>
> 　　实现梦想的一个方法是拥有信念和积极的心态。下面我用一个例子来说明我如何激发团队潜能，实现在他们看来不可能的目标。我讲了一个故事，就这么简单，但并不是我的故事让团队发生了转变——是别人的。在我执掌微软公司中东欧市场部两年后，工作进展得相当顺利。整个部门高速运转，每个人都发挥了自己的优势——从我们的业绩就可以看出来，而且团队一直在成长。但是我的直觉告诉我，团队的潜

第 5 章
做有远见的人（激励团队，实现目标）

能还没有被完全激发出来。我们需要发挥更大的影响力，但这个目标似乎是不可能实现的。面对我的要求，团队成员纷纷拒绝，表示自己"受够了"，我逼得太紧了。他们感到筋疲力尽，不相信自己还能取得更大的成就。我需要以一个成就非凡的人为例，来证明我们的目标是可以达成的。于是我请来了登山界的传奇人物、探险家莱茵霍尔德·梅斯纳尔（Reinhold Messner），向管理团队介绍他的故事。梅斯纳尔是第一个在没带氧气瓶的情况下登上了珠穆朗玛峰峰顶的人，当时没有人相信他能做到。我想用他的事迹来向团队证明，我们能够成就不可能之事！

当他和队友、探险家彼得·赫贝勒（Peter Hebeler）第一次宣布将尝试在不带氧气设备的情况下攀登珠峰时，每个人都认为他们不可能做到。登山和医疗团队的成员称他们为"疯子"，十名专家中有九名都在告诉他们这是不可能实现的。众所周知，攀登珠峰对身体素质的要求非常高，他们可能遭到严重的脑损伤。面对极端天气、结冰的陡坡和刺骨的寒冷，他们需要快速准确地做决定。然而，在攀登过程中没有足够的氧气，人很难清楚地思考。珠穆朗玛峰峰顶的氧气水平只够维持静止时的身体需要，不足以支撑活动。然而，这两位登山者几乎没带任何装备，他们在 1978 年 5 月 8 日完成了这一壮举。两年

> 后，梅斯纳尔单枪匹马尝试攀登，并再次成功登顶。1986年，他的职业生涯达到了顶峰——他成为第一个攀登过全球14座海拔超过8000米高峰的人。梅斯纳尔的故事彻底转变了团队的心态。他的经历生动地证明，无论在哪个领域，你都可以成为一个鼓舞人心的领导者。他在登山过程中表现出来的自律和强信念感令我们大为赞叹。可以说，在他的演讲之后，团队实现目标的激情和动力达到了前所未有的高度，连持怀疑态度的成员也转变了想法。竭尽所能是不够的，我们已经做好了"不惜一切代价"的准备。团队甚至提出了新的座右铭："想到就能做到。"我们不断重复这句话，直到它渗透到每个人的潜意识和团队文化中。四年后，我们负责的中东欧地区成了微软全球业绩最好的地区。梅斯纳尔卓越的领导力素质告诉我们，没有什么是做不到的。他那场鼓舞人心的演讲成本只有4000欧元，但据财务人员估计，它为微软公司创造了12亿美元的收入。
>
> "如果你找到自己的路并走下去，你就会获得力量、方向和目标，没有任何人和事能够阻止你。"
> ——莱茵霍尔德·梅斯纳尔，登山纪录保持者、探险家

潜意识里的卫星导航

每个伟大的壮举或发明都源自某个人的想象力，即愿景。

第 5 章
做有远见的人（激励团队，实现目标）

愿景是一个尚不存在的世界反映在你脑中的图像。花时间发挥想象力是值得的，它能保持你的思维高度专注于你想要的东西。这点很重要，因为思维是你最宝贵的财产……也可能成为你最大的敌人。你的潜意识里存在着一个复杂的导航系统，类似于卫星导航。导航系统的任务是探索你持续关注的东西（或许是你对理想未来的愿景），或者将它转化为行动。有趣的是，你的潜意识无法辨别真假，它接收到的信号都是一样的。潜意识思维收到意识发来的信息时，就会全盘接受，无论积极还是消极的。一旦你为潜意识的导航"设定"了目的地（想法、建议或图像），它就会朝着这个方向走，具体做法包括提醒你注意某些机会，促使你接近对的人，并产生行动的冲动。

潜意识不会主动思考或提出问题，它只是单纯地执行命令。因此，你有必要给它提供积极的图像。你的思维会像磁铁一样将你拉向这些积极的东西。如果你想象自己在某件事上会取得成功，你就一定会成功。前提是你要相信这是可以实现的。著名的励志演说家、作家博恩·崔西曾说过："所有伟大的人都是有信念的人……他们有着平和自信的态度，并相信有一种比自己更大的力量在帮助他们。"⊖你一定要相信自己能做到，别让破坏性的消极情绪扰乱你的潜意识正常运转所需的平和、积极的态度。即使成功的人没有主动做任何事，他们也在想象自己的愿景，将它具象化，并感觉自己已经实现了。最终，你将成为

⊖ Tracy, Brian (1995). *Maximum Achievement: Strategies and Skills that Will Unlock Your Hidden Powers to Succeed*. New York: Simon & Schuster.

"首席思维官"（Chief Mind Officer，CMO），所有卓越的成果都是由思维推动实现的。

相信你的团队

你要对团队成员抱有最大希望，将他们推出舒适区。你对团队独特优势和技能的信心将产生强大的效果。它反映了你对员工的信任，这是取得卓越成就的推动因素。它被称为皮格马利翁效应（Pygmalion Effect）——你对其他人的信心可以激发出他们的潜能。皮格马利翁是一位希腊雕塑家，他爱上了自己雕刻的少女，并给她取名为"盖拉蒂"。这尊雕像代表了他所有的希望和梦想，于是他向诸神祈祷，希望赐给他一模一样的真人。神满足了他的愿望，将雕像变成了活生生的少女。这个故事给我们的启示就是：相信你的团队，他们将回报以忠诚和成果。

记住，你自己也要忠于团队。所有卓越的领导者都"无处不在"，孜孜不倦地实现他们自己设想的愿景。你要为团队带路，用言行证明你会为目标奋斗到底。如果你对愿景没那么上心，团队成员会很快发现你缺乏信心和兴趣，因而他们也不会认真工作。你要让他们看到你全心投入，愿意付出一切——竭尽全力，走出舒适区，在必要时做出牺牲，发挥创造力，承担必要的风险，保持自律。你的努力会激励其他人坚持下去。永远不要放弃，要尽自己最大的能力成为优秀的领导者——"永不止步、继续前行"，团队便会永远追随你。

第 5 章
做有远见的人（激励团队，实现目标）

借鉴积极的体育精神

在鼓励人们追求目标、释放全部潜能方面，体育心理学远比商业心理学更加先进。捷克冰球队主教练玛丽安·耶利内克（Marian Jelinek）指出，天才运动员的竞争优势与以下两个因素有关：

（1）享受比赛：运动员会遵循自己的"使命"。他们对有意义的目标和活动充满激情，能够以自己喜欢的方式发挥优势。

（2）对胜利的渴望：运动员有绝对清晰的目标，并渴望成为最佳选手。他们能想象出自己成功的样子，并通过坚持不懈的练习和有效的精力管理来实现。

任何人想要取得成功并享受工作的乐趣都必须平等地重视这两方面。如果你只追逐胜利，你也会取得成功（或许在你的领域能成为佼佼者），但你很快就会耗尽体力，而且感受不到过程中的乐趣。同样，如果你只是为了好玩，你可能在发挥优势的过程中感到满足，但不会激励自己摆脱平庸，也缺乏竞争和获胜的渴望。

对体能处于巅峰状态的运动员来说，成功更多与意识而非技巧有关，最成功的选手总能保持积极的态度，在比赛中达到顶峰。优秀运动员的一个关键习惯是"像胜利者一样思考"，我称之为"超级联赛思维"（Premier League Thinking）。积极而远大的前景是提升业绩的基础，充满对胜利的渴望的运动员往往能取得更大的成就。如果你不擅长这种"心理游戏"，被自我怀疑、担忧和恐惧所困扰，你就无法参与现实竞争。这个原则在商业领域也同样有效：无论你是企业管理者、医生还是艺术家，你都可以通过积极的自我对话、习惯和想象来提高获胜的决心，从而成为"超级联赛"的一员。

实证研究发现，对成就的渴望和成功的结果之间存在正向的关系。[一]具有强烈的成就导向的人往往会：

- 为自己和周围的人制定较高的目标。
- 不断寻求更好的方法来完成任务。
- 预见问题。
- 为实现目标承担风险。
- 为结果承担责任。

上述各项会触发一些行为，最终会带来成功的利润和业绩。如果领导者能像最优秀的运动员一样学会培养积极的心态，从自己的"运动项目"中获得快乐，他们就会成为真正的赢家，在自己的生活和工作中取得非凡的成就。

坚定信念、持之以恒

信念是一种自我实现的预言，要为自己和团队制定远大的目标，你首先要有信心能实现它。当你努力实现一个目标时，就会表现出自信，即相信自己一定能够实现目标、达成设想。

[一] Bharadwaj Badal, Sangeeta (2015). "The psychology of entrepreneurs drives business outcomes". *Gallup*, 1 September. [Online] Available from: http://www.gallup.com/businessjournal/185156/psychology-entrepreneurs-drives-business-outcomes.aspx?utm_source=giessen&utm_medium=search&utm_campaign=tiles.

你创造了现实,而不是对现实做出回应。如果你遇到了问题,可以从中寻找机会;如果你对局面失去了掌控或者落在后面,要继续看向更加光明的未来(你的愿景)。我从小时候打网球的经历中积累了一些人生经验,对我后来的决策和商业行为产生了巨大的价值。

网球带给我的经验

(1)在球场上与在生活中一样,你只能靠自己。只有你才能控制你的行为和对事情的反应,你的态度完全取决于你自己。无论你有多挣扎,都可以选择是将关注点放在今天的痛苦上,还是未来的荣耀上。想办法调整和重新训练你的思维方式。你可以尝试积极的自我对话,将事情具象化,重塑你的想法,做一些放松练习或者把注意力从坏消息中转移出来。

(2)坚持到最后一球。永远不要放弃自己的愿景,在每一次互动中进一步强化它。你的潜能并不取决于你之前的成就,或者你来自哪里,而取决于你的信念。地图不代表疆域——它只是一种象征。你可以绘制一份更准确地反映新情况的蓝图,你的大脑可以根据它来创造你想要的生活方式。你越转变心态,就越能得到实现目标所必要的力量和动力。

我曾经是个胖乎乎的孩子,因为想打网球而遭到嘲笑。当时的我面临一个选择:我可以跑回家向父母哭诉,放弃梦想;或者我可以忍着,做好该做的事,提高体能、参加比赛。选择权在我手里,我决定放手一搏。我随时随地刻苦训练——冬天在杂物间、早上4点在大厅里,不分场合。就这样,我锻炼出了耐力。同时，我想象出了自己获得胜利的样子，画面非常生动具体。一年之后，我打败了上届冠军，成了网球俱乐部最佳球员——我不再是那个受人嘲讽的小胖子了！

5.4　未来是什么样的

我们在本章中一直在讨论拥有梦想或愿景，但这到底是什么意思，要如何创造愿景呢？它是对你向往的未来的一种真实可信且具有吸引力的描述。[一]你的愿景就是你的"珠峰"，是你想要攀登的高山——是崇高的理想，它能激励你走出舒适区，追求意义非凡的东西，去往更好的地方。

具体且令人信服的愿景有很多特征。它：

- 描绘了极具吸引力的未来图景（一般是 5～10 年后）。
- 为制定新的目标厘清头绪。
- 指明了前进的方向。
- 让员工有强烈的认同感。
- 激励人们集中精力。
- 从情感上激励人们追求崇高的目标。
- 影响组织的长期战略。
- 代表了组织的文化和价值观。
- 设定重点工作的范围，为规划提供方向。
- 帮助各级员工做决策。

[一] Manktelow, James. "What is leadership?" *Mind Tools*. [Online] Available from: https://www.mindtools.com/pages/article/newLDR_41.htm.

- 提供评估结果的方法。
- 吸引和留住人才。
- 协调组织内的人员和活动。
- 帮助开展变革，给未来增添希望。
- 凸显你自己或组织的独特之处。

愿景可以简单，也可以复杂；它可以是一个模糊的梦想，或是一个明确的目标——但它绝不会枯燥乏味。愿景必须能创造巨大的能量。如果它不能让你或其他人产生兴奋感，它就不适合你们。对于Facebook创始人马克·扎克伯格来说，通过社交分享让世界变得更美好是他的终极梦想。能让他在艰难时期仍然满怀热情的是一个信念：如果人们能接触到更多信息、建立更紧密的联系，他们就能产生更深的理解和共情，世界也会变得更美好。

所有有远见的领导者都有些疯狂，他们有着超越时代的梦想。我的建议是，不要害怕去追求那些人们无法接受的东西，或者去想那些不可能的事情。改变世界的往往正是这群疯狂的人，他们颠覆了现状，动摇了一切。创新工作方法是实现积极变革的唯一途径。一些有远见的领导者，比如理查德·布兰森爵士（Sir Richard Branson）为自己设定了远大的、明显难以克服的挑战，并为超越它们而感到兴奋。其他人，例如易捷航空（EasyJet）的创始人斯泰利奥斯·哈吉-约安努爵士（Sir Stelios Haji-Ioannou）则以击败傲慢的巨头公司、打破现状为己任："挑战大公司是我的谋生之道，我在一个又一个行业做着这件事，从未失手过。"①

愿景的价值

战略和行动直接来自愿景。如果没有明确的目标和对未来方向的清楚描绘,你很容易偏离真实的自我,甚至会失去团队的尊重和效忠——这将产生灾难性的后果。领导者是由追随者来定义的,如果没有任何追随者相信你和你的愿景,那么你真的在领导吗?如果你无法提供一个有吸引力的愿景或"北极星",就会让人感到迷失方向——人力资源走一条路,财务、生产和销售走另一条路。结果就是有些部门走错了方向,或者走进了死胡同!如果我们不花时间和精力去思考组织的发展方向,就会陷入追逐短期目标的困境,把资源浪费在无效的策略上,甚至可耻地重复犯错。②但是当我们以充满希望的积极心态去面对未来时,我们便可以充分发挥自身优势、更好地管理精力、拒绝承担与兴趣无关的工作。

人们会朝着他们脑中的画面前进,所以你要能绘制出一个以结果为导向的色彩斑斓的图景,让人们看到成功是什么样子的,以及愿景变为现实会是什么样的。鼓舞人心的愿景可以超越所有以往的目标,它代表着全面"胜利"。它将枯燥的目标转化为更加丰满的东西——人们不仅能看到它,还能感受到自己

---

① Gell, Anthony (2014). *The Book of Leadership: How to Get Yourself, Your Team and Your Organisation Further Than You Ever Thought Possible*. London: Piatkus.

② Lopez, Anthony (2010). *The Legacy Leader*. Mustang, OK: Tate Publishing.

第 5 章
做有远见的人（激励团队，实现目标）

参与其中；他们愿意为之献身。最强大的领导者知道如何调动自己和组织的优势，因此可以在自己的舒适区巧妙地指挥。但全面的胜利不在舒适区。利用这些优势建立一个创新的、"异想天开的"愿景，有助于以最好的方式统筹协调，取得未来的成功。作为领导者，有远见并不意味着你要忽略行业趋势；你必须考虑市场的发展方向，以及竞争对手可能采取的行动。最好的愿景一定包含机遇和潜在的创新，给员工创造一幅更加生动且有意义的画面。

"推销"愿景，即激情澎湃地向人们描绘它，鼓励人们开展必要的工作去实现它，是一项困难的任务。并非所有的领导者都是伟大的演说家，但你可以通过探索、想象和展示自己真实的一面来强化沟通愿景的能力。讲述你自己的故事，用比喻使愿景变得生动。你的目标是激励别人，而不是发号施令。不要试图为别人规划整个旅途，或者没完没了地给出行动指令。愿景是一个"有方向的梦想"，而不是有 GPS 导航的梦想，所以尽量保持简单：

- 我们要朝着这个方向走。
- 我们朝着这个方向走的原因是……
- 要抵达那里，你的任务是……

随着所有人不断前进，前方的路会逐渐清晰，你可以随时通过使命和战略进一步调整路线。当人们拥有共同的愿景时，就会获得巨大的动力。你可以将它看作一次冒险，让人们自行发挥创造力，思考需要做什么；同时，你也要自由地尝试，并承担相应的风险。有天赋的人想要从事更伟大的事业，通过自己的想法和努力成就更重要的目标："太酷了！那是我参与创造的！"只有满足这个需求，你才能将人们的热情、目标和积极性，与他们的幸福感和高水平业绩联系起来，鼓励他们为了组织再多努力一下。

5.5 人要有梦想

> **练习 5-1　创造制胜愿景**
>
> 　　根据"WIN"模型创造、想象和传达你的梦想，并鼓励人们去实现它。
>
> **第一步：W——思考（Wonder）**
>
> 　　想一想你在部门或组织中想要克服的个人领导力挑战或开展的变革计划。大胆地发挥想象力——设想你在这种情况下的理想状态是什么样的。以下几点建议可以使你保持专注：
>
> 　　（1）主动出击，不要被动应对。关注你想要的东西，而不是你想摆脱或避开的东西。你的愿景必须是"做什么"，而不是"不做什么"。你想成为什么样的人，或者取得哪些成就？
>
> 　　（2）思考你的优势（个人的或在企业中的），想象一下如果你以最佳方式发挥自己的优势，会有什么结果。

第 5 章
做有远见的人（激励团队，实现目标）

你能取得什么样的成就？你能做到的最大程度是什么？

（3）要有远见、娱乐感和创造力。允许自己去探索，看到更大的图景。发散自己的思维，设想一个真正与众不同的画面。你的愿景可以广阔，但不能平庸。你要在其中发挥创造力。

（4）开展头脑风暴，让其他人参与创作过程。不断提出新的创意，让每个人都感到激情澎湃。这样你将得到团队的更大支持。

（5）克制自己的恐惧和担忧。不要让这些情绪限制你的思维，毕竟，谁在乎你的愿景之前有没有实现过？

（6）将愿景设定为最理想的情况，即所有参与者都能受益。它对于每个主要利益相关者来说是什么样的？成功将通过哪些关键成果来体现？

（7）设想你或你的公司在 5～10 年后会出现在一份期刊上。你的最大成就将是什么？你将展现给外部世界怎样的形象？

（8）关注最终结果，而不是达到终点的过程。想象你坚持这个方向将实现的巨大成功。在其中添加大量细节，让它生动起来，并确保你能一步步实现。

（9）除了在脑中设想出愿景之外，还要想象一下实现愿景时你将体会到的兴奋和满足，仿佛你已经成功了。

这种具象化的方法需要一段时间适应,尤其是如果你不习惯在脑中描绘生动的画面。每天晚上睡前在脑中练习,是感受自己的愿景、积极展望未来的好办法。

第二步:I——激励(Inspire)

这一步是弄清楚如何明确且充满热情地传达你的愿景。如果你是企业领导者,这一点尤其重要,因为愿景不仅仅与你自己有关,你还要考虑其他人,以及如何得到他们的参与及合作,确保各方都有动力取得成果。你可以参考以下原则来激励他人:

(1)首先围绕你的愿景,根据每个人的优势来组建团队。这样可以有效地赢得团队成员的信任,因为他们可以做自己喜欢的事,同时愿意朝着共同的愿景努力。

(2)帮助其他人理解你的真正意图。在传达愿景时,要保持坚定、直接和真诚。大量论据和事实让你相信这是正确的路线,你还要将这些传达给团队。不要让人们猜测你的立场,否则他们永远不会充分支持你或你的梦想。

(3)关注符合他人需求的几个关键利益和成果,详细描述你脑中的目标、你想成为怎样的人以及你相信能实现的成果。你会如何向其他人介绍这些成果和利益呢?

(4)使用简洁而引人入胜的语言。你的目标是用你的故事来激发别人的兴趣，争取他们对共同事业的支持，并让他们相信目标是可以实现的。尽量不要没完没了地夸夸其谈——保持简洁，让人容易理解，截止日期和预算这些"乏味的话题"可以留到下次再说。领导力教授兼作家约翰·科特（John Kotter）提出了一条经验法则："如果你不能在五分钟之内描述一个推动变革的愿景，并得到对方的理解和兴趣，那就麻烦了。"㊀

（5）想想你会在什么样的环境中展示你的愿景，以及在多大范围内推广，例如在团队会议上、一对一会面中、通过各级经理和主管、在演讲期间、以书面通信的形式等。制订一个计划，争取其他人的反馈和参与。

写下你的想法，练习传达愿景。确保你的话听起来很真实，让人们看到希望并受到鼓舞。反复地大声说给自己和其他人听，直到听起来很自然。如果你自己都不相信，那么其他人也会觉得难以接受。

第三步：N——指引（Navigate）

愿景是成功的基石，但它不一定能保证成功。只有你采取行动并付出努力，愿景才能成为现实。你要如何实现它？以下有几点建议，希望能为你指明正确

㊀ Kotter, John P. (1996). *Leading Change*. Boston: Harvard Business School Press.

的方向。

（1）制订一个持续传达愿景的计划，让它长久地存在于其他人脑中。以不同的形式、在人们容易看到的地方突出展示它。例如，你可以在你的办公室、公司活动场所、研讨会和汇报会上张贴海报或发放传单，时不时地介绍你的行动和产品如何支持愿景。重复很有必要。不断推销你的愿景，使它保持活力！

（2）找到前路上需要清除的障碍，包括人们的惰性、消极的想法或根深蒂固的制度。你要准备好在它们打击团队士气、阻碍愿景的势头之前将其清理掉。

（3）保持开放的态度，根据反馈来调整愿景。鼓励团队提出合理的意见。如果好几个人都提出了重大调整的要求，那么你很可能在创造愿景的时候漏掉了一些重要的内容，所以你要通过修改或添加一些东西来完善它。

（4）在设想未来道路的同时，活在当下也很重要。也就是说，你要激励团队追求共同的梦想，同时还要在日常工作中鞭策他们保持积极性、不断进步。提醒成员，他们不是在砌砖，而是在建造一座教堂，向更高的权威致敬。愿景会将你解放出来，让你在追求它的过程中能够享受每时每刻。

制定愿景宣言

一些领导者发现，通过制定愿景宣言或视觉再现的方式来描述他们最终想实现的成果，效果非常好。对组织来说，最有效的愿景宣言应该是简洁、干脆和"社交网站友好"的——它将大量信息压缩成一条鼓舞人心、令人难忘且内容明确的宣言，能够为大多数人所快速理解。

> **愿景宣言示例**
>
> 无穷世界。——乐施会
>
> 成为全球最以客户为中心的公司，让客户能够查找并发现他们可能需要在线购买的任何商品。——亚马逊
>
> 成为一家最了解女性需要，为全球女性提供一流的产品及服务，并帮助女性成就自我的公司。——雅芳
>
> 利用重要的食物和品牌来充实和愉悦整个世界。——家乐氏公司
>
> 为大众创造更加美好的日常生活。——宜家

愿景宣言和使命宣言有什么区别

使命宣言回答了以下问题：[一]

[一] Arline, Katherine (2014). "What is a vision statement?" *Business News Daily*, 11 December. [Online] Available from: http://www.businessnewsdaily.com/3882-vision-statement.html.

- 我（们）的企业为何存在？
- 我（们）的工作是什么？

愿景宣言回答的问题是：

- 组织要朝着什么方向发展？
- 我（们）打算做什么？

使命宣言描述了组织的现状和目标——实现愿景的总体策略，即组织要做什么、为了谁以及如何实现，它的范围更窄、内容更具体；愿景宣言的范围比较广，它描述了组织在未来某个时间点想要达到的最佳状态（思维导图）。

5.6 激励：行动的"动机"

获得鼓舞是行动起来、实现远大目标和激发最大潜能的关键，但我们有时候都需要一些鞭策，才能开展日常工作。鼓舞（Inspiration）和激励（Motivation）是两个不同的概念：前者是促使你实现自己想要的未来的内在拉力；后者是每天鼓励你开展必要的工作、使梦想变成现实的推力。如果你是一名足球运动员，你也许会梦想自己的球队夺冠（鼓舞），但你仍然需要在每场比赛中发挥出最好的状态（激励）。激励是你每天早上起床开始工作的动力。它会促使你管理好自己的行动、每一步安排和个人感受，实现你自己的目标——完成规划书、开启下一个销售计划或者在会上发言。

虽然积极心理学由于在激励人心方面具有变革性的潜力而在学术界有了一定的地位，但《财富》世界500强企业中有很大一部分仍在使用几十年前就被证明无效的激励理论和方法。这些过时的激励方法基于这样一种思想：人们会根据报酬来工作。通常来说，如果面前有极具吸引力的奖励或大笔奖金时，人们愿意努力工作来争取它。换句话说，他们就是为了钱！很多企业喜欢采用金钱激励，因为它很容易操作，容易衡量，也能公式化，而且在一定程度上，它是有效果的。你可以付钱给别人，让他们按照你的想法做事……循环往复。金钱是一种激励因素，但它不是长期影响他人的理想方式（首先你的预算就承受不了）。如果你想让人们对上班感到快乐，可以考虑很多其他因素。总的来说，鼓舞人们做自己想做的事的效果会更好。作为一种提升业绩的方法，内在的鼓舞比外部的激励更持久——内在的鼓舞让人们愿意竭尽全力，无论你是否给更多钱，也无论形势好坏与否。通过将外部的激励与内在的使命感结合起来，你可以创造一种环境，让团队主动选择在工作中投入自己最宝贵的资源——他们的优势、精力和情感。

那么你该怎么做？

首先，我们可以从马斯洛需求层次模型（马斯洛金字塔）中寻找答案。

5.7 攀登马斯洛金字塔

美国心理学家亚伯拉罕·马斯洛（Abraham Maslow）在

1943年发表的著作中指出,领导者可以找出大量激励自己和其他人的因素。㊀这个理论远没有过时,至今仍然有效。领导者仍然可以充分发挥智慧,思考如何激发持久动力。它的前提是,我们作为人类所做的一切都是为了满足自己的需求。换句话说,我们都为自己的欲望所驱动。马斯洛金字塔将人的需求分为五个层次,如图 5-1 所示。当一个欲望得到满足时,另一个就会冒出来取而代之。

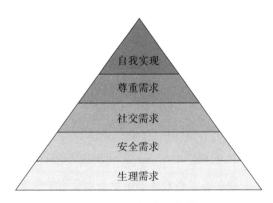

图 5-1　马斯洛金字塔

- 生理需求：能维持我们生存的东西,例如食物、水、空气、睡眠、住所、温暖的环境等。
- 安全需求：保护我们免受伤害的需求,例如稳定的工作、安全的居所、健康、法律、抵挡伤害、财务安全等。
- 社交需求：获得归属感、爱和亲密关系,例如友谊、合

㊀ Maslow, Abraham, H. (1943). "A theory of human motivation". *Psychological Review*, 50(4), pp. 370–396.

作、家庭。社交需求可以通过参与社会团体和工作组得到满足。
- 尊重需求：有关培养自我价值、自信、社会认可与成就的需求，包括地位、权力、汽车，当然还有金钱！它包括两方面：尊重和被尊重。
- 自我实现：这是获得幸福感的秘诀。这个最高层次关注自我意识和个人成长，例如个性、创造力、即兴能力、发挥个人潜能、克服偏见、拥有信念和超越自我。

我喜欢将最下面两层归结为激励需求。很明显，如果没有稳定的工作、体面的工作环境或足够的收入来满足自己的需求，我们就不会感到幸福。所以我们会积极地满足这些需求，避免产生不愉快的感受或后果。但是一旦这些需求得到满足，我们就不会再去关注它们——它们变成了常态。最上面三个层次与我们的关系纽带、愿望或个人发展目标有关。我将它们称为鼓舞需求：它们的起源并不是某些东西的缺乏，而是一个人对成长的渴望。我们必须有内心的鼓舞，而非外部的激励，才能找到意义、获得参与感并实现自我。

在一些发展中国家，无论是个人还是组织都有更强的学习和竞争欲望，因为人们的低层次需求更强烈。马斯洛提出的前两个需求在没有得到满足时会产生巨大的激励作用。人们会为了平等的薪酬、合理的条件和较高的待遇而屈服。但是在发达国家，很少有人"有充足的物质条件，但缺乏生活目标"。这里的人们实现了马斯洛提出的大部分需求，除了自我实现——

金字塔顶尖的部分。自我实现是提高自我意识、激发个人全部潜能、找到并履行个人"使命"的过程。与较低层次的需求不同，它从未得到完全满足。随着心理的变化，你永远会有新的继续成长的机会。如果这些欲望没有得到满足，人们就会感到焦躁和沮丧，即使他们在所有其他方面可以说是成功的，例如有一份不错的工作、可爱的孩子和文明社会能提供的一切舒适条件。

大公司不存在满足马斯洛金字塔的基本需求的问题。它们会提高薪酬和年假，改善工作环境，通过劳动合同、养老金和医疗保险提供保障。很多公司甚至通过团队合作和社会活动进一步鼓励员工建立社会关系和培养归属感。但它们仍然没有兼顾到金字塔的顶端。针对各行业的员工满意度调查显示，人们往往对雇主满足了自己的物质和安全需求感到满意。然而，他们没有从领导者那里得到足够的反馈和认可。如果没有表扬或反馈，人们很难成长和实现自我，或者感觉自己是企业的重要成员。这让他们觉得领导者不重视自己的工作，认为他们的贡献无足轻重。这种忽视和缺乏兴趣在各个行业领域引发了敬业度危机。然而，有个别企业似乎解决了这一问题。维珍集团（Virgin Group）就是一个优秀的例证，它拥有健康的、以人为本的文化环境，鼓励人们花时间做自己喜欢且有意义的事，并通过反馈、工作的多样性和自主性来认可员工的辛苦努力。

贝恩咨询公司（Bain & Company）和经济学人智库（The Economist Intelligence Unit）针对300多名领导者进行的一

项研究表明,受到鼓舞且有敬业精神的员工比仅仅感到满意的员工有更高的生产力。[一]结果显示,满意的员工的生产力指数为 100,而敬业的员工为 144,几乎是前者的 1.5 倍。同时,受到鼓舞的员工在同一指数上达到了 225,远远超过其他人!这些数字表明,掌握鼓舞人心的领导力技巧是打造卓越组织的重要前提。但是你必须首先满足团队需求、培养他们的敬业精神,才能真正鼓舞他们。你可以顺着图 5-2 的"员工需求金字塔"逐级向上走——它是"马斯洛金字塔"在公司中的体现。

受到鼓舞的员工……

从公司使命中得到意义和鼓舞	受到公司领导者的鼓舞

敬业的员工……

属于一支卓越的团队	在工作中有自主权	每天都在学习和成长	能够发挥重要作用

满意的员工……

拥有安全的工作环境	得到了顺利完成工作所必需的工具、培训和资源	能高效地完成工作,不受官僚体制的过度影响	得到公正的评价和奖励

图 5-2 员工需求金字塔

资料来源:贝恩咨询公司(www.bain.com)。

[一] Garton, Eric and Mankins, Michael C. (2015). "Engaging your employees is good, but don't stop there". *Harvard Business Review*, 9 December. [Online] Available from: https://hbr.org/2015/12/engaging-your-employees-is-good-but-dont-stop-there.

5.8 意义至上

我们从马斯洛金字塔中可以明显看出，金钱不是生活的主要动力。但是很显然，如果没有金钱，我们就不会感到满足，因而将全力以赴地去争取它。大多数人都需要一定的资金来购买生活必需品，满足自己的生活需求；当然，我们中的一些人比他人更喜欢玩具或者旅行。我们渴望通过金钱来获得安全感（住房、食物，未雨绸缪）和地位（炫耀自己）。有些人想要暴富，而其他人只想过上小康生活。这些都没问题——想赚钱的心态是成功的关键，也能让我们享受生活，例如将我们从枯燥乏味或毫无意义的工作中解脱出来。但是达到一定程度之后，金钱对于我们的工作动力或幸福感不再有任何影响。

金钱只是实现目的的一种手段……它本身不是目的。能够证明我们在工作上"取得成功"的金钱、地位和其他有形成果只能让我们感到暂时的快乐，但是不会让我们得到持久的激励。它们有时甚至会带来极大的痛苦，例如，很多位高权重的工作都伴随着压力，让我们感到紧张，削弱了我们享受生活中的小乐趣的能力。2005 年，PNC Advisors 对 792 名富裕的成年人展开调查，其中超过一半的人表示，财富没有给他们带来更大的幸福；在资产超过一千万美元的人中，有近 1/3 的人表示，金钱带来的问题比它解决的问题还要多。⊖著名的美国建筑师弗兰克·劳埃德·赖特（Frank Lloyd Wright）指出："许多富人不过是财产的保管员。"这意味着生活富裕且追求物质的人被自己的

⊖ Kristof, Kathy, M. (2005). "Money can't buy happiness, security either". *Los Angeles Times*, 14 January.

第5章
做有远见的人（激励团队，实现目标）

生活方式所困，没有充分开发自己的潜能——研究数据也支持这一点。心理学教授蒂姆·卡塞尔（Tim Kasser）和理查德·瑞安（Richard Ryan）在题为《美国梦的阴暗面》的论文中指出，那些以"赚钱"为主要目标的人不太可能实现自我、发挥自己的全部潜能。[一]

最优秀的领导者（幸福感最高且最成功的人）更多会通过做一些有价值的事来激励自己，而不是靠快速、轻松地赚钱，或使用一些小伎俩。他们也明白，持久的成功建立在帮助人们看清、追求和实现自我的基础上。当人们实现成长，他们自动会成为能创造价值的高效的团队成员。我常说，你可以用钱买到人们的体力和脑力，但是永远也买不来他们的心。不明白这个简单事实的领导者可能试图通过提高薪水来解决团队成员的问题和不满。但这只是在过度地满足低层次需求，而忽略了所有更高层次的需求。没有人会拒绝更多钱（那样就太愚蠢了），但是即使有了更多钱，他们的沮丧情绪仍会存在。加薪不一定会让人们热爱自己的工作，只会让他们不再讨厌它。

哈佛商学院教授克莱顿·克里斯坦森（Clayton Christensen）在具有启发性的作品《你要如何衡量你的人生》一书中建议，与其追求更多钱或更好听的头衔来获得幸福感和满足感，你不如换一种思考方式：[二]

[一] Kasser, Tim and Ryan, Richard M. (1993). "The dark side of the American dream: Correlates of financial success as a central life aspiration". *Journal of Personality and Social Psychology*, 65(2), pp. 410–422.

[二] Christensen, Clayton M., Allworth, James and Dillon, Karen (2012). *How Will You Measure Your Life?* New York: HarperCollins.

- 这份工作对我是否有意义？
- 它能提供成长机会吗？
- 我能否学到新东西？
- 我有机会获得认可和成就吗？
- 我是否会被赋予责任？

十年前，我会在面试中与求职者讨论微软公司可以提供的条件和保障，包括金钱和股票期权等。但是最近，面试内容更加全面，经常有人问我："如果加入贵公司，我有机会让世界变得更好吗？"我通过在"青年成就组织"（Junior Achievement，传授企业家精神并提供工作培训）和"国际经济学商学学生联合会"（AIESEC，国际学生交流组织）中与年轻人接触的经历发现，他们远没有"婴儿潮一代"和"X一代"㊀那么物质主义。20世纪80～90年代出生的"千禧一代"希望加入致力于提高社会价值和承担社会责任的组织，并渴望发挥影响力。德勤公司2014年的一项调查显示：㊁

- 超过70%的千禧一代希望雇主关注社会问题和与使命有关的问题。
- 70%的千禧一代希望在工作中发挥创意。
- 超过2/3的千禧一代认为管理层的职责是为他们提供加速

㊀ "X一代"，指的是20世纪60年代到70年代初出生的美国人。——译者注
㊁ Bersin, Josh (2015). "Becoming irresistible: A new model for employee engagement". *Deloitte University Press*, 26 January. [Online] Available from: http://dupress.com/articles/employeeengagement-strategies/.

发展的机会，以让他们留下来。

很显然，如今目标以及社会交往、享受灵活的工作安排和学习新的技能比赚钱更有吸引力。对领导者来说，他们要学习如何让年轻一代敏锐地、充满创造力和热情地投身于工作，并以多种不同的方式奖励他们。几代人的融合也是至关重要的，"千禧一代""婴儿潮一代"和"X一代"应和谐地并肩工作，每个人都应为集体贡献自己独特的优势和经验。

CHAPTER 6
第 6 章
纵观大局
（打造制胜文化）

> 文化能把战略当早餐吃。
>
> ——彼得·德鲁克
> 商界名人、"现代管理学之父"

积极领导力基于这样一个理念：你可以在成功和幸福中获得财富，但是不仅仅在个人层面，也在组织层面。每个组织都要想方设法丰富和提升自己。积极领导者会通过一个吸引人们为之奔赴的前景将实现卓越提上议程，但是他们不会就此止步。他们会努力打造轻松而友好的职场文化，以激励员工全力以赴。这些领导者会传递乐观和开放的情绪，让每个人在工作中都能获得满足感，同时确保实现组织目标。

第6章
纵观大局（打造制胜文化）

6.1 积极的文化

企业或团队的文化很难确定下来。或许最简单的形容方法是，它代表了"我们这里做事的方式"。这里的"方式"受大量因素影响，包括企业所处的行业类型、提供的产品或服务、优先事项和需要执行的任务。但最重要的是，文化是由组织中的人来塑造的，文化包括他们的工作习惯和规范、他们之间的相处方式和得到的待遇。在这个意义上，文化可以是积极的，也可以是消极的；它要么会促进和支持组织的成功，要么会破坏或阻碍成功。

健康、充满活力且主张人人平等的组织文化可归因为出色的领导力。在任何一个拥有卓越文化的组织中，你会发现，99%的情况下都有一个善于培养和激励，而不是强迫员工的领导者；他能打破约束，用获胜的前景将人们凝聚在一起。咨询和发展公司 RBL 集团的负责人戴维·汉纳（David Hanna）曾经写道："所有组织都是为了实现最高目标而精心设计的。"⊖你无法避开企业文化，不管你是否喜欢，它都在那里。但是你可以通过确定自己的关注点和传递的信息来决定它的"气氛"。作为团队、部门或组织的领导者，你在定义和沟通文化方面扮演着重要角色，但你自己不一定是其中的一部分。最优秀的领导者会通过自己的一套价值观和规则来管理，而且如果有必要打破这些价值观和规则，他们也不会犹豫。我认为，这种个人层面的影响力往往被低估，但它对于吸引人们获得组织身份有很大作用。人们需要能让他们敬仰和效仿的真实的领导者，而那些只会说

⊖ Hanna, David, P. (1988). *Designing Organisations for High Performance*. New York: Addison-Wesley.

官话的领导者对他们毫无吸引力。

打持久战

打造积极的文化不能一蹴而就。文化需要一些时间和努力才能在组织中扎根。如果你的任务是改造充斥着冲突和障碍的有毒文化，就会更有挑战性。新加入一个组织的领导者往往急于改变现状、做出成绩，所以会尽力争取快速的短期成果。我承认，我几乎每次接管一支团队都会这样，但如果你面对的是一个非常病态的文化和一群深受压迫、愤世嫉俗的员工，我不建议你采用这种方法。积极领导力与通过改变审美来解决问题和快速取胜无关，也与强迫员工遵守无法达到的标准无关，而是与创造一个良好的工作环境有关。当你刚进入一家企业时，最初你会有一个了解形势、熟悉业务的期限。在此期间，你要认真观察和聆听，凭直觉和第一原则来看清问题，不要随意下结论。你还要了解员工的工作态度、习惯和行为，最重要的是明确他们的精力水平。

有时候，打造积极的职场文化很容易。相信团队、能给团队注入信心的领导者可以通过有效的举措实现快速变革，例如给员工自主决策权，帮助他们成长，分享信息和数据，相信他们做了正确的事，给他们合作和参与社会活动的机会，允许他们大胆承担风险等。但是，如果你想打造一种能够持久制胜的文化，就必须做好持续不断、按部就班地努力的准备。你可以通过赋予员工权力——给他们自由和自主权来为他们创造条件，从而获得高水平的业绩和幸福感。个人发展大师史蒂芬·柯维推荐了"DR GRAC"法,可以帮助你制定更清晰的目标,给团队提供明确的指导。这几个字母代表了高效分配工作的五大要素:期望的结果(DR:Desired Results)、准则(G:Guidelines)、资源(R:Resources)、问责(A:Accountability)和后果(C:Consequences)。要了解如何使用该方法高效地为员工赋能,可登录网站:http://positiveleaderbook.com/measureyourflow 学习。

6.2 确定团队使命

文化是团队存在的原因,也是团队取得成功的途径。因此,培养一种积极的、基于优势的文化关键在于谨慎地定义成功。虽然我个人喜欢数字,但我始终鼓励领导者在制定团队的长期战略和业绩标准时,将目标置于数字之上。我们所处的时代以严格制定目标作为驱动成果的要素,这只会让人难以保持高度的使命感。如果工作环境过于复杂或充满不确定性,强行制定严格而详细的目标只会给团队施加额外的压力,而不会带来真正的激励或鼓舞。员工或许知道目标是"什么",但他们是否了解目标背后的"为什么"?领导者要确立一个能传达组织精神的使命,并绘制一份有关卓越前景的蓝图,而不能强行要求员工实现大量苛刻的财务目标。经过深思熟虑的使命为团队提供了存在的意义,让所有人清楚地了解目标,并围绕着背后的意义团结在一起。作为战略的锚点,它有助于战略的实现。把精力集中在使命上,这样你就不用没完没了地想:"接下来要做什么?"

团队使命体现了你是否致力打造一个积极、快乐的文化。

所以，不管它是什么，都必须有鼓舞人心的作用，使你能给客户乃至全世界带来实实在在的意义和影响。只有这样，员工才能对自己的工作感觉良好，即使在感到压力或疲惫的时候。你可以思考一个问题：你要如何让人们的生活变得更好？

> **微软公司的使命**
>
> 微软的最新使命比以往的深刻很多，它不再过分关注技术，而是更多地思考如何处理与他人的关系："助力全球每一人、每一组织，成就不凡。"这或许听起来有些理想主义、野心勃勃，甚至不可能实现，但它体现了一种强烈的成长诉求，致力培养个人和组织的潜能。它还反映了微软文化的演变，在与客户和合作伙伴打交道时更加积极主动。公司 CEO 萨提亚·纳德拉（Satya Nadella）在给员工的电子邮件中写道："我们深信，有必要培养一种建立在成长思维基础上的文化。它始于这样一个信念：每个人都能成长和发展；潜能是培养出来的，不是预先设定好的；任何人都可以改变自己的思维观念。领导力的目标是激发人们的最大潜能，让每个人将优势发挥到极致，在工作中发现深层次的意义。"[一]企业的使命影响

[一] Bishop, Todd (2015). "Exclusive: Satya Nadella reveals Microsoft's new mission statement, sees 'tough choices' ahead". *GeekWire*, 25 June. [Online] Available from: http://www.geekwire.com/2015/exclusive-satya-nadella-reveals-microsofts-new-mission-statement-sees-more-tough-choices-ahead/.

着员工对工作的感受和工作方式，反过来注入日常文化中，进一步强化它。企业文化必须在深层次上与人们产生共鸣，这样才能激发人们的活力、工作欲望和动力，提醒他们为什么加入这家企业。微软公司新使命的真正伟大之处在于，它使事情"回归本源"，反映了比尔·盖茨第一次设想让每张桌子、每个家庭都有一台个人电脑时所表达出的兴奋感。

使命宣言示例

让全球人们更怡神畅快。不断激励人们乐观向上。让我们触及的一切更具非凡价值。——可口可乐

创造下一个工业时代，建设、变革、赋能和治愈全世界。——通用电气

阿迪达斯集团致力于成为全球体育用品行业领先者，饱含体育激情，创建运动人生！——阿迪达斯

赋予人分享的权力，让世界更开放互联。——Facebook

在成长的过程中坚守原则，将星巴克打造成为世界上最好的咖啡提供商。——星巴克

拥抱和放飞人类精神。——维珍集团

为顾客提供理想的场所和饮食方式。——麦当劳

在 TED 上的"创意推广"

你如何确定团队、部门或公司的使命？

参考第 4 章确定个人使命的方法。审视集体的优势、价值观和热情，这有助于你找到整个企业背后的真正"脉搏"。认真思考，并与关键的利益相关方（客户、员工、股东等）多多沟通。企业的优势、价值观和热情的交汇领域揭示了它存在的原因。根据研究结果来确立一个使命，向外界展现你们是谁、为什么在从事现在的工作。

第一步：了解团队或企业的优势是什么

你们最擅长做什么，或者在哪方面能取得最佳成果？如果你想在自己的领域取胜，一定要从优势入手，发挥自己的独特之处。

- 想想自己的商业优势，从你提供的产品开始。你卖的是什么？决定质量的因素有哪些？例如你的核心优势是物美价廉，还是炫酷的产品功能？
- 接下来看你提供的服务水平，包括安装、销售、运输、客户服务、组装、咨询、技术支持和退款保证等方面。尝试找出你真正擅长的方面。
- 你的手下人员有哪些优势？想一想你和每位同事承担的职责、工作规范和思维模式。他们对企业总体文化有什么贡献？
- 你手上有哪些资源（资金、技术、设备）可以帮助你开展工作和实现目标？

第二步：了解团队或企业的价值观是什么

价值观是一种积极的意图，它体现了人的内心，让你以有一旦确立了自己的崇高使命，你要将它记录下来，贴在显眼的位置并传阅。尽量让它容易被人看到，并融入员工的血液。口号要简洁清楚，这样才便于传播和记住，遵循KISS原则（Keep It Simple，Stupid——保持简单、直白）。使命要具体，这样才有利于目标的制定和跟进；同时，使命也要宽泛，不能有具体期限。同时，你要以透明的方式审查使命的完成情况，并公开庆祝所有进展。

6.3 庆祝成功

淡化内部竞争，奖励集体成果，让每个人都感觉自己为成功做出了贡献。花些时间庆祝阶段性成果，这对团队建设非常有利，还可以让员工感觉付出有了回报，自己不是无足轻重的小齿轮；在此过程中，领导者也能发现每个人有多重要，使所有人聚在一起回忆共同参与的项目或活动。你不必让人们凑在一处，花15分钟的时间开一瓶香槟庆祝胜利，你可以通过其他更有趣的方式奖励和表扬团队。也没必要太过隆重，主题装扮活动、家庭野餐或惊喜派对都是不错的方法，也能向员工表示感谢。如果团队取得了好的成绩，不要只给每个人发一封邮件表示"祝贺"。在任何人看来这都是一种拙劣的方法，只会让人感到泄气。要采取真实的行动来庆祝，做点什么！

在奖励个人的卓越成就时，要让整个团队都参与进来。不要把利润当作唯一的标准。记住，人们想从事一个有意义的事业，所以你的奖励标准不能仅仅是实现收入目标，还要包含其他关键绩效指标，例如卓越的客户服务、员工的创意、良好的健康和安全，甚至模范的出勤记录。奖励标准明确体现了公司所重视的方面。商业教练迈克·戈德曼（Mike Goldman）在创意十足的作品 *Performance Breakthrough* 中推荐了一种"超越使命"（Above and Beyond the Call of Duty，ABCD）的奖励方法。[⊖]它面向的是在本职工作之外为客户、同事或供应商提供了帮助的员工。组织内的任何人都可以提名，每个月召开一次全体会议，分享每个提名背后的故事。这对鼓励积极行为、提升团队士气的效果远远超过了颁发"月度最佳员工"奖；后者只会引发竞争、造成相互排挤。

共同享受乐趣

如果你想要打造一个更加积极的环境，在工作中培养幸福感，取得卓越的业绩，那么你需要认真起来——认真地让人们享受更大快乐！严肃的领导者往往禁止任何娱乐形式出现在工作场所，他们认为这些行为既浪费时间又无趣，只会让人们无暇顾及本职工作。然而，他们大错特错了。总的来说，那些鼓励人们放松的企业往往最能提高员工的效率。对员工来说，没有任何喘息机会的压抑的工作氛围会让工作的乐趣消失殆尽，将它变成一项充斥着没完没了的截止时间、会议和电子邮件的苦差事。领导者在工作场所举办娱乐、社交和庆祝活动，可以

[⊖] Goldman, Mike (2015). *Performance Breakthrough: The Four Secrets of Passionate Organizations*. Second edition. New York: Highpoint Executive Publishing.

营造一种家庭般的氛围，让员工从工作中感受到更大的意义，从而长久地效忠于企业。

鼓励开展社交聚会，让人们在工作之外有相互了解的机会，提升员工的归属感。休闲的社会活动提供了让你与团队打成一片的理想场合，可以让人们在放松的同时更容易破冰、建立人际关系，还能帮助团队更好地在未来的项目和计划中开展合作，提升整体幸福感。伦敦政治经济学院 2013 年的一项研究发现，与同事"交谈、聊天和交往"是唯一能产生与工作之外同等水平幸福感的活动。⊖我在微软公司掌管中东欧市场团队时，每个月都会举办一次午餐会。团队成员来自 25 个国家，人们会轮流介绍自己的国家。那是一段美好的时光，每个人都可以相互学习，感受团队中的多样文化。当你加入了一家跨国组织，提高文化意识对于参与更大合作和提升亲密感有很大好处。

对一些组织来说，聚会放得越开越好。搞怪的团队传统和主题日活动都体现了积极、有趣的职场文化。谷歌是积极文化的典范，它通过举办有趣的办公室竞赛活动来激励员工。看过电影《实习生》吗？大大小小的公司都能轻松地效仿谷歌的做法，给员工一些盼头。例如，你可以组织"装饰工位"比赛、烹饪比赛、卡拉 OK 比赛、恶搞视频挑战、拼字游戏、宾果游戏、乒乓球比赛、电竞比赛、废纸篓投篮比赛等——你应该能明白我的意思。你可以利用任何方式为组织增添乐趣，没有限

⊖ Bryson, Alex and MacKerron, George (2015). "Are you happy while you work?" CEP Discussion Paper No. 1187, *Centre for Economic Performance*, February. [Online] Available from: http://cep.lse.ac.uk/pubs/download/dp1187.pdf.

制。而且你可以为获胜者颁发一些小奖品，例如餐馆的储值卡。健身活动也非常受欢迎，可以让员工运动起来。在办公室放一张蹦床或迷你高尔夫球场，安排一个运动日，放一台任天堂游戏机，或者请一位瑜伽老师来现场指导、帮助员工缓解压力。你甚至可以组织"步行会议"，将工作与运动结合起来。⊖

⊖ Housh, Will (2015). "5 inexpensive ways to create a company culture like Google's". *Entrepreneur*, 22 January. [Online] Available from: http://www.entrepreneur.com/article/240172.

The Positive Leader
How Energy and
Happiness Fuel Top-Performing Teams

第 3 部分

积极的过程：精力管理
（"怎么做"）

CHAPTER 7
第 7 章
成功的奴隶
(倦怠与压力)

> 当我们腾出时间恢复体力、提高才智、思考问题和做出奉献时,业绩才会真正提升。这会为我免去很多不必要的压力、倦怠和疲惫。
>
> ——阿里安娜·赫芬顿(Arianna Huffington)
> 《赫芬顿邮报》联合创始人

你有没有过在周五晚上到来之前完全累倒的时候?无论是在单位、家庭还是社交生活中,我们每天都在拼命地给自己增加负担,压得自己透不过气。这种不断上升的紧迫感或许源于数字时代的飞速发展(发展的同时也带来了压力)。我们周围充斥着全天候、无休止、唾手可得的数据,通信的即时性(包括智能手机、即时聊天工具、社交网站和蓝牙等)对于我们管理时间的方式也产生了巨大影响。此外,再加上混乱不堪、不断变化的工作环境,我们无疑会感到有必要加快生活节奏,每时每刻

第 7 章
成功的奴隶（倦怠与压力）

地盯着"收件箱"。

对企业领导者来说，这种疯狂的生活方式可以带来很多好处。创意决策和创新的机会增加了，因为无穷无尽的信息提供了巨大的灵感源泉。以灵活的商业手段利用变革带来的机遇，有助于实现惊人的收入增长。但这种狂热的氛围显然还有另一面：急功近利和跟随潮流将迅速耗尽你的精力。结果会怎么样？你很快就会感到"倦怠"。

7.1 丧失精力

忙碌是现代生活的一个特征，没有任何企业领导者可以说自己没有压力。很显然，在如今这个"不成功便成仁"的经济形势下，CEO 和其他高层领导者的责任比以往更重大，但可用的时间越来越少。你要面临着截止时间的压力，还要在很多场合演讲；每个人都期待你帮助他们解答所有的问题，无论问题有多愚蠢。你随时都有大量工作要做，这会让你感觉精力被严重分散了。另外，每一个严重缺乏时间且失去平衡的领导者还要在前进的道路上应对各种挫折和障碍。事实上，作为领导者，你应该亲身体会过墨菲定律："看似会出错的事情就真的会出错。"人们往往期待组织创始人在某种程度上成为超人，却发现他们将事情变得更糟。因此，根据哈佛医学院的一项研究，96%的高层领导者都有一定程度的倦怠，1/3 的高层领导者表示极度倦怠[1]。倦怠（Burnout）在《韦氏词典》中的定义是"由于长时间的压力或挫折导致的体力、情绪或动力的衰竭"[2]。它包含以下常见的症状：

- 持续的疲劳——体力和情感精力较低。
- 焦虑——感到失控和无计可施。
- 对工作和同事关系的挫败感提升。
- 睡眠不好。
- 身体不适——头痛、肠胃问题、皮肤问题等。
- 难以集中精力。
- 易怒。
- （对工作和生活）失去愉悦感。
- 经常有悲观的想法和负面情绪。
- 工作效率和业绩下降。
- 对烟酒、咖啡因和药物的依赖增加。
- 食欲减退或增加。

对高层领导者来说，问题不仅在于生活的"节奏"，还在于它的"重量"。职位的要求最终会将你推得远远超出你的能力范围，让你至少整天都感觉疲惫、精力不足，或者随着时间的推移，压力会越来越大，导致你害怕每天早上起床。当你过度劳

---

[1] Kwoh, Leslie (2013). "When the CEO burns out". *The Wall Street Journal*, 7 May. [Online] Available from: http://www.wsj.com/articles/SB10001424127887323687604578469124008524696.

[2] "Definition of 'Burnout'", http://www.merriam-webster.com/dictionary/burnout.

累到了筋疲力尽的地步，就会感到无助、充满怨恨、困顿甚至彻底崩溃，仿佛站在悬崖边上，马上就要掉下去。

普遍的倦怠

在过去的 20 年里，感到极度疲惫和倦怠的人数一直在增加，其中不仅包括那些承担领导职责的人——倦怠已经成为各阶层劳动者的普遍问题。2015 年 4 月，YouGov 公司（受维珍公司委托）开展的一项调查结果公之于众。该调查的目的是探索压力、焦虑和倦怠对英国员工的影响：

> **YouGov 调查结果：英国员工的压力有多大？**⊖
>
> 超过一半（51%）的英国全职员工表示自己在当前的工作中感受过倦怠或焦虑。
>
> 这个数字在男性和女性，以及大多数年龄组的员工中是一致的，但 55 岁以上的员工除外，他们中只有 1/3 的人表示自己在工作中经历过上述情况。
>
> 不到 1/3（32%）的兼职员工表示自己经历过这些情况（这印证了灵活安排工作、实现工作与生活平衡的主张）。

为了应付上司的要求，人们往往会通过延长工作时间、付

⊖ Preston, Jack (2015). "Infographic: How stressed are UK employees?" *Virgin*, April. [Online] Available from: https://www.virgin.com/disruptors/infographic-how-stressed-are-uk-employees.

出更多努力来营造一种"出勤"的表象，表明自己"胜任工作"，但是这牺牲了自己的身体和精神健康。当员工的敬业度和健康状况成了企业的圣杯⊖时，情况就很糟糕了。员工的倦怠对个人和企业都是有害的，因为长时间殚精竭虑的人的工作效率会下降，而且更容易生病和出错。但凡有点头脑的员工都会立刻投奔拥有更加健康的工作环境的企业。

时间是不可再生的，但精力可以

当被问到导致自己倦怠的主要原因时，大多数人都会表示对时间的需求是罪魁祸首。不可否认的是，用更多时间应对源源不断的工作只会造成更多身体和情绪上的疲惫。我们试图通过经典的"时间管理"方法来控制压力——精心安排一天的时间，使用日程和待办事项等工具，在手机上设置提醒——以为只要能挤出更多时间，工作效率就会更高（压力或许也能减轻）。然而，这种观点忽略了对所有人都能产生影响的重要因素。避免倦怠的关键不是我们如何管理时间，而是如何管理精力。毕竟，如果我们一整天的时间都被无数的任务塞满，而且大多数是机械劳动；或者当我们延长工作时间，在累垮之前耗尽最后一点精力，我们又能有多高效和快乐呢？想想以下场景：

- 你有一项紧急的任务，但是你一整天都被大量琐事分散了精力（回复邮件、修改文件等）。随着时间的流逝，你感觉压力重重——最后期限逐渐逼近，你却没有任何进

⊖ 原文用的是 Holy Grail，原意为圣杯，现在常被用来比作"努力想得到却永远无法得到的东西"。——编辑注

第 7 章
成功的奴隶（倦怠与压力）

展。你陷入了极度恐慌，手忙脚乱地赶着在截止时间之前完成工作。

- 你做好了晚上与爱人或家人共进晚餐的计划，并热切地期待着与他们一起度过温暖的时光。你将白天的工作安排得非常满，为了不至于在夜晚来临时被堆在桌子上未完成的工作所困扰，能放松一下。但是当你坐下来用餐时发现自己太疲惫了，无论你有多么期待，你都无法真正享受这个特别的时刻。

- 你留出一整天的时间来做一个项目，打算花 10 ~ 12 小时的时间，并尽量提高效率。工作开始得很顺利，但是随着时间的推移，你开始感到疲惫和焦虑，无法集中精力。工作质量一落千丈，回家后你不仅感到筋疲力尽、烦躁不安，而且对自己没有实现预期目标而感到失望。这太扫兴了。

你或许在想："那又怎么样？这对我来说只是个正常的工作日而已。"全天不停地卖力工作的文化主导着整个商业领域，而这种紧张的体验只是工作中不可或缺的一部分。老实说，你可能会为自己加班时间长，或者在不休息的前提下快速完成当天的任务感到骄傲。这种想法的核心问题在于，时间是有限的资源，但是我们试图给自己施加无限的要求来管理它。将所有时间都填满意味着工作时间永远不会结束，你没有机会锻炼身体或享受个人生活。人们很容易被卷入一连串充满压力的活动，我们习惯了这种骚扰，却没意识到它对我们的健康和工作质量产生了多大损害。我们不觉得日常工作中的小压力与生活中的其他"巨大的压力因素"一样，包括生病、搬家、新工作、晋升、裁员、离婚或生孩子等。然而所有的研究都表明，这些日常工作中的小压力才是"压倒骆驼的最后一根稻草"。⊖在我们意识到这一点之前，没完没了的截止期限和工作要求已经将我们的精力全部耗尽。"我能应付"的工作态度只会让我们更加偏离正轨。

以减少睡眠或忽略家人为代价来挤出更多时间显然不是解决办法，我们应该专注于管理自己的精力。每个人每天都只有24个小时，但精力是可再生的；你不能控制时间的数量，但是可以控制自己的精力水平。精力管理（相对于时间管理）不仅可以改变你的工作习惯，还有助于提高生活质量。

绩效、健康和幸福感都以有效管理精力为基础。

——吉姆·洛尔（Jim Loehr）和托尼·施瓦茨（Tony Schwartz），绩效心理学家

吉姆·洛尔和托尼·施瓦茨在非常有影响力的作品《精力管理》中指出，人们往往看不到精力对于工作和个人生活的重要性。⊜他们根据自己与世界级运动员打交道的经验，探索了人们管理精力的方式，并提出了精力的四大来源：体力、智力、情绪和精神。通过认真管理日常精力的数量和质量，我们可以

⊖ Borg, James (2010). *Mind power: Change Your Thinking, Change Your Life*. Harlow: Pearson.
⊜ Loehr, Jim and Schwartz, Tony (2003). *The Power of Full Engagement: Managing Energy, Not Time, Is the Key to High Performance and Personal Renewal*. New York: Simon & Schuster.

重新振作起来，装满自己的"精力罐"，以免将其耗尽。

洛尔和施瓦茨选择了企业领导者作为研究重点，这并非巧合。大多数领导者的生活节奏太快，他们忘记了什么才是最重要的——无论是在工作中还是在个人生活中。他们始终处于危机模式，受到肾上腺素的刺激，试图用最少的时间来恢复精力。这只能做到生存下来，但不能实现卓越。其中的悖论在于，卓越的领导者会自行承担更多工作，无论是自己主动的，还是由于其他人认可自己的价值而去承担的。成功人士（尤其是企业家）很容易患上所谓的"机会癫狂"（Opportunity Madness）——即使在自己已经耗尽精力时，仍然不断地创造或参与看起来很诱人但更加耗时的新项目。[一]当领导者感到倦怠时，他们的精力、热情和想象力就会受损，这种状态会像病毒一样在工作场所疯狂蔓延，造成极大的危害；相反，精力充沛、积极向上的领导者会激发周围的人做出更大贡献。

7.2　压力的限度在哪里

压力无处不在。即使我们自己没有压力，也会听到其他人（同事、朋友或爱人）表示自己有压力，"这次办公室调整，工作压力太大了"或者"我马上就要考试了，压力好大"。我们对"压力"这个词非常熟悉，当它出现在报刊文章，或者电视

[一] Patterson, Jerry, L. and Kelleher, Paul (2005). *Resilient School Leaders: Strategies for Turning Adversity into Achievement*. Association for Supervision & Curriculum Development.

和广播中时,我们往往不以为然。压力与现代世界如影随形,后者对于人类的时间、技术和经济的要求比以往任何时候都高。但是我们对压力有多少了解呢?

你或许不知道,稍有压力对你来说是有好处的。短期压力是一种信号,表示你将自己的心理能力推向了极限,可以刺激肾上腺素分泌,从而提高你的表现和记忆力。压力会让你朝着目标前进,增强挑战感和成就感。下面我们将心理压力与身体压力做个对比,以便更好地了解。你在健身房锻炼时,目的是将自己的身体推出舒适区,将它推向安全范围内(在垮掉之前)的极限。因此,经过一段时间的休息和恢复,你的身体会变得更加强壮和健康。同样的道理也适用于头脑:在舒适区以外锻炼它,给它施加压力,有助于提高它的能力,当然也要给它适当的休息时间。⊖这就是我经常说的积极压力,它不是你需要担心的问题。这种程度的压力可以帮你在发表重要演讲时保持专注,在面对紧急任务时激励你采取行动,因此对于领导者处理任何工作都很有用。

相反,消极压力指的是你给自己施加的压力超出了健康水平。你产生了失控的感觉,或者无法应对某种情形,因此将积极的追求变成了消极的体验,导致皮质醇激素水平飙升。我们可以接受偶尔出现这种情况,而一旦它成为生活的常态,我们就知道自己出现了问题。没有人能永远处于高度戒备状态。长期的过度压力和不堪重负会将我们推向极限,产生所谓的慢性

⊖ Mind Gym (2005). *The Mind Gym: Wake Your Mind Up*. London: Time Warner.

压力——这是走向倦怠的迹象。大量研究表明,这种有害的压力在职场仍然很普遍。最近的一个例子是,绩效心理学公司Star Consultancy 在 2015 年对 600 名英国雇员展开的调查(见图 7-1)。㊀

- 在一年的 240 个工作日里,员工平均有 84 天感到"有压力、焦虑和担忧"。
- 28% 的调查对象表示自己每周有两次感到"有压力、焦虑和担忧"。
- 62% 的调查对象表示压力是阻碍自己发挥能力的首要因素。
- 大多数员工表示工作量的增加和截止期限是造成压力的原因。
- 只有 6% 的调查对象将自己的压力和焦虑问题汇报给上司。

图 7-1 职场压力的一些数据

如果员工普遍有过这种经历,你可以想象这对企业领导者来说有多糟糕。事实上,88% 的领导者表示,工作是生活压力的主要来源,领导职责进一步增加了压力。㊁消减预算、裁员、残酷的竞争和对未来的担忧对高管产生了严重的影响。手下管理着一群同样有压力的人只会加剧这个问题。人们很容易将超

㊀ PM Editorial (2015). "Chronic stress dominates a third of UK working life, says research". *CIPD*, 8 January. [Online] Available from: http://www.cipd.co.uk/pm/peoplemanagement/b/weblog/archive/2015/01/08/chronic-stress-dominates-a-third-of-uk-working-life-says-research.aspx.

㊁ Campbell, Michael, Baltes, Jessica I., Martin, André and Meddings, Kylie (2007). "The stress of leadership". *Center for Creative Leadership* (*CCL*), White Paper. [Online] Available from: http://insights.ccl.org/wp-content/uploads/2015/04/StressofLeadership.pdf.

负荷工作视为成功的标志。睡眠不足与咖啡因上瘾就像是挂在身上的荣誉勋章,象征着你对工作的奉献。但无论你每天喝多少咖啡或者睡得有多少,业绩都不会因此而提升。事实上,情况只会更糟。研究表明,如果你连续一周每晚只睡 4~5 个小时,你的认知能力将受到损害,相当于血液酒精浓度达 0.1% 的水平。也就是说,你这时的思考能力相当于醉酒状态下的思考能力!总的来说,职场的高度压力将导致:[1]

- 糟糕的决策。
- 业绩和工作效率降低。
- 更容易出错,导致顾客投诉增加。
- 生病和缺勤增加。
- 失去工作动力。
- 员工流失率高。
- 糟糕的员工间关系。

鉴于这些严重的后果,你有必要认真关注自己和员工的压力水平。

如何理解压力

压力是个人的事。每个人对压力的理解有所差异。天性使然,有些人更容易产生压力,甚至每天都会有压力;其他人则有更高的压力门槛,他们可以泰然自若地应对紧急情况。一个

---

[1] The University of Edinburgh (2012). "Work related stress – Information for managers/supervisors". Health & Safety Department, 29 February.

人眼中的积极压力可能会将另一个人彻底压垮。有时，这取决于他们是否认为自己有能力来满足特定的需求。举个例子，你的同事要为高管制作一张商业数据表，如果他不会使用 Excel，他就会感到很恐慌："我从来没做过这个。"但对热爱整理数据的人来说，这可能是一项激动人心的挑战。同样，如果你害怕公开演讲，那么在区域总监会议上发言可能会让你吓出一身冷汗，特别是如果你原本已经有很多事要做。但是如果你喜欢演讲，而且沟通是你的强项，你就会为得到发言的机会而自豪，你对事件的解读也会更加积极。如今大多数工作都有截止期限，所以缺乏组织能力或不善于管理时间的人可能会产生一定的压力。[1]决定压力水平的主要因素可能不在于外界环境，而是你内在的想法。问题或许不是任务带来的压力，而是你对于它的看法，将它变成压力的是你的心理活动。

很少有压力是由单一的要素触发的。它就像雪球一样冲过来，你的头脑和身体都跟不上它的速度。焦虑警报一直在响，你却没办法关掉它。有时候，一件微不足道的小事——落在你面对的所有事情之上，就会让你陷入压力状态。[2]压力的螺旋式上升意味着工作上的一点小挫折回到家里就会被放大——小土丘变成大山，小争吵变成深仇大恨。在任何情况下，当人们感觉得不到支持或对工作失去了控制时，压力就会更大。如果你想尽早把压力消灭在萌芽状态，了解它的触发因素是很有必要的。

---

[1] Rowan, Sophie (2008). *Happy at Work: Ten Steps to Ultimate Job Satisfaction*. Harlow: Pearson.
[2] Borg, James (2010). *Mind Power: Change Your Thinking, Change Your Life*. Harlow: Pearson.

> **常见的压力触发因素**[1]
>
> （1）要求：超负荷或低负荷工作；期望过高；没有规律的倒班和轮岗；工作环境或条件（设施、办公楼较破旧，或者具有危险因素）较差；缺少时间；缺乏完成工作的知识或技能。
>
> （2）控制：缺乏投入和工作自主性或决策权；专制的、"命令和控制"管理风格；沟通体系不完善；对业绩目标缺乏影响力。
>
> （3）人际关系：不良的工作关系；与同事和领导的冲突；歧视性的人际关系和工作实践；骚扰和欺凌；领导缺乏领导力；同事间相互排挤。
>
> （4）变化：对变化缺乏有效沟通和管理；工作不安全感；未来可能面临工作变动。
>
> （5）角色：工作设计与职业不匹配；目标不明确；工作内容枯燥或重复性强；职责不明确；角色冲突。
>
> （6）支持：缺乏同事的支持；培训或资源不足；对错误缺乏容忍；缺少认可或反馈；工作—生活平衡难以掌控。

接受压力测试

那么，我们如何知道自己是否承受着过度的消极压力呢？

---

[1] Adapted from: "Causes of stress". *Health & Safety Executive*. [Online] Available from: http://www.hse.gov.uk/stress/furtheradvice/causesofstress.htm.

第 7 章
成功的奴隶（倦怠与压力）

最好的方法是自我反思。客观地审视自己，就像对待一个可能处于倦怠边缘的你所关心的人一样，坦诚地评估自己。找到你信任的人，问问他们认为你有多大压力。如果你还是不确定，可以接受下面的压力测试。㊀

练习 7-1 压力测试

从表 7-1 中勾选出最符合你的情况的数字。

表 7-1 压力测试量表

压力测试	几乎一直	经常	偶尔	几乎从不
1. 我一整天都感觉毫无条理、缺乏准备	4	3	2	1
2. 我总是在匆忙赶工	4	3	2	1
3. 我很难挤出时间参加有趣的活动	4	3	2	1
4. 当我开会迟到时，我会感到沮丧或焦虑	4	3	2	1
5. 临近截止期限时我会有些慌张	4	3	2	1
6. 我睡眠不好（例如半夜经常醒，或者睡眠不足）	4	3	2	1
7. 我觉得自己承担的工作量超出了能力范围	4	3	2	1

㊀ Adapted from: Stress Management Society. "How vulnerable are you to stress?" [Online] Available from: http://www.stress.org.uk/stresstest.aspx.

(续)

压力测试	几乎一直	经常	偶尔	几乎从不
8. 我感觉自己很难掌控一天的进展	4	3	2	1
9. 我会延迟午休，或者干脆放弃	4	3	2	1
10. 一天的工作完成后，我会感觉很疲惫	4	3	2	1
11. 当我处理不好事情的时候，我会藏在心里	4	3	2	1
12. 我一天中大部分时间都会感觉头疼或疲倦	4	3	2	1

诚实、准确地回答每一个问题，然后将结果加起来，算出一个总分，再参考表 7-2：

表 7-2 压力测试总分说明

12 ~ 24 分	25 ~ 35 分	36 ~ 48 分
恭喜你，你处于安全区域！虽然你可能仍然会承受一些消极压力，但它没有成为你生活的常态，不太可能对你的身心健康产生影响。但是你还有进步的空间，继续阅读本书第 3 部分，了解如何妥善管理精力，将健康水平和工作效率提升到最理想的状态	虽然警钟还没有响起，但这个结果表明，你或许时常产生消极压力。如果你不采取措施，你就会更多感受到持续的压力，同时会出现严重的无力感。通过主动地制订精力管理计划，你不仅能预防这种结果，还可以转移到健康和幸福水平更高的安全区	警示灯闪起来了！这个结果表明你处于危险区，消极压力成了你生活的常态，可能每天都会影响你。如果没有采取应急措施，你很有可能感到倦怠。你必须学会有效地管理精力，彻底改变生活方式，这样才能重新掌控自己的生活

第 7 章
成功的奴隶（倦怠与压力）

领导者是否幸福和成功，最大的区别不在于他们是否承受着压力，而在于他们如何应对压力。与其借酒浇愁或依赖咖啡因来维持生活，不如通过精力管理来重新克服压力，学习有效的应对方法。第 8 章和第 9 章介绍的基于精力的有效方法可以帮助你克服压力。

7.3 克服压力

在当今社会中，感到压力、倦怠或沮丧常常被视作弱点，这令人既担忧又悲伤。有些领导者觉得，承认自己有任何形式的疲劳或超负荷工作，就等于宣告自己不适合担任这样一个充满压力的关键职位。如果表示自己状态不佳，就不符合自己的性格，或者表现得不像领导者。然而，承认自己正在遭受痛苦、需要帮助，这远远不是弱点，正相反，只有强大的人才能做到。如果你遇到一个业务方面的问题，你会直接忽略它，任由它自生自灭吗？不会——你会直面这个问题，明确它的具体内容和起因是什么。接下来，你会寻找潜在的解决方案，并全身心地投入行动。那么面对个人问题时有什么不同呢？至于精神问题带来的羞耻感，值得注意的是，全球一些伟大的思想家和领导者都经历过艰难的时期，但是他们都能克服，并继续追求更大的成功。

> **从哈佛到精神病院，又再次站起来**
>
> 　　2011年，我开始出现了人们所谓的"精神崩溃"，但我一开始并没有意识到。那时，我刚结束与哈佛教授的合作（在医疗、国防和安全等领域应用信息技术），从美国回到欧洲。令人意外的是，我的第一个症状是严重的胃痛，当年10月底让我住进了医院。医生做了各种各样的检查，但找不到任何问题——我的身体很健壮，尽管算不上完全健康。但在接下来的两个月，我的健康状况迅速恶化。我的体重轻了20公斤，工作动力和自信也随之消失了。我无法与任何人交谈或写信——我与世界脱节了。我整天无精打采地躺着，起床做任何事情都没有力气。我几乎走不了路，就是这么虚弱。到了12月底，情况变得非常糟糕，我妻子建议我去精神病院。看不到希望的我最终接受了她的建议。当时我的女儿克里斯蒂娜只有15岁。
>
> 　　我的一个朋友，一位知名的心理医生来医院探望我，诊断我患有临床抑郁症。当时这对我来说太突然了，但我后来意识到，年复一年的工作压力及工作与生活的冲突导致了这个结果。我不得不认真反思自己的生活方式。与很多领导者一样，我常常为了工作殚精竭虑，不计后果。我总想证明自己，加上一直在出差，没有休息和恢复的时间，最终耗尽了全部精力。我逐渐感到麻木，失去了以往的所有热情。例如，我

第 7 章
成功的奴隶（倦怠与压力）

过去喜欢与人打交道，擅长沟通与合作，但是在我患上抑郁症之后，我发现回复邮件这种简单的小事也令人疲惫。睡觉和整天躺在床上都无法让我恢复精力。这不仅对我来说是非常不愉快的经历，对我的家人、朋友和同事来说也是一种痛苦。我被自己的成功所困，在生活中找不到任何意义。

医生们都很优秀，也竭尽全力地帮助我。在最初的治疗中，他们给我开了一些抗抑郁药，但可惜对我不起作用。他们又换了一种药物，可是我的病情仍然没有好转。这时，我开始想到了死。这个想法让我感到安慰，但它预示着一种凄凉的结局。我的眼前一片黑暗：到处都是黑猫和黑车。我早上起来，感到一整天会越来越糟糕。唯一让我支撑下来的是睡着以后的短暂逃避。我的绝望感不断加深，精神科医生甚至建议我考虑电击疗法，但是我拒绝了。虽然我感觉自己已经跌入了谷底，但仍然下不了接受电击的决心。

幸运的是，在服用了第三种抗抑郁药之后，我的病情开始好转，生活终于恢复了光明——你看到我现在的状况应该已经猜到了。我非常感谢精神病院的医生和其他工作人员，是他们在我人生最黑暗的时期无微不至地照顾我。

2012年3月底，在我住进精神病院几个月后，我的抑郁症有所缓解，我感觉自己已经准备好回去工作了（即使还提不起热情）。医生同意我出院，我开始做一些文书工作，偶尔看看电视。六个月来，当我第一次打开电脑时，我收到了7000多封邮件！这时我突然想："天呐，我得做点什么了！"我就像一台电脑一样被重启。我开始逐个回复邮件，两周之内感觉好多了。最终，我回到了微软公司，但从来没有真正感觉事情恢复到了"正常状态"。我不禁反思自己为什么会患上这种病。后来，朋友帮我联系上一位从事整体医学工作的医生。他针对我的生活提了很多其他医生都不会提的问题，例如我跑步是否会计时。他甚至问我："顺便问一下，您的母亲是老师吗？"是的！正是我妈妈教我用打分的方式来衡量自己的成就。医生给出了结论："从你4岁开始，你人生中唯一重要的东西就是成绩。"在那一刻，我的脑中灵光一闪。我的整个世界都建立在物质成功的基础上，但是很显然，生活远不止于此。我必须改变现状，否则我的抑郁症就会复发。成功是幸福感的一种副作用，所以多一点也没关系。但是就像过分的美德也会变成罪恶一样，成功与毒品一样，一旦你被它所控制，你的生活就会被毁掉。

后来，有人推荐给我一位专业的教练，帮助我改变了生活的方方面面，甚至包括饮食和健身习惯。我开始吃更多的蔬菜和鱼，减少糖的摄入（很长时间里

第 7 章
成功的奴隶（倦怠与压力）

> 我都吃太多糖）。我一直坚持锻炼，但是现在转向了更为平静的运动方式，比如练太极。
>
> 说来奇怪，我竟然通过改变饮食和健身习惯来恢复精神上的健康，但事实就是如此。恢复到健康状态需要妥善管理多方面的精力，包括体力、智力和精神等，而不仅仅是其中的一两个方面。良好的健康的本质是你的各个方面都处于积极的和谐状态。

疗愈之路

虽然对抗倦怠、压力和抑郁的最好方法是以积极的态度和良好的精力管理主动出击，但如果为时已晚，你已经跌落到谷底了该怎么办？人们的第一反应是向绝望屈服，在这种情形下，这是很自然的。但是改变生活的力量仍然掌握在你自己的手中：你只需明白如何使用它。在我陷入抑郁之前，我虽然取得了一些难以想象的成就，但我一直以为自己到未来的某个时候会感到幸福。我从未享受过当下的幸福。这次生病的经历给我最大的教训是，幸福不是一个固定点。它不是你可以明确判断的具体情绪或时刻。因此，被动地等待和希望幸福到来是行不通的——它只会一次次逃走，藏在未来的某个角落。我们所能做的最好的就是找到生活中一切能带来更多快乐、意义和满足感的因素，随时照顾好自己，不能等到出现问题时才开始行动。

这一点在今天这个快节奏的商业世界中尤其重要。长时间工作的生活方式已经成为一种"新的现实"，人们以为只要成功就必须这样做。但是它让我们垮掉了。很多专业人士都在拼命向前跑，马不停蹄地跑向成功，却违背了自然规律。穴居人会在一段时间内集中打猎，然后休息，循环往复。今天，我们一刻不停地在追求结果，却不知道自己为什么感到倦怠，为什么会抑郁甚至心脏病发作！所有专业运动员在各自的项目中都遵循穴居人的生活方式。对他们来说，恢复体力是最重要的。例如，职业网球运动员只有20%的时间参加比赛，在这期间他们会将自己推到极限。其余80%的时间，他们都在训练、提高反应能力、大量休息和补充营养，为下一场比赛积蓄体力。与他们相比，很多"企业运动员"每周在压力的环境中工作50多个小时，要做出大量关系到组织发展的决策并采取行动，但是得不到充分的休息。而且不像职业运动员那样，有教练、理疗师和健身计划来维持他们的水平，企业高层领导者或许只有私人助理帮助他们管理日程安排。他们没有合理的体系来恢复自己的体力和认知能力，提醒自己好好吃饭、休息和学习新知识，从而保持巅峰状态。但是如果领导者想取得顶级运动员那样的成绩，他们也必须效仿顶级运动员的行为。领导者要更好地照顾自己，实现生活的平衡，只有这样才能在需要表现的时候让人眼前一亮。

克服压力的方法

没有人能比你更好地照顾你自己的身体。你可以采取各种各样的方法克服精神和情绪压力，过上幸福而平衡的生活。或许在你看来，幸福遥不可及，但其实它比你想象中要近得多，

第 7 章
成功的奴隶（倦怠与压力）

至少你可以减少自己的消极情绪和降低焦虑感。我想举几个例子来证明自己如何克服抑郁，成了更强大的人。希望以下几种克服压力的方法也能使你受益。

控制你的想法

我们往往以狭隘的思维去看待现实。心理学教授蒂姆·威尔逊（Tim Wilson）指出，大脑每秒钟会接收 1100 万比特的信息，但意识每秒钟只能处理 40 比特。[一]这意味着我们的思维在很大程度上被过滤了。如果你一直关注局势、你自己、其他人和未来的消极方面，消极的情绪会逐渐渗透到你的大脑中，使你处于抑郁或焦虑的状态。悲伤的想法会让你感到悲伤；愤怒的想法会使你愤怒。所以很显然，改变感受的最快方式是改变思维。

你应该主动地克制消极的想法，获得积极的想法。举个例子，你可以将自己的消极想法记在日记里，看看自己产生了多少无益的想法，以及哪些因素触发了它们。然后回顾每一种想法，问问自己它是否合理。激励自己用更加真实、有用和积极的想法来取代它。如果你想的是：

"我没能赢得那个大客户，我真是个彻头彻尾的废物。我就别想着能当上销售经理了。"

那么，你可以换成这种想法：

"没能赢得那个客户，我有点失望。我并非不擅长自己的工

[一] Wilson, Timothy D. (2002). *Strangers to Ourselves: Discovering the Adaptive Unconscious.* Boston: Harvard University Press.

作，也取得过一些不错的成绩。我还有很多其他机会来证明自己配得上销售经理的职位。"

也可以想一想，你会对处于同样情形的人说什么。像这样改变想法会让你的心情也随之改变，帮助你消除获得幸福感的障碍。把改变想法想象成一个切换黑暗与光明的开关。

做好接受变化的准备

生活中唯一不变的就是变化。如果你不能接受变化，就很难生存。有时候，我们的生活会被突然发生的剧烈变化所吞噬，这会让我们感到不知所措、惶恐不安。即使是意想不到的小变动也有可能让我们措手不及。你要学会接受变化，甚至发自内心地欢迎它，这将有利于你实现内心的平静与个人成长。以下是几点建议：

- 保持冷静，继续前进。虽然你生活的某个方面可能会发生剧烈变化，但你一定不要让它影响到其他方面。如果你喜欢在周日去公园慢跑，或者每周五跟家人一起出去吃饭，不要因为搬到了新的城市或者有了新的职位而改变这个习惯。你越坚持以往的生活习惯，这种变化给你造成的压力就越小。
- 承认你的想法和感受。接受变化的发生，使用正念减压法来吸收它，不要与它对抗。通过了解自己的想法和感受，你可以在所有压力中实现平静的状态。与其他人交谈也会有帮助，最好是与一起经历变化的人，例如同事或家人。尽量不要让自己陷入否认和抗拒的孤独境地。
- 看到积极的方面。环境的变化不一定是"你必须要处理"的事情。通过关注变化的积极方面,你可以将它作为内在成长和自我发展的机会。接受变化带来的新知识,同时别忘了自己的远大目标。一个意想不到的变化可以呈现出你从未想过的令人激动的新前景,给你带来更好的结果。
- 给自己一些时间。变化是需要时间适应的。你现在可能感到紧张,但不要因此而垮掉——这通常只是一个暂时的阶段,你会很快适应新情况。在这个"适应期"里,你可以给自己放个小假,或者做一些平时不常做的有趣的活动,以奖励自己的良好表现。

摆脱物质的束缚

很多人对金钱、财产、头衔或汽车等东西太过着迷,让自己被这些东西牢牢束缚住。他们忘记了生活的意义,一味地追求工作和财富。当然,享受生活中的美好事物并没有错,尤其如果我们付出了巨大努力才得到它们;但过分执着、用这些物质来定义自己是非常危险的。一旦我们失去了宝贵的财富,我们的幸福感就会受到影响。学会控制自己的想法,活在"当下"、接受变化,从而摆脱物质的束缚,在生活中找到更大的意义——享受存在的本质。

笑是最好的良药

这个道理再简单明了不过了。人们,尤其是承受巨大压力的大公司老板，在忙碌的生活中很少有时间进行娱乐和享受欢笑。然而，放声大笑、保持幽默感是在黑暗时期缓解压力、放松心情的最好方式之一。笑除了对健康有（很多）好处，保持幽默感还可以让你对生活中的艰难泰然处之，正确看待事情，也提供了建立人际关系的良好方式。并非每件事都需要一直认真对待，所以不要害怕偶尔嘲笑自己。你甚至可以参加大笑培训班，或者在组织内开展大笑培训，恢复组织的活力。伟大的领导者能在非常严肃的问题中看到有趣的一面。想想美国前总统奥巴马做过的一些非常有影响力的演讲。谷歌公司甚至有位工程师的头衔是"快乐的小伙"，他的任务是解决人们的不快乐。⊖这多有趣啊！

⊖ Bort, Julie (2015). "This Google engineer's title is 'Jolly Good Fellow' and he's solving unhappiness and war". *Tech Insider*, 18 September. [Online] Available from: http://www.techinsider.io/google-jollygood-fellow-chade-meng-tan-2015-9.

CHAPTER 8
第 8 章
如何成为首席精力官

> 所有一切都是精力，仅此而已……别无他法。
> 这不是哲学，而是物理学。
>
> ——阿尔伯特·爱因斯坦
> 诺贝尔奖得主、物理学家

"生活是一场马拉松，不是短跑冲刺。"这句话你听过多少次了？或许你已经听腻了，再也不想听到它了！"我们应该放慢生活的脚步，而不是不断加速"，这个说法显然是正确的，但它不能代表全部。生活（以及领导力的发挥过程）的确是一场马拉松，但它包含一系列短跑冲刺。与其保持稳定的速度以保持长久耐力，不如将大的活动分解开，在每个小部分全力以赴地冲刺。每一次冲刺结束时，你可以停下来休息一下，补充能量，然后再冲刺，同时一直牢记终点线的位置。你需要通过这种办法来释放全部的潜能，确保自己和团队不断冲击更高的目标。

在这一章中，我们将探讨如何将你培养成一名CEO。不是你所熟悉的那种 CEO（首席执行官），而是另一种 CEO——首席精力官。这意味着你要学会管理自己和团队的精力，从而在工作中发挥最大的效能。关于精力管理，你可以进行战略性休息、采取主动（而非被动）应对并尽量减少数字干扰。你也可以通过创造良好的工作环境，鼓励每个人维持高水平的精力（包括体力、智力、情绪和精神四个方面）来为团队注入更大的热情。

8.1 精力管理的科学

如果阿尔伯特·爱因斯坦本人暗示过精力背后有一门科学，我们很难反驳。几乎没有人真正了解精力是如何发挥作用的，可能是因为我们认为它不值得思考。相反，我们会想当然地以为提高工作效率的最好办法是尽量长时间伏案工作，同时处理很多事情。根据欧盟统计局 2015 年的数据，英国人的工作时长在欧洲排第 5 名，甚至超过了法国（第 13 名）和德国（第 25 名）。但是市场研究公司 YouGov 报告称，英国人每小时的产出实际上远远低于这些国家。⊖ "忙碌"不一定等同于高效。通常情况下，我们只是将自己的精力分散并逐渐耗尽。更好的理解是，"在一系列冲刺中跑完马拉松"是管理精力的最佳方式，它会带来很多好处：

- 对消极压力、疲劳、倦怠和抑郁的敏感性较低。
- 有更多时间用于规划、准备和反思。

⊖ Dahlgreen, Will (2015). "A seven hour working day is 'most productive'". *YouGov*, 14 October. [Online] Available from: https://yougov.co.uk/news/2015/10/14/british-people-say-7-hour-work-daymost-productive/.

- 工作热情和敬业度提高。
- 工作效率提高。

我们都知道，下班后有质量的休息和放松有助于我们在第二天表现得更好，那么我们在一天之内，甚至在工作时间花些时间来恢复精力会怎么样呢？对于一般的领导者来说，这个做法似乎不切实际，而且难以管理，但是绩效心理学家托尼·施瓦茨不这么想。他指出，如果人们在工作期间没有多次休息，他们就会保存体力，确保自己能坚持到下一次休息而不至于累垮，就像在跑马拉松一样。他认为，这意味着员工在工作期间只发挥了25%的潜能；而他们在身体的自然警觉度最高的时刻，可能获得高达90%的产出。压抑自己只会损害我们的潜能，所以我们需要在高强度产出的期间让自己好好休息一下。当我们知道马上就能休息，而不用等到漫长的一天结束时，就更有可能提高效率。马拉松运动员如果一味强迫自己而没有任何休息，就很容易"走神"，过早地忘记终点线。有规律地进行多次冲刺有助于我们在一路上不断挑战、激励和鼓舞自己。

如何理解精力

我们的个人精力是衡量自己在特定时刻是否感觉强大、精神焕发、动力十足的标准。[⊖]如果精力水平高，我们就会取得很

⊖ Stack, Laura, M. (2005). "Maintaining the energy you need to be productive". *Leave the Office Earlier*. The Productivity Pro, December, No. 79. [Online] Available from: http://www.theproductivitypro.com/newsletters/num79December2005.htm.

好的成果；而如果精力不足，我们的工作效率就会直线下降。就这么简单。但有一点不太容易做到：我们要时刻关注自己的"燃油表"，在表针指向零之前及时采取行动。

首先，我们要如何辨别身体精力水平达到了巅峰？很多人会根据自身标准进行判断——我们知道自己什么时候感觉累了，或者什么时候充满动力、准备行动，虽然我们不知道原因。问题在于，我们经常忽略这些信号，不管身体状态如何，仍然保持正常工作。我们喜欢想象自己是机器，以线性的方式工作，但我们实际上是有机体，以周期性的方式活动。如果想得到最佳表现，我们就需要顺应身体的自然规律。心理生理学家佩雷兹·拉维（Peretz Lavie）提出了"亚昼夜节律"（Ultradian Rhythms）理论（见图8-1）。⊖

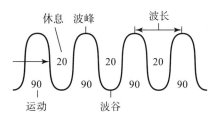

图 8-1　亚昼夜节律

拉维通过一系列实验研究了人们一整天出现"困倦"状态的模式，并在 1995 年的一份美军报告中介绍了研究结果。他发

⊖ Lavie, Peretz, Zomer, Jacob and Gopher, Daniel (1995). "Ultradian rhythms in prolonged human performance". *US Army Research Institute for the Behavioral and Social Sciences*, ARI Research Note 95–30, February. [Online] Available from: http://www.dtic.mil/dtic/tr/fulltext/u2/a296199.pdf.

现，人们每隔 90～120 分钟就会产生困意，尤其是在早晨。这个 90～120 分钟的周期就是我们的"亚昼夜节律"，它决定了我们什么时候自然地处于最为警觉和有效率的状态。这个时候我们的专注度更高，动力也更足，所以是完成工作的最佳时间。在 90～120 分钟的周期结束后，有 20～30 分钟的时间，我们的精力水平会下降，状态达到低谷。在这个阶段，我们会感到疲倦、烦躁和昏昏欲睡，注意力也很难集中。接下来，下一个周期再次循环，我们冲向了另一个"高点"。我们经常试图通过人为的方法来提高精力水平，比如摄入咖啡因和高糖高脂的食物。但是如果我们的精力超过了限度却试图继续保持状态，这时压力荷尔蒙（肾上腺素和皮质醇）便会介入，使我们处于"战斗或逃跑"的状态，而不是发挥最佳状态。这时我们转为被动，难以清醒、有创造力或批判性地思考，因为这个时候我们的注意力很分散。克服这个困难的诀窍在于，我们要利用波峰位置——精力水平最高的时间段，心无旁骛地处理最有挑战性的任务，并在精力水平降到波谷之前放松下来，补充体力——不要错过 90 分钟内 90% 的产出。

科学与实践相结合

企业需要领导者认识到"战略性恢复"的价值，以及照顾员工的感受对企业有好处。我们坐在办公桌前的时长并不能决定我们的工作质量，我们需要在紧张的工作和个人恢复时间之间实现平衡。在"首席精力官"这个新的职位上，你要承担的一个重要职责是让所有员工明白，人类是在消耗和恢复精力之间来回有节奏地活动的。通过感受身体的自然节奏，你可以学会调整自己的日常作息，让自己在工作的时候更有活力，在需要补充能量的时候及时停手。你可以迅速养成以下几种习惯，以立刻激发自己的潜能：⊖

（1）把工作分成一个个90分钟的时间段。确保在每个时间段内不受干扰，这有助于你合理地利用时间，完全沉浸在重要的任务中。在每个时间段内全力以赴地工作，不要费心去节省精力。对了，你还要关掉任何可能分散精力的电子设备。如果你的工作由大量互不相干的任务组成（例如电子邮件、客户会员、创意思考、制定规划、日常琐事等），你不妨把类似的活动归在一起，集中完成，例如可以分为与人有关的工作（培训、审核、谈判等）、头脑风暴和创意工作、阅读和调研、规划和汇报、会议、思考和决策、管理、个人项目、电子邮件和电话等。另一个提高工作动力的技巧是为每个时间段制定一个小目标，这样你就不会随着工作的进展而偏离方向。

（2）留出休息时间，并好好利用。在每个90分钟的时间段结束后，用15～20分钟的时间休息和恢复精力。提前想好在这个时间做什么，从而高效利用时间。遗憾的是，我们往往花费大量时间规划工作，却很少认真规划休息时间。我们必须在精力最旺盛的时间全身心地投入工作，同时还要在休息时间完全放松下来，转移注意力。芬兰咨询师、博主萨米·帕尤

⊖ Ciotti, Gregory (2012). "The science behind why better energy management is the key to peak productivity". *iDoneThis Blog*, 9 October. [Online] Available from: http://blog.idonethis.com/science-ofbetter-energy-management/.

第 8 章
如何成为首席精力官

（Sami Paju）建议人们在休息时间改变活动频道。[1]人类往往有三种活动频道：认知频道、身体频道和情感频道。如果你做了大量思考和脑力劳动，你就需要关闭认知频道，出去散步，玩玩填色游戏，读一些轻松的东西或者闭目养神。打开情感频道的一个有效办法是听音乐或陪孩子玩耍。你还可以打开身体频道，锻炼一下，这也有助于保持健康。此外，离开办公桌，好好吃个午饭，这也是个好办法，虽然很多人都会一边吃饭一边工作。留出休息时间实际上比听起来要难得多，尤其如果你以成为工作狂而感到自豪。通过练习，你将学会感受自己的身体状况，知道自己什么时候处于低谷期。一个明显的信号是，你开始感到昏昏欲睡或者精力分散，这表示你的精力水平正在下降，你需要停止手头的工作。喝杯饮料，给朋友发个信息，在饮水机旁跟同事闲聊几句，看一些有趣的视频，或者去外面坐一会儿。很快你就能重新集中注意力，带着十足的动力重新投入工作。

（3）**尝试打个盹儿或者通过其他方式休息**。我知道这可能很难实现，尤其如果你的办公室很喧闹，而且是开放的——但至少可以试一试。在反应能力开始亮红灯的时候（通常在下午3～4点）小睡20～30分钟。找一处有舒适的沙发或座椅的安静空间打个瞌睡。电视剧《广告狂人》中的主管唐·德雷珀（Don Draper）经常在办公室打盹儿，醒来后就会创意十足。这

---

[1] Paju, Sami (2010). "Supercharge your productivity with ultradian rhythms". *Lateral Action*. [Online] Available from: http://lateralaction.com/articles/productivity-ultradian-rhythms/.

个角色可能是捏造的，但小睡的好处是真的。如果你做不到，不妨做个放松或冥想练习。

8.2　质量优先于数量

我们为工作投入了那么多时间，但是如果有人说我们没有发挥出最佳水平，那就太令人难过了。之所以会得到这样的评价，是因为我们关注的更多在于数量而非质量。但是"更多、更大、更快"并不一定能创造最高的价值。好的自我领导需要通过维持高精力水平来保持头脑清醒、注意力高度集中，不至于感到倦怠和陷入病态。忙碌是一回事，但是如果你一直在忙，就没有时间去思考接下来的行动以及背后的原因——你的工作依赖于日常习惯。科学家发现，人的大脑一直在将行为自动化，这样我们就可以将更多精力放在其他事情上。我们吃饭、看报、锻炼的形式，安排工作的方法和回家后做什么都依赖于习惯。杜克大学2006年开展的一项研究发现，我们每天数量高达45%的活动都是自动完成的，而不是深思熟虑后做的决定——所以我们很多时间都处于"自动驾驶"的模式。㊀问题在于，这些自发形成的习惯有时会妨碍我们采取最佳的行动路线。它们让我们陷入被动，而不是采取主动。当我们不断地对周围事物做出回应，走思想上的捷径时，我们就无法获得自己真正想要的结果。

㊀　Neal, David T., Wood, Wendy and Quinn, Jeffrey M. (2006). "Habits – a repeat performance". *Current Directions in Psychological Science*, 15(4), pp. 198–202.

第 8 章
如何成为首席精力官

管好黑猩猩

史蒂夫·彼得斯（Steve Peters）教授在备受赞誉的作品《黑猩猩悖论》中探讨了人类的许多行为和决策如何受到大脑中主管情绪和本能的部分的控制。他将主管情绪和本能的部分称为"黑猩猩"，与另一（理性的）部分相对应，后者称为"人类"，本质上代表你的独特个性。㊀为了生存下去，黑猩猩可能会偏执地妄下结论，有时会做出非理性和破坏性的行为。但是人类是由自我实现来驱动的，他们会根据全面的判断来分析事实、寻找真相，在生活中获得满足感并帮助他人。彼得斯博士的观点在于，这两部分虽然可以实现协同，但更多时候会产生冲突，争着控制你的思想，大多数情况下"黑猩猩"的一面（比"人类"快五倍）会占上风。如果你受到威胁，那就太好了，因为"黑猩猩"的作用就是让你活着，远离危险。但是当你工作堆积成山或者面临情绪压力时，它就没那么好了，因为首先做出反应的很可能是非理性的"黑猩猩"，而不是理性的"人类"，如图 8-2 所示。在这种状态下，你可能会采取让自己后悔的行动，得到自己不想看见的结果。

假设你有一场重要的会议要参加，但是你被堵在路上，很可能会（再次）迟到。你的第一反应是什么？你是否感到沮丧、烦躁、有压力，感叹自己运气不好，还是这些情绪都有？这是一个很正常的自然反应：大多数人在这种情况下都会有同样的

㊀ Peters, Steve (2012). *The Chimp Paradox: The Mind Management Programme for Confidence, Success and Happiness*. First edition. London: Vermilion.

反应。但是在彼得斯博士看来，你脑中的"黑猩猩"在发挥作用，让你处于高度戒备的状态，情绪化地凭直觉做出反应，但它毫无帮助。毕竟，当你被困在车里的时候，像个丛林里的大猩猩一样有什么用呢？这样不仅无法改变外部环境（交通状况不会因为你大喊大叫而改善），不能让你感觉更好（甚至会让你感觉更糟），还完全浪费了原本可以用在其他事情上的时间和精力。这是野蛮人的行为！

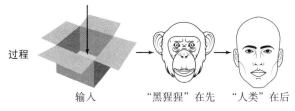

图 8-2　大脑如何接收信息

现在，想想你打算如何应对这种情况。就我个人而言，我首先会保持冷静，克制"黑猩猩"下意识的恐惧感。其次，我会从逻辑上思考，如果开会迟到，结果会怎么样。这真的是最糟糕的事吗？清晰的思考会让我明白，迟到并不会导致"黑猩猩"让我以为的灾难性后果。最后，在不那么焦虑，但思维更具有建设性的状态下，我可以更好地规划如何应对迟到的情形，从而做好充分的准备。我想这就是大多数人在面对突发状况时的反应。关键在于，你可以鼓励"人类"的一面超越"黑猩猩"的一面，重新控制自己的思维。

练习 8-1　你要如何应对？

要想了解你会如何应对潜在的压力问题，一种方法是回想你最近一次感到沮丧的经历，无论在家里还是在单位。想想你当时的反应，然后回答以下问题：

- 你在这个过程中是如何思考、感受和表现的？
- 你的反应给你带来了哪些好处？是通过怎样的方式带来的？
- 你的反应给你带来了哪些负面影响？是通过怎样的方式带来的？
- 你希望自己做出怎样的反应？（想想思维、情绪和行为等方面。）
- 事后想想，你觉得自己可以做出这样的反应吗？

再找找其他经历，重复上面的练习。你可能会惊讶地发现，在某些情况下，你会让大脑中本能和非理性的部分来掌控局面，虽然你有能力做出更有效（理性和有逻辑）的反应。

小提示：以后，你可以用一个简单的问题来判断自己是否被"黑猩猩"所控制："我想这样做吗？"如果答案是否定的，那么很显然，"黑猩猩"占了上风。深呼吸，暂停一下，让它冷静下来，然后用事实和逻辑安抚它。

被动思考 VS 主动思考

"管好黑猩猩"不仅在具有直接和明显的压力的环境下有效（例如上面的"开会迟到"），还可以帮助我们提升总体表现，甚至预测或避免未来的潜在问题。以下面的场景为例：

你面前有一个为公司拓展新领域的机会，你觉得它简单太棒了。你意识到竞争对手将很快掌握这些信息并行动起来，于是你迅速组建了一支团队，利用你之前用过几次都没问题的现成方案，计划在非常紧迫的时间内完成这项工作。在项目过程中，出现了一些意想不到的复杂情况，你很快发现自己低估了完成这一切所需的时间和精力。最重要的是，你不得不应对由于团队成员过于疲惫而出现的大量低级错误。你没有重新做规划，而是推迟了截止时间，将承担其他重要任务的人员拉了进来。很快，不同部门都积压了大量紧急任务，因为你为了这个关键项目迫使他们将自己的工作放在一边。我的天啊！

这个例子很好地证明了快速的被动思考会迫使你在压力之下做出草率的判断，导致工作效率不升反降。最快、最容易做的选择往往不是正确的那一个。与被动思考相对应的是以一种更加克制的方式应对局势——展望未来、分析后果、约束自己，而不是让本能和习惯占上风。这就是我们所说的主动思考。与其让事情顺其自然地发展，不如花些时间来了解全局，然后在此基础上做出反应。作为领导者，你只有在花充足的时间进行思考时才能获得最好的洞察，做出最有影响力的决定。在上面的案例中，只要领导者在项目之初花些时间主动做好准备，而不是冲动地投入所有资源，就可以避免拖延和其他复杂情况。

只要有一点清晰的思路和远见,你就能预见到潜在的障碍,并相应地制订应急计划和后备方案。最终,你将可以避免拖延项目时间或投入更多人力成本,而不至于将员工压垮。

对比表 8-1 中的两种领导力类型:

表 8-1 被动型领导者与主动型领导者

被动型领导者	主动型领导者
• 行为受到第一感受和直觉的影响	• 行为是经过深思熟虑的结果
• 以自动和习惯的方式对变化做出反应	• 能够预见变化,并采取措施做到最好
• 专注于找出和解决问题	• 专注于实现业绩目标和成果
• 在问题出现时做出应对	• 准备好面对问题,并提前制订解决方案
• 在没有团队参与的情况下做决策,使用自己的解决方案	• 让团队参与决策和寻找解决方案
• 关注眼前的短期问题	• 关注大局、提前规划
• 催促员工快速取得结果	• 分享令人信服的愿景,激励人们取得成果
• 让团队等待指令——采用"告知"的方法	• 让团队依靠自己——采用"训练"的方法
• 将责任转移到超出自己职责范围的事情上	• 为自己的处境负责并采取相应的行动
• 依靠经过验证的方法取得快速而常规的结果	• 花时间思考创新方法,创造新的机会
• 惩罚或责备犯错之人	• 帮助团队从错误中吸取教训

很显然,积极主动地采取行动会让你在职场中拥有更大优势,帮助你更好地领导自己和他人。主动型领导者更有远见,他们能看到全局、预见变化,善于发掘团队优势,帮助员工取得成果。这样的领导者能掌控局面,并自由地选择自己的行为,明智地分配自己的精力,思考眼前和未来的行动。[一]相反,被动

[一] Covey, Stephen R. (2004). *The 7 Habits of Highly Effective People: Powerful Lessons in Personal Change.* Second edition. London: Simon & Schuster.

型领导者较为短视，经常独自行动、做决策和解决问题，不喜欢让团队参与活动。他们不会未雨绸缪，所以常常被突发问题搞得不知所措。不停地"救火"会浪费大量精力，让他们感到筋疲力尽、不堪重负，而且总在赶进度。如果你是一个被动型领导者，不要太担心，你也可以通过一些训练转为主动型。关键在于你要管理好自己的精力，当你感觉（身体或精神上）疲惫时，你大脑中主动的"人类"将很难控制被动的"黑猩猩"。记住这一点，然后采取以下三个步骤训练自己。

第一步：回顾过去的习惯

摆脱被动思维的第一步是弄清楚它是从什么时候开始出现的。花些时间分析自己过去的行为，找出那些被动做出反应的时刻。它们的结果如何？事后想想，你在哪些方面可以更加主动，并思考这样做的后果。留意触发因素，想办法在未来避免思考不充分的情况发生。

第二步：暂停一下

当你面临一个新的任务、问题或挑战时，如果你想要冲刺，请务必停下来！克制冲动，后退一步。压抑马上做决定的想法，问问自己这条路是不是唯一的选择，你很有可能处于被动应对的模式。如果你能让自己停下来，这时你就可以走上主动的道路，用更加灵活、敏锐和周全的思维进行思考。

第三步：预测、规划、执行

主动采取行动意味着你必须首先培养出远见，能够预测未来的事件、问题和结果（预测）。了解事情的发展规律，即业务模式、常规方法、日常实践和周期，这有助于你做出最佳决策。㊀ 另外，密切关注周围的工作环境及其变化。避免根据过去预测未来；尝试发挥创意，想象多种可能性。思考可能对业务造成干扰的各种问题，找到有效的方法来预防，不要让它们演变为具体的障碍，例如大宗订单被拖延，或者失去关键员工或供应商。制订应急计划有助于你在小的挫折演变为大的灾难之前将其迅速解决，例如雇用自由职业者或通过中介来解决缺乏人手的问题。㊁

制定未来战略，在尽可能多的领域设定短期和长期目标（规划）。像国际象棋选手一样，提前想好接下来的三步，而不是一步一步地走。为自己和别人腾出专门用于创新和规划的"思考时间"，同时记住最终的愿景。当你知道自己处于什么位置、要去往什么方向时，你就会更容易发现自己偏离了轨道，并尽快纠正。

你要明白，作为领导者，你必须和自己的团队一样优秀，如果你要在必要时采取行动（执行），就必须得到他们的全力配合。与团队成员多交流，让他们为团队做出贡献，并表示认可。举个例子，如果你要开展一场大规模促销活动，需要应对可能

㊀ Scivicque, Chrissy (2010). "How to be proactive at work: My 5 step system". *Eat Your Career*. [Online] Available from: http://www.eatyourcareer.com/2010/08/how-be-proactive-at-work-step-system/.

㊁ McQuerrey, Lisa. "How to become proactive rather than reactive". *azcentral.com*. [Online] Available from: http://yourbusiness.azcentral.com/become-proactive-rather-reactive-10908.html.

出现的所有情况，那么你要赋予团队自主权，让他们自行解决现在难以预见的障碍或问题，不要担心他们会犯错。如果你做出了正确的决定，就可以充满信心地站在一边静候佳音了。

8.3 数字干扰

技术无处不在。我们没有后路可退。我们生活在一个充斥着大量电子设备和通信工具的世界中，包括电子邮件、智能手机、平板电脑、网络、社交媒体，甚至包括电视这个相对较早的发明。科技是我们的工作和生活中最好的东西，它提供了获取海量信息的渠道；帮助我们分析数据，从而找到问题的核心；使我们能够在全球范围内建立更加牢固的关系；为新的想法和创新提供了肥沃的土壤。科技简直太棒了！但毫无疑问，它也产生了一些"副作用"。对很多人来说，在无休止的数字干扰（闹铃、铃声、提示音和振动）中很难保持清醒的头脑，专注于当下的事情。这些干扰因素太诱人了——"再看一个视频""不知道有多少人给我点了赞""这条新闻好像很有趣"。想想你自己的经历：你有多少次停下手上的任务，跑去查看收件箱或上网浏览？

2005年，在伦敦国王学院心理学家格伦·威尔逊（Glenn Wilson）的帮助下，惠普计算机公司开展了一项研究，探索技术对工作效率的影响。[一]从一千多名研究对象反馈的结果中，研究

[一] Wilson, Glenn. "The 'infomania' study". *Dr Glenn Wilson*. [Online] Available from: http://www.drglennwilson.com/Infomania_experiment_for_HP.doc.

人员得出结论：如果你被电子邮件或电话分心，你的智商就会下降10个点。

更极端的情况是，有网络连接的环境会缩短你的注意力持续时间并打破你的心理平衡，导致工作效率骤降。始终保持"插电"状态将使你信息过载、注意力分散、产生多动症和"数字痴呆"（由于过度使用科技导致认知能力下降）。2014年，德勤大学开展的"全球人力资本趋势研究"得出了以下结论：⊖

> **德勤大学研究结果（2014年）**
>
> 由于信息过载和处于全天候联网的环境，"员工不堪重负"已经变成了当今职场的常态，65%的企业领导者将它列为"紧急"或"重要"的问题。
>
> 57%的受访者认为，企业在帮助领导者管理艰巨任务、为员工管理大量信息方面"较弱"。
>
> 虽然受访者普遍认为员工压力过大是严重的问题，但其中44%的人表示自己"没有准备好"解决这个问题，也就是说领导者不知道该怎么做。

德勤的研究结果以大量最新的研究为基础，这些研究证实了技术对工作效率产生了负面影响。根据风险投资公司凯鹏华

⊖ Hodson, Tom, Schwartz, Jeff, van Berkel, Ardie and Otten, Ian Winstrom (2014). "The overwhelmed employee: Simplify the work environment". *Deloitte University Press*, 7 March. [Online] Available from: http://dupress.com/articles/hc-trends-2014-overwhelmed-employee/#end-notes.

盈（Kleiner Perkins Caufield & Byers，KPCB）2013年的一份互联网趋势报告，移动设备用户每天查看手机的次数高达150次。㊀57%的工作中断是由电子邮件、短消息和社交网络等协作与社交工具或者在不同的应用程序之间切换造成的。㊁更令人担心的是，神经学家拉里·罗森（Larry Rosen）在2014年开展的研究表明，普通上班族只能坚持集中精力7分钟，之后要么切换窗口，要么查看社交网站。㊂

资讯癖

现代生活充斥着各种各样新鲜的小物件，只需按一下按钮就能让我们获取大量信息，让人目不暇接。*Overload*一书作者乔纳森·斯皮拉（Jonathan Spira）深入研究了过量的信息带来的危险影响。他担心的是："在典型的一天里，人们几乎没时间思考和反思。相反，信息——通常以电子邮件、报告、新闻、网站、RSS源、博客、维基百科、即时消息、手机短信、Twitter和视频会议等形式呈现——攻击甚至削弱了我们的感官。"斯比拉列举的数据足以引起我们的注意：㊃

㊀ Meeker, Mary and Wu, Liang (2013). "2013 internet trends". *KPCB*, 29 May. [Online] Available from: http://www.kpcb.com/blog/2013-internet-trends.

㊁ Harmon.ie. (2011). "I can't get my work done! How collaboration & social tools drain productivity". 1 May. [Online] Available from: https://harmon.ie/blog/i-cant-get-my-work-done-how-collaborationsocial-tools-drain-productivity.

㊂ Rosen, Larry (2014). "Technology and the brain, the latest research and findings". Wisdom 2.0 Conference 2014, 2 March. [Online] Available from: https://www.youtube.com/watch?v=n0OqA0pmAag#t=84.

㊃ Spira, Jonathan B. (2011). *Overload! How Too Much Information is Hazardous to Your Organization*. Hoboken, NJ: John Wiley & Sons.

> **信息过载：事实和数据**
>
> - 2010 年，信息过载导致美国经济损失近 1 万亿美元。
> - 94% 的受访者在某种程度上感觉难以承受过量信息，甚至因此丧失了工作能力。
> - 66% 的知识工作者表示自己没有足够的时间完成所有工作。
> - 58% 的政府工作人员用一半的工作时间来整理、删除或筛选信息，成本高达 310 亿美元。
> - 阅读和处理 100 封电子邮件就会占用劳动者一天一半以上的时间。
> - 打电话只需 5 分钟就能解决的问题，电子邮件往来要持续几天甚至几周。
> - 每 100 个不必要的人在电子邮件中被抄送，就会有 8 小时被浪费。
> - 中断 30 秒以后，你可能需要 5 分钟的时间重新投入工作。
> - 知识工作者每天只有 5% 的时间用于思考和反思。信息过载降低了管理者思考和发挥创造力的能力。
>
> 资料来源：乔纳森·斯比拉，*Overload*。

信息和干扰太多，思考的时间太少，这会严重降低我们的工作效率、精力水平和工作热情。我们周围的高科技产品带来的是妨碍而不是帮助，它们会在我们工作时打断我们的"心流"，在重要任务期间干扰我们的注意力。此外，浏览大量数据也占据了我们大脑的大部分空间，导致我们没有多少精力去发挥创造力或积极主动地思考。我们没有明智地发挥思维能力来提出创意、评估不同的选择、管理自己的想法和提前做好规划。对于迅速处理信息、让它们"腾出空间"，我们很有压力，只是被动地应对。这种短期的被动应对的问题在于，我们最终会犯错，或者做出错误的决定，因为我们没有时间去理性客观地分析数据。

对多任务处理的误解

现代化设备和软件旨在帮你实现多任务处理。明明可以同时做四五件事，为什么只做一件呢？但是多任务处理并不是我们人类擅长的事情。如果我们只处理那些不需要太多精力的琐碎的碎片化任务，同时处理几个任务没问题，但对于那些需要发挥创造力、以抽象的方式思考、吸收知识或深挖某个领域的任务就做不到。这是因为，我们以为的"多任务处理"实际上是"多任务切换"，从一个任务跳到另一个，而且有证据表明，这样做实际上浪费了我们的时间和精力。

2006年，范德堡大学（Vanderbilt University）的神经心理学家发现，当大脑被迫同时处理多个任务时，就会出现"反应选择瓶颈"（Response Selection Bottleneck）。[⊖] 即使研究对象只同时处理两个简单的任务，他们的大脑活动也会显著放慢。与按照顺序完成相同任务的人相比，他们花费的时间多出30%，

⊖ Dux, Paul E., Ivanoff, J., Asplund, Christopher L. and Marois, René (2006). "Isolation of a central bottleneck of information processing with time-resolved fMRI". *Neuron*, 52(6), pp. 1109–1120.

第 8 章
如何成为首席精力官

犯错的次数也是其他人的两倍。任务切换之所以会导致时间延迟和精力损失，是因为大脑要决定执行哪项任务。在做出选择时，它必须把旧任务的认知规则放在一边，接受新任务的规则。所有这些强行切换的行为都会让人付出巨大的代价。当大脑疯狂地来回切换注意力时，例如当你一边打电话一边写邮件，同时还要阅读文本时，思维的清晰度就会受到影响。而且你承担的任务越重，就越受到挑战，因为每项任务都在争夺有限的大脑资源，这会让你筋疲力尽，并且逐渐暴躁起来。

我不了解你，但我发现自己试图同时关注太多事情时，很难保持冷静和镇定。困扰我的不是高科技，而是当我沉浸在某个重要任务中却被打断时，那种非常不愉快的感觉。我要花上一些时间才能重新投入工作。微软研究院和伊利诺伊大学 2007 年开展的一项研究发现，如果员工被邮件提示音这种简单的东西打断，无论他们是否回复邮件，都要花上 15 分钟的时间才能有效地回到任务中。[一]被打断的任务越难，恢复状态的难度也越大。数一数，你每天会被打断多少次，你就会发现自己为什么很难集中注意力。

事实上，如果人们一次只做一件事，效率就会高很多。这并不是说你不能一心多用。有时会突然出现很多紧急的工作，要求你马上去做，这时候就需要一些切换能力了；有时你在进行手头工作之前，要等着其他人完成他们的工作。这些都会导

[一] Iqbal, Shamsi, T. and Horvitz, Eric (2007). "Disruption and recovery of computing tasks: Field study, analysis, and directions". Paper presented at the Proceedings of the SIGCHI Conference on Human Factors in Computing Systems, San Jose, California, 28 April to 3 May, pp. 677–686.

致你不得不进行多任务处理。无论如何,只有在必要的时候才这样做,不要让它成为你默认的工作方式。永远将全部精力和大脑资源用于最重要的任务。

当你发现这不符合你的最佳利益,或者被外界刺激所影响的时候,你就需要一些意志力来控制多任务处理的冲动。所以,在制定战略规划时,你要勇于克服查看信息、登录社交网站或快速回复邮件的诱惑。好在并非所有技术都会导致有害的多任务处理。很多工具和应用程序都可以帮助你克服一心多用和注意力被分散的难关,这样你就不会在做事情的时候不断切换界面或者查看自己的主页了(见练习8-2)。

> **练习8-2 专注、筛选、忽略**
>
> 你可以通过多种方法来削弱技术和信息过载对注意力的影响。我本人最喜欢的是"专注、筛选、忽略"这个办法,它可以有效地帮助我回到正题。
>
> **1. 专注(Focus)**
>
> (1)规划整块的"思考时间"。在一天中专门规划出一整块时间,不允许自己分心。你可以决定"思考时间"具体有多长,可以是半小时,也可以是两小时,时长取决于你的需要。根据自己的身体精力和工作习惯来选择,举个例子,如果你认为自己在午后的思路最清晰,那就在午饭之后留出一小时"思考时间"。

（2）关闭一切。向团队打个招呼，让他们知道你要集中精力工作了。关掉手机和平板电脑，将它们放在够不到的地方。如果这些设备不在身边，就没办法干扰你。同时，你还要关掉电子邮件和网页浏览器，只认真做一件事。

（3）管理电子邮件。如果一封电子邮件只需要不到两分钟的时间回复，那就马上回复。对于需要更长时间回复或需要做进一步处理的邮件，可以贴上标签或标记为未读，便于日后分批处理。必要的话，可以设置一个自动回复。立即删除所有无关的邮件，不要让它们填满你的收件箱；将别人可以处理的邮件转发出去。如果你拒绝回复抄送给你的邮件，可以设置将它们自动归到专门的文件夹里，等你有时间的时候再查看。最后，告诉你的团队和身边其他人，你希望收到并且会关注哪些类型的邮件。

2. 筛选（Filter）

（1）采用二八定律。过滤媒体资源，找出真正重要的信息。列出能为你推送80%的有趣且相关内容的前20%的网站、博客、订阅号、杂志、新闻网站和论坛。这些才是你应该持续关注的，剩下的可以放弃了。

（2）清理垃圾邮件。屏蔽垃圾邮件，取消所有不必要的订阅，不要让它们继续给你制造"数字噪声"。

如果一家媒体在过去六个月没有提供任何有价值的内容，那么它早就该被取消了。你可以注册 unroll.me 以获取相关的免费服务，帮助你扫描邮箱里的订阅邮件，并提醒你取消订阅或者一键归到某个文件夹里。

（3）清理电脑文件。在电脑上建立标题详细的文件夹，整理互联网书签，确保便于查找、分享和存档信息。养成定期归档的习惯，不要让干扰因素"堆积"起来。可能的话尽量每天归档。

（4）提高技术能力。运用下列应用程序或软件工具排除干扰因素：

- Anti-social：一种屏蔽社交网络的软件。
- Nanny：在浏览器上屏蔽特定的网站。
- Controlled Multi-tab Browsing：Google Chrome 浏览器的一款插件，用于限制你在单个窗口中打开的选项卡数量。
- Freedom：在预先设定的时间内将电脑断网（对处理不需要互联网的任务来说是个好办法）。
- Time out：Mac 电脑的一款应用程序，每 50 分钟提醒你休息 10 分钟，每 10 分钟休息 10 秒钟。

3. 忽略（Forget）

（1）关闭提醒。重新设置手机或电脑，延迟信息或邮件的提醒时间。每天安排固定的时间查看这些内容。

（2）远离互联网。如果你感觉工作超负荷，可以在一天中某段时间甚至一整天都远离技术设备。离开电脑，做一些与技术无关的工作。例如与同事当面交流，而不是发邮件；给他们手写信，而不是在电脑上打出来。

8.4 激励并吸引他人参与

精力和敬业度是相辅相成的，它们是最大化地提高你的潜能、热情程度和忠诚度的两大驱动因素。精力不足会对你的敬业度和工作效率产生严重影响，也会很快影响到你手下的员工。盖洛普公司 2015 年的研究发现，只有 35% 的美国管理者工作敬业度较高，这个百分比低得惊人。令人担忧的是，不够敬业的管理者只能带出来消极怠工的团队。[⊖] 公司的领导者不够敬业，往往会传递到管理者身上，进而影响到他们的员工。这些累加起来将给组织造成巨大影响。

长期以来人们发现，技能水平相似的人在业绩上可能存在极大的差异。这在很大程度上与他们的热情程度相关。热情是精力和鼓舞两者的结合，如图 8-3 所示。

热情（Enthusiasm）= 精力（Energy）+ 鼓舞（Inspiration）

⊖ Adkins, Amy (2015). "Only 35 per cent of US managers are engaged in their jobs". *Gallup*, 2 April.[Online] Available from: http://www.gallup.com/businessjournal/182228/managers-engaged-jobs.aspx.

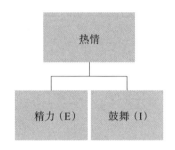

图 8-3　热情是精力和鼓舞的结合

你发现 E 和 I 的组合代表什么了吗？情绪智力。

E+I= 情绪智力（Emotional Intelligence）

情绪智力高的领导者知道，如果他们关心员工，激励员工找到工作的意义，创造积极的工作环境，他们就会收获一支有更大的盈利潜力、致力于实现组织目标、有更大的创造力、不太可能离职或请病假的团队。相比之下，不健康或不敬业的团队会给雇主造成风险，因为团队成员会出现缺勤、请病假、敷衍了事、迟到、故意逃避和对领导者产生敌意等情况。

如果你遵循了我们之前提出的关于精力管理的建议（并将第 9 章的技巧和工具付诸实践），那么毫无疑问，你会对团队产生积极的影响。但是还有其他更直接的方法可以提高人们的精力水平和工作热情。以下提供了一些指导方法。很快，你的一大堆头衔中将增加一个首席热情官！

公开谈论精力和健康话题

领导者应该传达一个明确的信息：员工的健康很重要。如

第8章
如何成为首席精力官

果你想打造一个鼓励人们远离网络、恢复精力的文化环境,就需要发出正确的信号。赞赏那些合理安排工作时间、充分午休、主动放年假以及在一段忙碌的时间后休息和恢复精力的人;责罚那些没有这样做的人。员工会从领导者的行为中得到启发,所以你要避免以充满压力、倦怠和抑郁的形象示众。你希望人们全力以赴地积极投入工作,但不至于过分努力,导致健康受到损害,这对任何人都没好处。提高对精力管理的认识,鼓励公开对话,让人们自在地分享经历,而不是压抑他们、助长有害的团队文化。你可以参考如下方法:充分利用内部沟通渠道来提供信息和注入积极的态度,包括博客、简报、为管理者提建议、相关网站和常见问题列表等;也可以通过海报、小册子、布告栏、公司通讯甚至内网来传递信息;分享你从本书中获得的一些洞见,或者介绍你如何照顾自己;邀请一位外部演讲者到公司来,与团队谈谈保持健康的必要性,以及可以为了改善健康做出哪些小的改变。意识到精力管理的重要性的人越多,他们就越有可能行动起来提高自己的精力水平,同时关照团队中的其他人。

定期检查

虽然你的手下人员作为一个团队在工作,但是你有必要像监督他们的业绩一样监督每个人的精力管理情况。定期与团队成员进行一对一交流,了解他们的状态,反思哪些因素可能影响了他们的精神面貌或给他们造成了压力。可根据耶鲁大学情绪智力中心开发的工具"情绪仪表"（Mood Meter）^㊀来测试员工的精力水平。该工具是基于詹姆斯·拉塞尔（James Russel）及其同事在1989年开发的"情绪网格"（Affect Grid）开发的。^㊁如图8-4所示的情绪仪表是一个图表，根据感受（X轴）和精力水平（Y轴）之间的关系描绘个人和团队的总体情绪状态。Y轴为精力水平从低到高，X轴为感受从不愉快到愉快。

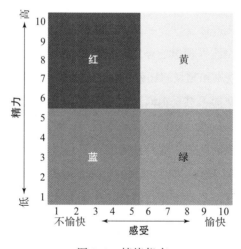

图8-4　情绪仪表

对每位团队成员提出以下问题：

㊀ Caruso, David R. and Salovey, Peter (2004). *The Emotionally Intelligent Manager: How to Develop and Use the Four Key Emotional Skills of Leadership*. San Francisco: Jossey-Bass.

㊁ Russell, James A., Weiss, Anna and Mendelsohn, Gerald A. (1989). "Affect grid: A single-item scale of pleasure and arousal". *Journal of Personality and Social Psychology*, 57(3), pp. 493–502.

第 8 章
如何成为首席精力官

- 从 1 到 10，1 代表不愉快，10 代表愉快，你的感受为多少分？在情绪仪表上画出数字。
- 你目前的精力水平是什么？1 代表缺乏精力，10 代表精力充沛。现在在情绪仪表上画出第二个数字。

图 8-4 可以帮助你了解同事的情绪状况，给每个人提供一个管理自身精力和情绪的工具。他们的情绪所对应的象限代表着他们擅长的活动种类：

- 精力水平高 / 感受不愉快 = 红色象限。与这一象限关联度最高的情绪包括愤怒、沮丧和焦虑，因此员工更容易受到攻击。然而这种情绪可以被有效地用来辩论严肃的话题、捍卫一项事业或强调安全协议。
- 精力水平低 / 感受不愉快 = 蓝色象限。这个象限代表着无聊、悲伤和绝望，处于这个状态的人往往感觉情绪低落。它可以被用来完成较为庄重的任务，例如严格评估自己或其他人的工作、检查错误或开展庭审类活动。
- 精力水平低 / 感受愉快 = 绿色象限。这一象限与平静、安宁和满足等情绪有关，有利于学习、阅读或反思。在群体中，处于这种状态的人通常较为冷静，而且更容易达成共识。
- 精力水平高 / 感觉愉快 = 黄色象限。这种组合能够创造快乐和兴奋感。这些情绪有利于头脑风暴和思考创造性的解决方案。在团队中，它体现了健康的合作，是开展新的项目或产生创意碰撞的好时机。

完成评估后，根据个人是处于积极还是消极的情绪和精力状态来提供有针对性的建议。必要时也可采用训练的方法，根据团队成员面临的任务类型将他们的情绪转换到适当的象限。精力检查的关键是关注和寻找一段时间内的变化。如果人们有严重的情绪波动，这不是个好的现象。他们是不是工作超负荷了？还是养成了一些坏习惯，比如过度依赖科技、经常性地进行多任务处理或被动思考？记住，一直忙碌并不意味着他们动力十足或精力充沛。他们是否从事着重要的工作（质量），激励他们发挥出最高水平，而不是仅仅做了很多微不足道的琐事（数量）？如果人们经常表示正在忙着完成让自己疲惫的工作，那么这时你需要警觉起来，帮助他们找到能激发自己活力的任务。

你可以将上面的工作看作一种有趣的方法，可以"解读"整个团队的集体情绪。在团队会议上增加一个常设议题，让人们探讨集体的健康状况和精力水平。允许他们提问，按照自己的意愿谈论个人和工作事宜。检查团队的精力水平，将它作为团队文化的一项内容，这是把精力管理作为一项重点、维持良好的工作关系的重要途径。

感到痛苦时要说出来

在很多工作场所，心理健康是大家不愿多谈的问题。任何有关压力、倦怠或沮丧的暗示都被视为禁忌："我们在这里不讨论这些。"很多时候，团队成员都害怕与团队领导者谈论自己的状况，而这会导致问题不断加剧。根据我自己的经验，在这种情况下，开诚布公是最好的选择。领导者公开说出自己遇到的问题可以对团队产生巨大的影响。这是我治好抑郁症以后发现

第 8 章
如何成为首席精力官

的。回到办公室以后,我向每个人坦诚了自己的经历。我没有封闭自己,或假装什么事都没有发生过。毕竟,我和其他人一样,都是普通人。领导者的身份并没有赋予我对这些问题免疫的超能力。通过坦率地探讨压力、抑郁和其他敏感问题,你可以将有关的谈话正常化,防止其他人落入同样的陷阱。

开展"健康"活动

领导者可以通过提出多种健康倡议来表达组织对员工健康的重视。即便是一些简单的行为,比如鼓励人们午休和锻炼,也会有所帮助。然而,仅有这些倡议并不能保证提高员工的健康水平。人们必须知道它们的存在,并真正想要参与其中。根据盖洛普公司的调查,只有60%的美国员工知道自己的公司提供了健康计划,而这些人中只有40%的人真正参与其中。⊖或许有些人将健康计划看作领导者"一时兴起",很快就会忘掉。你必须证明自己真诚地想要提高员工的健康水平,通过开展健康活动来体现你对员工的重视。

为了有效地促进员工的健康,你要热情地邀请更多人参与——最好确保参与率达到80%以上。这些活动必须是免费的,而且要便于团队参加。利用工作时间提供现场指导和健康检查,不要让员工被迫放弃休息或带薪休假时间。即便如此,你会发现,仍然有很多人不愿意参与,所以你要更进一步——提供奖

⊖ Witters, Dan and Agrawal, Sangeeta (2014). "What your wellness programs are missing". *Gallup*, 7 July. [Online] Available from: http://www.gallup.com/businessjournal/172106/workplace-wellnessprograms-missing.aspx.

品，例如当地健身房的会员卡；或者组织有趣的竞赛，对那些进步较大的人提供奖励。你也可以迅速开展多种小规模、低成本的活动，这些加在一起将帮助员工大幅提升健康水平。举个例子，在微软公司，我们曾经举办了为期一天的家庭"奥运会"，员工可以带家人来参加有趣的比赛。这极大地提高了员工的敬业度和社会支持，同时鼓励人们健身。它还激励公司进一步举办定期培训，宣传参与健康活动的好处，并在指定区域设置一个健康图书馆，通过视频、图书和小册子宣传有关大脑、情绪、精神以及身体健康的信息。你可以选拔出一位"健康冠军"，鼓舞人们更好地管理自己的精力，在各个层面推广关键的活动，回答员工可能提出的任何问题。一个提供支持且具有包容性的文化会给人们留下很深的印象，并鼓励人们参与。

打造积极的物理环境

你可能会惊讶地发现，我们周围的物理环境——噪音水平、空间、设备、温度和光线，都影响着我们的精神和情绪。杂乱是消耗我们的精力和热情的一个最大因素。英国趋势预测专家詹姆斯·沃尔曼（James Wallman）强调，过多的杂物和个人物品会将我们的注意力从最重要的事情上转移开，消耗我们的精力和资源。他将这种情况称为"杂物窒息"（Stuffocation），它会渗透到我们的工作和生活中。㊀普林斯顿大学神经科学研究所 2011 年的一项研究发现，杂乱的环境对人们集中精力和处理

㊀ Wallman, James (2015). *Stuffocation: Living More With Less*. Second edition. London: Penguin.

信息的能力会产生负面影响。[1]我们都在一定程度上受到这种影响——乱糟糟的环境会让我们的思维混乱不清。杂乱的环境也容易堆积灰尘，使找东西更费时。看看你所处的工作环境。文件柜里是否塞满了无关的文件？桌子上是不是一片狼藉？你旁边是不是还有坏掉的东西一直没有修好？电脑和其他设备的电线是不是缠在一起，露在外面？书架和抽屉里是不是塞满了你不需要的东西？大量文件随意丢在各处？是时候让自己从"杂物窒息"中解脱出来了！与团队一起开展一场清扫活动，净化办公空间。找机会做这件事表明你尊重自己的工作，愿意注入新鲜的、积极的能量。扔掉早已没用的东西，把重要的东西整理好，这也是一种极大的宣泄。当你和团队完成这些工作时，你们将呼吸得更顺畅，获得更新鲜的视角，感觉更有活力。

除此之外，还有很多其他符合人体工程学和环境学的方式，可以帮助你创造一个减少精力消耗、更有利于清晰思考的物理环境。强烈推荐以下方法：

- 绿植。在空旷的办公室放一些绿植，有助于提升你的精气神，将工作效率提高 15%。常春藤和菊花等室内植物有助于净化空气中的毒素。其他能在办公室茁壮生长的植物包括芦荟、吊兰、仙人掌、橡皮树以及和平莲。
- 优质照明。越接近自然光越好。光线不足会导致眼睛疲

---

[1] McMains, Stephanie; Kastner, Sabine (2011). "Interactions of top-down and bottom-up mechanisms in human visual cortex". *The Journal of Neuroscience*, 31(2), pp. 587–597. [Online] Available from: http://www.jneurosci.org/content/31/2/587.long.

劳、视力模糊和头痛。换掉荧光灯管，使用全光谱灯管，它的光线在室内最接近阳光。如果办公室照明条件不好，可以引进一些台灯或者在顶灯上安装匀光片，创造更加舒适的环境，这点对于阅读和处理纸面工作尤其重要。

- 色彩。在办公室有意识地利用色彩提升员工的健康和工作效率。例如，橘色是激发创造力的乐观色彩；黄色有助于激发智力活动、提高工作动力；红色能激发活力和热情；蓝色较为舒缓，可以缓解紧张，帮助员工集中注意力；绿色较为宁静，对身体有疗愈作用。
- 音乐。音乐可以改善情绪，提高创造力和成果。在办公室播放柔和的、令人振奋的轻音乐，营造轻松的氛围。
- 芳香疗法。精油可以缓解员工的精神疲劳，暴躁、紧张情绪，以及压力。例如，薰衣草可以使大脑平静下来，将电脑工作的错误降低至少 25%。天竺葵或柑橘有助于平缓情绪；迷迭香或薄荷可以帮助集中注意力。
- 个人风格。鼓励团队通过添置个人物品来打造具有个人特色的工位，例如照片、香薰蜡烛、振奋人心的图片或装饰品。
- 椅子。椅子要搭配舒适的软垫，高度和扶手可以调节。最好是转椅，靠背高度要达到 50 厘米，确保有足够的支撑。脚要能放在地上或脚凳上。坐直时，胳膊应呈 90 度角，便于打字。
- 办公桌。要有较大的表面空间，高度至少 76 厘米。最理想的高度为坐姿时手肘的高度（如果桌子不能调节，就把椅子调整到合适的高度）。可将不同的办公桌用挡板隔开，降低噪音、保护隐私。如果你承担多项不同的任务，最好使用 L 形办公桌。
- 电脑。屏幕越大越好。显示器距眼睛至少 50 厘米。正常来说，显示器的顶部与眼睛同高，这样你可以稍微向下看。
- 布局。"风水"在办公室很有效果。要将办公室门口装扮得让人眼前一亮。整理好办公桌，让你能看见谁进了办公室，或者如果门口在你身后，你可以在桌上放一面小镜子。在墙上挂关于运动的图画。提供一个专门的放松休闲空间，让员工暂时远离工作。
- 温度。太热会导致员工分心，进而降低工作效率；太冷也会让人更容易犯错甚至生病。理想的温度为 21 ～ 22 摄氏度。

对物理环境没有固定的要求，你可以多尝试一些方法，看看对自己和团队来说哪种方法最好。

CHAPTER 9
第 9 章
精力管理的四个策略

> 成功的关键在于实现脑力、情绪、精神和体力上的成长。
>
> ——朱利叶斯·欧文（Julius Erving）
>
> 美国运动员

精力就是力量，无论你从哪个角度看待它。就像电灯泡需要电力来维持运转一样，高绩效领导者每天也需要大量精力来维持业绩，而这只能通过保护好精力来源、保持最佳状态来实现。机器或许只需要一种能量来源，但人类有四个核心的精力需求——体力、情绪、脑力和精神。通过管理消耗和恢复精力的方式，确保这四个核心需求都保持健康，我们可以保证更高的生活质量，并通过自己的健康行为和选择给周围的人树立榜样。领导力在很大程度上是一种平衡精力的行为。

在激发和进一步提升精力水平之间取得平衡，会给你的团队带来极大的好处，帮助他们在日常工作中进一步发挥潜能。人们的需求越能得到满足，他们就会越快乐，而快乐的团队可以打造成功的组织。

9.1　工作中的精力管理

要让员工全身心投入工作，你要满足他们四个方面的需求：

- 体力：有效地消耗精力，定期休息和恢复（身体投入）。
- 情绪：享受愉快的时刻，得到关心、重视和共鸣（心灵投入）。
- 脑力：有权划定边界并集中注意力（思想投入）。
- 精神：在自己从事的工作中找到意义和目标，超越眼前的自我利益（精神投入）。

2014年，精力项目（The Energy Project）与《哈佛商业评论》合作研究了雇主满足四方面核心需求对员工业绩产生的影响。调查对象包括两万多名员工，结果如图9-1所示，非常有说服力[一]。

图9-1中的统计数据表明，员工得到满足的核心需求越多，有关业绩和健康的几个变量的提升就越大。例如，满足三个核心需求可以将他们的工作积极性提高到完全没有满足时的两倍以上，并将专注度提高200%！

[一] The Energy Project and Harvard Business Review (2014). "The human era @ work: Findings from The Energy Project and Harvard Business Review". White paper. [Online] Available from: http://documents.kenyon.edu/humanresources/Whitepaper_Human_Era_at_Work.pdf.

我很高兴这些数字能引起你的注意，因为"人类可持续发展"的所有进步都始于你——领导者。满足所有四方面需求后，你将看到员工的满意度和工作效率飙升——精力是会传染的，整个团队都会受到感染。

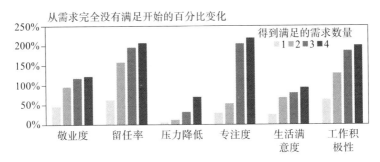

图 9-1　满足员工核心需求的影响

资料来源：T. 施瓦茨（T. Schwartz）和 C. 波拉斯（C. Porath），"满足员工需求的力量"（https://hbr.org/2014/06/the-power-of-meeting-your-employees-needs），哈佛商学院出版社再版。

有效的精力管理离不开两个关键原则：

- **精力恢复**：与机器不同，人类需要遵循工作和休息的节奏。经过一段时间的活动后，我们需要补充并储备精力，重新恢复消耗的精力。这对于脑力和情绪领域尤其重要，大多数人在这两个方面都使用得过度了。
- **能力建设**：我们可以通过进一步提升自己、突破当前的极限，然后用一段时间进行密集恢复来提高储备精力的能力。通过这种方式，我们将有更大的力量去应对眼前的任务。大多数人在体力和精神方面训练不足，如果我们能提高这两方面的优势，将受益匪浅。

在此基础上，我制定了以下四方面的策略，帮助你给维持并最大限度地提升自己的精力水平开个好头。其中很多内容都存在重叠，有助于同时提升多方面精力，你可以很快看到效果。

9.2 体力策略

如果你不是运动员，你的工作也不需要运动，你就有可能忽视体力的重要性。毕竟，与工作相关的技能（思考、规划、创造力等）以及你对工作的敬业度与幸福感都来自大脑，那么专注于其他三个方面不是更有用吗？不是。体力是我们最主要也是最基本的精力来源，即使我们的工作需要久坐。[⊖]它是所有其他精力的基础，我们做任何事情都离不开体力。确保给自己适当的休息和营养，这有助于我们更好地集中精力和管理自己的情绪，从而对脑力和情绪产生积极影响。体育锻炼也能提高我们的认知能力和思维清晰度，并提供专注工作所必要的活力。一旦我们的身体系统失调，其他一切也会失去平衡。因此，要想让表现和感受最好，良好的体力是必不可少的。我们的体力受四个日常因素所影响，包括饮食和营养、运动和健身、白天休息还有睡眠，这些对于进一步提高身体健康水平、增强力量和耐力都很重要。

⊖ Loehr, Jim and Schwartz, Tony (2003). *The Power of Full Engagement: Managing Energy, Not Time, Is the Key to High Performance and Personal Renewal*. New York: Simon & Schuster.

饮食和营养

在饮食方面，人们的第一反应是"节食减肥"，这是现代的一种流行趋势，为关心体重的人们创造了新的饮食时尚。但是吃什么和怎么吃不仅会影响我们的体重，还会给一天中的专注力、工作效率和业绩产生极大影响。2012年，杨百翰大学（Brigham Young University）针对两万名雇员展开调查，发现与饮食健康的人相比，饮食不健康的雇员工作效率下降的可能性多出66%。㊀研究还发现，很少吃水果、蔬菜和其他低脂食物的雇员工作效率下降的概率比其他人高93%。不良的饮食和营养会给企业的成功造成巨大影响。因此，作为一个希望发挥员工全部潜能、提高员工健康水平的领导者，你需要掌握均衡营养的基本知识。

（1）补充正确的能量。你吃下去的大部分食物都会转化为葡萄糖，进入血液并供给大脑，保持大脑的警觉性。如果你长时间不吃东西，身体就会为了保存能量而停止活动，葡萄糖水平和新陈代谢都会下降。这时，大多数人的注意力都会分散，并且难以再次集中。面对这种情况，我们的反应往往是大口吞下手边的任何食物，试图迅速提高精力水平——如果早上没吃饭，我们也许会在上午吃一个甜甜圈，或者中午在外面吃一份快餐。蛋糕和糖果等含糖食物，或者白面包和炸薯条等淀粉类

㊀ Hollingshead, Todd (2012). "Poor employee health means slacking on the job, business losses". *BYU News*, 19 August. [Online] Available from: https://news.byu.edu/news/poor-employee-health-meansslacking-job-business-losses.

加工食品会迅速释放葡萄糖,让你短暂地爆发出能量。这时,你的身体会分泌胰岛素来防止血糖水平过高。虽然你可能享受了 20 分钟的活力,但胰岛素的释放会导致血糖水平急剧下降,让你再次感到虚弱、紧张、暴躁和饥饿。你此时会情绪低落,迫切需要吃一些含糖或淀粉的零食来提高精力水平,结果却再次陷入了血糖和胰岛素的循环。图 9-2 是血糖水平的曲线图,显示了我们摄入大量含糖或淀粉的食物以后的血糖变化。

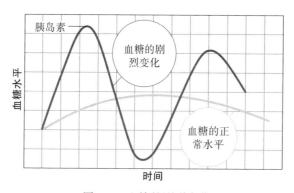

图 9-2　血糖的剧烈变化

合理饮食的关键在于认识到哪些东西能带来持续的精力,而不是在短时间内让精力水平剧烈升高。为了避免精力在高峰和低谷之间震荡,你必须摄入更多"缓释"食物,例如燕麦、全麦、糙米或意大利面㊀,以及不含淀粉的水果和蔬菜,例如浆果、苹果、绿叶蔬菜和辣椒。你可以从鸡肉、鱼肉、奶酪、鸡蛋或豆腐中获取蛋白质,并从坚果、橄榄油和牛油果中获取健

㊀ 意大利面富含复合碳水化合物,这种碳水化合物在人体内分解缓慢,不会引起血糖迅速升高。——译者注

康脂肪。这些食物可以在一天中缓慢而稳定地释放能量，帮助你在两餐之间维持高水平的专注度。为了更好地了解哪些食物更适合、哪些食物应尽量避免，我建议参考血糖生成指数（GI），很多网站上都有相关信息。大量碳水化合物，例如蛋糕、甜甜圈以及精米白面的血糖生成指数都很高。你需要摄入的是血糖生成指数低的食物。

（2）**少食多餐**。很多人习惯一天吃两三顿饭，而且在两餐之间会感到饥饿，所以吃饭时会吃撑，结果感到腹胀和困倦。然而，大多数营养学家认为，在一天中每隔一段时间摄入少量均衡的食物是延长精力的更有效方法。首先，少食多餐意味着你的大脑整天都有持续的葡萄糖供应，以及保持健康所需的营养物质。其次，每次少吃一点可以减轻消化系统的压力，让你回到工作岗位时不会昏昏沉沉，从而更快地集中注意力。最后，这样做消除了不健康的零食的诱惑，提供了改善饮食习惯的简单方法。从一顿丰盛的早餐开始（水果粥是个不错的选择），一天争取吃五到六顿饭，每顿均匀地间隔开，从而保证血糖水平稳定，如果可以的话最好养成习惯。如果你最近暴饮暴食了，那么试着固定进食次数。就算你失去了食欲，到了饭点也要强迫自己吃东西——你可能不觉得饿，但是你的身体（和大脑）仍然需要加满燃料才能满负荷运转。

这种进食方式在忙碌的工作日看起来似乎不切实际，但如果你规划得好，或者提前准备好食物，也不是不能实现。在《哈佛商业评论》发表的一篇文章中，健康和生产力专家罗恩·弗里德曼（Ron Friedman）给出了一个非常好的建议："在感到饥

饿之前想好吃什么。"㊀通过提前选择好食物,你不太可能落入选择廉价、速食、加工食品的陷阱。以下是一些方法:

- **不浪费、不匮乏**。如果可以的话,把前一天晚上吃剩的食物带到办公室,防止你在感到饥饿的时候跑出去买东西。
- **好而简单**。准备一些好做又有营养的食物,例如炒蔬菜。
- **把冰箱装满**。一次做好大量健康的菜,分成小份,装入冷冻或冷藏室,为下周做好准备。食用时可以直接解冻或再加热。
- **提前做好出去吃的安排**。如果你要出去吃午饭,那么,你最好早上就定好在哪里吃,不要等到已经出门再做决定。通过预先规划而非冲动做决定,你将更好地抵御不健康食物的诱惑。
- **准备一些零食**。确保你手边有些健康的小零食,例如新鲜蔬菜、新鲜或冻干水果、坚果和能量棒,杜绝蛋糕和巧克力。每周一把健康的零食带到办公室,放在电脑旁,准备好一周的量。
- **做一份混合蛋白奶昔**。如果你没有时间吃东西,那么蛋白奶昔是一种方便的代餐食物,比你什么都不吃要好。而且它比咖啡或软饮更健康。

(3)**养成健康的习惯**。如果你感到不堪重负、焦虑或暴躁,

㊀ Friedman, Ron (2014). "What you eat affects your productivity". *Harvard Business Review*, 17 October. [Online] Available from: https://hbr.org/2014/10/what-you-eat-affects-your-productivity.

饮食习惯往往是第一个遭遇改变的。如果你最近没有认真关注自己的饮食习惯,或者正在经历低谷期,你可以通过以下方法重新振作起来:

- **多喝水**。人身体约 2/3 是由水组成的,所以多喝水是提高精力水平和净化身体系统的最重要方法之一。喝水不足会降低身体的效能,导致头痛和嗜睡。欧洲国家的建议液体摄入量是女性每天 1.6 升、男性每天 2 升。"液体"可以包括其他能补充水的饮料,如果汁、牛奶、软饮、茶和咖啡,但直接喝水是目前为止最好的方法。我建议你随身带一瓶水,喝完了再接满。如果你不喜欢白开水的味道,可以试试苏打水,或者加一片柠檬或酸橙来增加一点味道。
- **限制咖啡因的摄入量或干脆不摄入**。过多的咖啡因会使你的身体进入一种高度激动和不安的状态,即使你没有压力,它也会引发焦虑反应。欧洲食品安全局(European Food Safety Authority)发布的文件指出,对大多数健康的成年人来说,每天摄入咖啡因不超过 400 毫克为安全标准——大致相当于 4 杯速溶咖啡、8 杯茶、10 罐可乐或两瓶能量饮料中的咖啡因含量。将摄入量保持在这个限度以内,另外不要在深夜喝咖啡,这会干扰睡眠。尝试用不含咖啡因的饮料代替咖啡、茶和可乐,或者选择绿茶或其他花草茶。绿茶中有足够的咖啡因让你保持清醒,但不至于神经过敏。晚上可以试试菊花茶,它含有天然的化学物质,可以舒缓大脑神经。

- **补充维生素**。你每天可以吃多种保健品来保证身体所需的各种维生素和矿物质。即使只是边缘性维生素缺乏，也会对你的精力产生负面影响。例如，缺乏 B 族维生素，如叶酸（维生素 B9）、维生素 B6 和 B12 会引发抑郁或情绪低落，因为这些维生素是产生和处理体内的神经递质的关键。你可以增加每天 B 族复合补充剂的摄入量。维生素 C 也是有效的抗氧化剂，能全面提高精力水平。如果在重要的会议之前需要大量补充能量，可以喝一瓶维生素 C 饮料。

- **补充脂肪**。Omega-3、Omega-6 和 Omega-9 都是人体必需的脂肪酸，可以维持健康的大脑功能。我们大多数人都有充足的 Omega-6 和 Omega-9，但是缺乏 Omega-3。Omega-3 最好的来源是冷水鱼（鲭鱼、三文鱼、鳕鱼、沙丁鱼和金枪鱼）以及鱼油补充剂。如果你不爱吃鱼，可以试试亚麻籽、核桃、富含 Omega-3 的鸡蛋和深色绿叶菜。

- **远离不好的东西**。很多人在压力之下会使用烟酒和药物作为"快速疗法"，让自己感觉更好。从长远来看，这些东西会影响你的工作动力，消耗体力和情绪精力。举个例子，酒精是一种抑制剂，会导致情绪波动。它也含有大量"空热量"。一品脱（约 0.57 升）啤酒的热量为 200 卡路里，相当于一个糖衣甜甜圈，所以大量饮酒会导致体重增加，与通宵工作时吃了一个甜甜圈一样。尊重自己的身体和大脑，尽量减少或避免这些物质的摄入。

- **开展团队合作。**在工作期间开展健康饮食项目，支持团队成员改善饮食。加入有组织的活动或俱乐部，因为团队是在这个过程中促进社交、维持每个人的积极性的重要途径。

运动和健身

运动对我们有好处，这一点大家都知道。我们都熟悉运动能带来的明显好处：减掉多余的体重，改善体形，降低患病的概率。但我们不知道的是，运动对我们的成功至关重要，它可以：

- 降低压力水平。
- 提高专注度。
- 改善记忆力。
- 提高精神耐力。
- 提高创造力。
- 提高快速学习的能力。
- 改善情绪。（这对我们的合作对象来说是件好事！）

大量研究已经一次又一次证明了运动和心智能量之间的关系。例如，布里斯托大学（University of Bristol）和利兹城市大学（Leeds Metropolitan University）开展的联合研究显示，在工作期间健身有助于提升当天的业绩。研究人员观察了使用公司健身房对不同公司 200 多名员工的影响。结果显示，使用健身房的员工当天的工作效率更高，还能更有效地安排时间。他们

第 9 章
精力管理的四个策略

与同事的沟通也有所改善，下班时的满足感较高。[1]

如果你也想体会这些好处，你就要掸掉运动裤上的灰尘，开始运动起来。不要再使用"我没时间"这个过时的借口了。我并没有建议你在公司每周锻炼五天。运动时间就在那里——你要做的是妥善管理好自己的精力，让它发挥最大效果。不需要等很久，几周后你就能看到身体状况有所变化。一般推荐的运动方案是持续锻炼 20 ~ 30 分钟，每周 3 ~ 5 天。但这个方案不是一成不变的，关键是要找到适合你的方法。以下建议可以确保你在开始运动之前不至于精疲力竭。

（1）**采用混合的方法**。为了让自己运动起来，你需要寻找一套自己喜欢的组合运动方法。每天做同样的运动太乏味了，最好换一换方法，让自己不至于因为枯燥而放弃。你的身体和大脑一样，都需要换着花样来刺激。我建议在不同类型的运动之间轮换，例如有氧运动、力量训练、柔韧性和体态训练。所有类型的运动对改善身体健康和提高精力水平来说都很重要。

- **有氧运动**：这是一种充满动感和节奏感的运动，可以提高心率，迫使你用力呼吸，让更多氧气进入肺部。有氧运动包括健步走、慢跑、游泳、跳舞、徒步旅行、骑自行车，以及足球、壁球或网球等球类运动——基本上包括任何能提高心率的运动。
- **力量训练**：它包括短促有力的爆发性运动，可以增强力量、

---

[1] Coulson, Jo C., McKenna, Jim and Field, Matthew (2008). "Exercising at work and self-reported work performance". *International Journal of Workplace Health Management*, 1(3), pp. 176–197.

韧性并增加肌肉，同时还能提高新陈代谢率。具体包括举重、下蹲、使用弹力带的运动、体操和借助自身体重的推拉运动。园艺和建造工作也属于这个范畴。

- **柔韧性和体态训练**：这种类型的运动可以拉伸肌肉，使你的身体保持柔软，还能塑形。它类似于"身体管家"，确保你合理支配自己的身体，同时保持体态优美。具体包括瑜伽、太极、普拉提、亚历山大健身技术、武术和各种拉伸运动。

（2）**将运动作为自己的生活方式**。你要选择适合自己的项目。有些人早上起来第一件事就是运动，在吃早餐之前快走或慢跑；还有些人会在一天的工作结束后去健身房或者上一节动感单车课。你要根据你自己的习惯来决定最适合自己的运动方式。如果你喜欢在周六早上逛街，那么在这之后去健身房可能不是个好主意，因为你这时太累了，很难坚持下来。可以在久坐之后锻炼一下，哪怕只是在小区内遛狗，或者周日与孩子在公园踢足球。安排锻炼时间时，不要只想着下班时间。可以把它作为一项常规的工作内容。适当运动后，你的认知能力会迅速提高，所以你要在工作期间（或者占用某段休息时间）锻炼至少20～30分钟。或者在午休时间上一节健身课。这会给团队树立一个很好的榜样。你需要让他们知道你全力支持他们在工作时间增强体力。

（3）**做一些投资**。努力掌握一项运动，而不仅仅是"变得更健康"，由此来证明你对运动的投入。制定阶段性目标，推动自己达到新的体力或能力水平，并监督自己进步。例如，如果你选择跑步或游泳，你可以计算你跑了或游了一段距离所需的时间，对比每个月的结果。聘请一位私教或报名参加课程来提高自己的水平，购买合适的健身服或装备，证明自己是认真的。制订一个可行的计划，例如每天健身1小时，每周3～4次。将运动时间记录在日程表或待办事项中，完成后在它旁边打钩。注意观察自己运动后的感受。

（4）**组团运动**。与他人一起运动有助于让健身计划拥有更多乐趣，同时也使人更容易坚持下去。同时，为了不让其他人失望，你不太可能临阵脱逃。除此之外，团体活动效果也更好。可以尝试排球、足球、双打网球或任何能通过个人努力实现团队成功的运动。考虑在公司创立体育俱乐部、健步走小组或开展团队健身活动，这有助于同事之间相互激励。

（5）**工作久了站起来走一走**。久坐不动会损害我们的健康和体态。办公室职员尤其面临这种风险。可以通过运动打破久坐：

- 每35～40分钟进行小幅运动，例如坐在椅子上拉伸（活动肩颈、抬起胳膊、活动脚踝）。
- 每90～120分钟进行大幅运动，例如站起来走几分钟，或者做一些跳跃运动。

做些运动总比一动不动要好。每天找机会活动一下，例如用走楼梯取代坐电梯，用骑车上班代替打车。

白天休息

我在第 8 章介绍了人体警觉性在一天中会经历 90 ~ 120 分钟的从高到低的周期——代表精力的起伏。为了达到最佳工作状态，我们需要允许自己有精力不足的时候，并通过休息来补充精力。如果我们试图打破这种循环，身体就会进入"战斗或逃跑"模式，充满压力荷尔蒙。当人们通过加倍摄入咖啡、吸烟或吃垃圾食品来暂时缓解压力时就会产生这种状态，但这样只会加剧潜在的问题。长期消耗精力，而没有足够的恢复，终将导致倦怠和崩溃。在一级方程式大奖赛中，即便是速度最快的高性能赛车，如果不进站一两次，也无法赢得比赛。在这方面，人与赛车没有什么不同。如果我们想要始终保持高速赛跑，就必须在一天之内定期"进站"，补充"燃料"和进行"维修"。否则在比赛结束前，我们的"引擎"可能就坏了。2014 年的生活—工作质量调查（Quality of Life @ Work Study）显示，每工作 90 分钟休息一次的员工通常有以下表现：[一]

- 专注度高 28%。
- 创意思维能力高 40%。
- 健康水平高 30%。

如果你厌倦了每天像行尸走肉一样拖着疲惫的身体回家，

[一] The Energy Project and Harvard Business Review (2014). "The human era @ work: Findings from The Energy Project and Harvard Business Review". White paper. [Online] Available from: http://documents.kenyon.edu/humanresources/Whitepaper_Human_Era_at_Work.pdf.

或者在一周的工作结束时感觉身心俱疲，你就要在一天中每隔90～120分钟休息一下。读点书，听听音乐，上会儿网，给朋友打个电话，做点运动，或者只是看看窗外。如果你乘坐交通工具上下班，不要查看电子邮件或掏出工作文件。让自己放空，与其他乘客聊聊天，或者做10分钟冥想进行"身体扫描"。只要能帮助你放松和补充精力，什么都可以。

睡眠

如果晚上睡得好，我们都会有感觉。良好的睡眠会让你在醒来时感到神清气爽，准备好迎接一天的到来，无论要面对的是什么。如果睡得不好，你很有可能注意力分散，精力不足，甚至一整天都难以完成工作。2015年，兰德欧洲（Rand Europe）和剑桥大学针对2.1万名员工进行调查，结果发现，睡眠不到6小时的人工作效率明显低于睡眠达7～8小时的人。[一]

绝大多数人都需要7～9小时的睡眠，从而保持工作的最佳状态，但个体差异也很大。年龄越大，需要的睡眠就越少，睡眠也较轻。我们在大多数情况下都能保证每天早上在同一时间起床——闹钟可以确保这一点，但是每天晚上很难及时上床睡觉。即使我们早已离开办公室，工作上的烦心事仍然会让人心烦意乱，导致我们晚睡，而且难以享受深度睡眠，因为大脑

[一] Hafner, Marco, van Stolk, Christian, Saunders, Catherine, Krapels, Joachim and Baruch, Ben (2015). "Health, wellbeing and productivity in the workplace". *Rand Europe*. [Online] Available from: http://www.rand.org/content/dam/rand/pubs/research_reports/RR1000/RR1084/RAND_RR1084.pdf.

还在运转。忙碌的领导者在凌晨醒来总会焦躁地想着最近的事，或者担心第二天要做什么。但是我们的生活压力越大，睡个好觉就越有必要。以下睡眠方法可以让你享受更多平静和安宁的夜晚：

（1）保持同一作息。每天在同一时间睡觉和起床，这有助于你调节"生物钟"，让它习惯于固定的睡眠模式和自然规律。这样做的好处是，白天的效率更高，晚上的睡眠也会更好。如果你把闹钟设定在早上6：30，那么可以每晚11点左右上床睡觉。我知道很多人喜欢在周末睡懒觉，但你要尽量每天坚持同样的作息，以免周一早上起不来。如果你很难入睡，这可能会影响心情，但是不要强迫自己入睡，或者一直盯着表看，这只会增加你的压力。如果你在20分钟后还没睡着，那就起来做一些放松的事，例如阅读或听音乐——最好在另一个房间。当你产生困意的时候再回到床上。

（2）调暗灯光，营造舒适的环境。为了提高睡眠质量，最好营造舒适的卧室环境。大多数人都喜欢安静、黑暗的环境。首先，确保有一张舒服的床和床垫。如果床垫用了7年以上，有些磨损了（存在塌陷情况、破损、污渍），你就要尽快更换了。干净的床单和枕套也会对提高睡眠质量有帮助。黑暗是一个强大的信号，告诉你的身体该睡觉了。你可以使用遮光窗帘或者眼罩。卧室的温度应该保持凉爽（最好在16～18摄氏度之间），房间应该通风良好。必须保持安静！关掉电视，用耳塞或"白噪音"降低室外噪音（交通噪音、吵闹的邻居）或室内噪音（鼾声、钟表嘀嗒声）。

（3）**睡前关闭电子设备**。如果你喜欢在睡前查看电子邮件、登录社交网站、发信息或者用笔记本处理业务……停下来！为所有工作相关的活动设置一个截止时间，例如晚上 7 点或 8 点，让自己逐渐放松下来。另外，尽量避免在睡前半小时到一小时内看亮着的屏幕。科学家发现，电子产品（电脑、手机和电视）发出的蓝光有可能干扰睡眠，因为它会延迟褪黑素的释放，并向大脑发出警报。但是如果你无论如何都不愿意放下电子设备，可以采用以下防蓝光的办法：

- **戴琥珀色或橙色镜片的眼镜**。这种有色镜片可以有效阻断干扰褪黑素分泌的蓝光光谱。
- **使用 f.lux**。这是一款可以根据一天的时间调整设备屏幕颜色设置的应用程序。天黑后，屏幕色温会变高，亮度降低，从而削弱蓝光的强度。

（4）**完成一套睡前放松仪式**。你上床的时候越放松，就会睡得越好。利用睡前一小时的时间放松自己，做一些让你觉得愉快和舒缓的事情（但尽量避免看屏幕，包括看电视，详见上一条）。每天遵循类似的流程会让你更快入睡，因为你的大脑会产生联想，认为这是睡眠时间。以下是睡前"仪式"的一些示例：

- 洗个热水澡。
- 听一些放松的音乐。
- 读一本书。
- 写一篇日记（有助于消除你的忧虑）。

- 做放松或冥想练习。
- 回想一天中的成果,或者令你感激的事情。
- 做一些舒缓的瑜伽。

9.3　情绪策略

情绪精力代表你控制和维持情绪的能力。情绪精力高的人会感到积极、热情和快乐;情绪精力低的人更容易感到不安、愤怒或焦虑。在感到压力和脆弱的时候,如果你的体力储备不足,而且没有足够的时间来恢复,你的情绪就会失衡,你会变得消极。从精力的角度看,消极情绪成本高昂且低效,它会迅速摧毁你的精力储备。从长期来看,这些沮丧、担忧或者绝望的情绪有极强的破坏力,会让你陷入抑郁。妥善管理自己的情绪精力会带来极大的好处——它有助于培养你的耐力,让你持久地进行高强度作战而不觉得累。你越能填满自己的情绪储备,就越有韧劲,在巨大的压力下也能有更好的表现。

对领导者和管理者来说,在紧张的高压形势下认清和管理好自己的情绪尤为重要。你的情绪精力与影响力息息相关。我们应该都听说过一些充满智慧和体力的高管却不懂得控制自己的情绪,没有建立积极的社会关系的例子。这种人在很多方面或许都出类拔萃,但他们无疑是糟糕的领导者,因为他们缺乏影响和激励他人的能力。消极情绪具有传染性,会让其他人产生恐惧、愤怒和防备心理,阻碍人们发挥最大能力。你管理情绪的方法体现了你的情绪智力,这是预测你是否能取得更大成就、为自己和他人谋福利、为组织争取亮眼成绩的重要指标。

作为积极领导者，你有能力控制自己的感受，在感到沮丧后采取措施来克服消极情绪，重新实现情绪的平衡。与此同时，你也应该做一些能培养积极情绪的事情，例如找一些有趣而充实的事来做，这些是恢复和提高情绪的重要途径。我推荐采用以下方法来应对情绪的起伏，重新获得平衡。

呼吸和放松

全神贯注地呼吸是应对日常的消极情绪的最为快捷和有效的方法之一。如果你发现自己变得紧张、愤怒或过度沮丧，那么你可以花两分钟时间专注呼吸，这有助于你平静下来，缓解焦虑。虽然我们每时每刻都在呼吸，但很少有人真正掌握正确的呼吸方法，这点值得注意。我们的呼吸往往比较浅，即进行的是所谓的"胸式呼吸"。我们的压力越大，呼吸就会越浅、越快、越不规律，这是因为身体受到威胁的第一反应是提高心率和呼吸频率。在感到恐慌时，我们会过快地呼吸，这会降低血液中的二氧化碳水平，减少流向其他器官的血液。换句话说，大脑除了保留基本的生存机制外，停止了所有正常的工作，也阻止我们做出理性的决定。相反，当我们睡着的时候，呼吸是缓慢、深度且稳定的，深呼吸用的是横膈膜，而不是胸腔。○这是理想的呼吸方式，有助于降低心率、放松肌肉、使血液中的二氧化碳含量达到正常水平，同时确保情绪稳定。专注地呼吸

○ Mind Gym (2005). *The Mind Gym: Wake Your Mind Up*. London: Sphere.

指的是你有意识地按照这样的方式来呼吸，使身体和情绪平静下来。当你下一次感到情绪不稳定时，可以花几分钟做一做下面的练习：

> **练习 9-1　深呼吸的方法**
>
> - 躺下来，或者以放松的姿势坐着，不要交叉双臂或跷起腿。（如果必要的话，也可以站着做。）
> - 闭上眼睛，保持面部放松。
> - 把注意力放在呼吸上。可以把手放在腹部或胸部上。
> - 闭上嘴，用鼻子呼吸。
> - 腹部用力，轻轻地深呼吸，横膈膜会在吸气时打开，在呼气时关闭。吸气时，在心里默念"吸"，呼气时默念"呼"。想象压力随着呼气逐渐排出体外了。
> - 在做这个练习时，不要屏住呼吸，尽量放松下来。如果一开始做得不好，也不要担心，当你放松下来时，呼吸也会更轻松。一个小技巧：在吸气时数到"四"再呼气，在呼气时数到"七"再吸气。
> - 在观察和感受每一次呼吸时，注意自己如何忘掉了情绪。你可以稍加控制，将这些情绪变成有意识的选择，而不是自动的反应。
> - 坚持几分钟，或者按照自己的想法来，确保呼吸缓慢而稳定。

这种专注的呼吸方法也可以拓展为渐进式的肌肉放松练习，让你的情绪得到更彻底的提升。更多方法请参考 http://positiveleaderbook.com/musclerelaxationexercise。这项活动需要更多时间——最好能保证 10～30 分钟——所以你必须确保有整块不受干扰的时间来做这项活动。

抽出时间来享受

这听起来太容易了，而且在很多方面确实很容易。但是我们有多少次真正从百忙之中抽出时间来做自己喜欢的事呢？我在培训课上的发现令人震惊：高管们每周只有几小时的时间去做自己觉得有趣、能够提高兴致的事。实际上，"快乐"成了一种奢侈品，而不是克服消极情绪的常用手段。Direct Line Insurance 公司 2013 年的一项研究证实了这一结果。该研究调查了 2000 人在工作之余的理想休闲时间，并与实际休闲时间做了对比。结果表明，人们每周需要 6 小时 59 分钟的休闲时间才能感到幸福和放松。但实际上，由于经常处于忙碌状态，人们每周的平均休闲时间只有 4 小时 14 分钟。㊀就精力管理而言，我们的休闲和工作是密不可分的，实现工作与生活的平衡对提高工作效率至关重要。高质量的休闲时间对重新点燃激情和恢复活力来说必不可少，这两点都是提高工作热情和精力的重要手段。

㊀ Bell, Poorna (2013). "The official amount of free time you need to be happy". *The Huffington Post*, 7 June. [Online] Available from: http://www.huffingtonpost.co.uk/2013/06/07/seven-hours-work-lifebalance_n_3401624.html.

你有必要让自己尝试一些很想要做且在工作之余喜欢做的事情。偶尔的假期或周末休息也是很棒的体验，但这间隔的时间太长，所以你要再想想其他可以频繁从事的活动或爱好。不要只考虑那些让你迅速或被动地感到满足的娱乐活动，例如看电视、上网、去游乐场或购物；也要找一些需要付出努力的活动，如园艺、阅读非小说类作品、上烹饪课、运动、学习一种乐器或淘古玩。情绪恢复的深度或质量很重要，延迟的满足往往能在长期产生更高的积极性，实现持久的幸福。将"快乐"和"心流"结合起来的活动会让你在这两方面都做到最好。你可以结合自己的兴趣，尝试以下活动：

- 音乐：听音乐、唱歌或弹奏乐器。
- 园艺。
- 艺术和手工：涂鸦、绘画、做陶艺、表演。
- 阅读：看小说和非小说类作品，报纸或杂志。
- 看电影、音乐会或舞台剧。
- 户外活动：参观博物馆、主题公园、美术展或划船。
- 烹饪：尝试新的食谱，烘焙或装饰蛋糕。
- 动物：养一只宠物或参观农场。
- 针线活：编织、缝补、刺绣或制作挂毯。
- 运动：观看或亲自参与。
- 上课：上舞蹈课、瑜伽课甚至语言课。
- 字谜和游戏：猜字谜，玩棋盘游戏、拼字游戏、纸牌游戏、数独游戏或电脑游戏。

- 社交：与朋友聊天、闲逛或做些事情。
- 摄影：拍照、编辑照片或参观展览。
- 写作：写博客、小说、信件或诗歌。

练习9-2　不得不做、必须要做和喜欢做的事

忙碌的人需要停下来，想想自己喜欢做什么，因为你之前可能从来没想过这个问题。可以做一个与表9-1类似的表格，将你在工作之外的时间里不得不做、必须要做和喜欢做的事分别列出来。

表9-1　不得不做、必须要做和喜欢做的事

我不得不……	我必须……	我喜欢……
·出去采购食物 ·下星期找一位临时保姆 ·去银行查看账户 ·带孩子去看牙医 ·尽快把电脑拿去修	·去看望多年未见的婶婶 ·修好厨房漏水的地方 ·把车子送去检查 ·买新的衣服和鞋 ·除草、清理花园	·与孩子玩游戏 ·与老朋友叙旧 ·读一直想读的书 ·看大家都在看的节目 ·去新开的餐馆吃个饭

类似于上表的表格可以帮助你更清楚地了解自己在哪些方面做得太多，在哪些方面做得不够。在理想的情况下，职责和休闲之间应该达到平衡。你是否在前两栏花费了太多精力，而忽略了最后一栏？不管怎样，既然你现在知道自己喜欢什么，就要行动起来了。关键是要把这些你喜欢做的事作为优先事项，并把花在上面的时间作为对情绪健康的投资。安排好个人活动，

例如提前定好某个晚上为朋友做饭，或培养一项爱好。如果将它写在日记里，实现的可能性就更大。每天开展一项愉快的、能滋养情感的活动，哪怕只是小事，例如与伴侣一起看你最喜欢的电视节目，但是请确保在此期间不受干扰。

了解自己的情绪

每位领导者都听说过一条经典的商业法则："如果你不能衡量它，你就无法管理它。"在某些方面，这也适用于你的情绪。如果你没有定期了解自己的感受，就得不到更好地控制情绪所需的数据；如果没有数据来增强意识，你就无法平衡自己的情绪、调整心情、积极改变生活和表现。你可以利用情绪表格记录自己情绪的上下波动，了解生活中的哪些事让你在情绪上充实或消耗了你的精力。情绪实际上是一种感受，通过定期记录自己的感受，你就能了解何时以及是否需要改变它。随着时间的推移，你可以利用自己的情绪表格解读危险信号，预测未来的压力。这有助于你提前采取干预措施，防止情绪失衡。

> **练习 9-3　情绪表格**
>
> 　　参考表 9-2，制作你自己的情绪表格。⊖左边一栏填入决定你的情绪健康的最重要活动。你可以根据自己的

⊖ Adapted from the "peace of mind" chart featured in: Owen, Jo (2012). *How to Manage: The Art of Making Things Happen.* Third edition. Harlow: Pearson.

情况随意增加行数。例如,除了下表给出的内容,你还可以增加物理环境或工作条件,或者工作上的大事件,例如并购、接手新项目或晋升。根据你在每一项上的感受打分。使用 0~10 的评分标准,10 代表非常好或积极,5 代表中等,0 代表非常不好或消极。我建议每周做一次,因为如果每天评估的话,负担有点重。

表 9-2 情绪表格

活动	打分							
	第1周	第2周	第3周	第4周	第5周	第6周	第7周	第8周
饮食	8	9	4	2	4	7	8	9
运动	8	8	3	0	3	6	9	7
睡眠	7	8	4	2	3	6	9	8
工作进展	8	9	7	2	4	5	7	8
工作关系	8	6	2	4	3	5	6	8
家庭关系	7	7	4	3	9	6	9	7
休闲娱乐	7	4	2	1	5	7	8	8
社交	6	7	2	2	8	8	7	8
技能培训	7	5	3	4	6	7	5	8
总计	66	63	31	20	45	57	68	71

填写完情绪表格之后,你就对自己的情绪状况开展了一次有效检查。认真观察三个月,看看自己的情绪有什么变化。如果你是个技术爱好者,也可以使用情绪跟踪应用,例如 MoodPanda.com,来完成这个过程。

根据上面的例子，你可能会发现，当自己在工作中面临巨大挑战和压力时，会与上司或同事产生冲突，你的个人生活甚至也会受到影响。当出现这种情况时，你很容易耗尽自己的体力，但这正是你需要更好地照顾自己、寻求家人或社会帮助的时候。或者你可能会发现饮食不合理、连续几个晚上睡眠不足4个小时会让你非常易怒，这些都是工作出现问题的早期迹象。

要记住，消极的感受只是情绪的一种表现，你可以通过管理情绪来改变这种感受。[一]花一两分钟思考令你感激的事情，这可以大大改善你的情绪。感恩可以让你从另一个角度正确看待消极的时刻。那些让我们情绪低落的问题与我们得到的诸多馈赠相比，实在微不足道。但是感恩不是唯一的答案。无论通过哪种方式，你都能改变自己的情绪。你可能会发现，呼吸和放松的技巧能让你情绪舒缓下来，或者爱好和人际关系能转变你的情绪。一个简单的计划、有规律的锻炼、健康的饮食和足够的睡眠或许足以让你情绪稳定，或者你需要从根本上调整生活方式。全面的情绪日记、积极的肯定、冥想或者来自教练或导师的建议也是不错的选择。任何方法都可以，只要能改善你的情绪健康。

9.4　脑力策略

如你可能猜到的一样，脑力与你的思维和知识重点有关，

[一] Miller, Liz (2009). *Mood Mapping: Plot Your Way to Emotional Health and Happiness*. London: Pan Macmillan.

包括你的专注力、分析能力、学习能力和创造力。思考会消耗大量精力。大脑只占人体全部重量的2%，但是占人体耗氧量的20%还多，以及葡萄糖消耗量的25%左右。[⊖]做规划、头脑风暴、写报告和解决问题等活动会迅速消耗脑力。但尽管如此，我们很少花时间恢复脑力。专注力与肌肉一样，在经过一段时间的高压之后需要休息一会儿，否则就会变弱。如果大脑没有得到足够的休息，后果就会很严重，包括犯错的次数增加、判断力差、决策失误、创造力下降以及整合信息的效率低下。

在脑力层面上，最主要的问题是缺乏工作重点。要想做到最好，我们要专注、专注、再专注。有些脑力练习，例如良好的组织、规划和正念，可以帮助我们锻炼"脑力肌肉"，使我们更有效地利用自己的精力。通过排除干扰，对不必要的要求说"不"，我们可以避免给大脑增加过多的负担而导致它崩溃。以下是一些简单而有效的方法，可以帮助你排除消耗精力的干扰因素，提高工作的专注度。

正念与冥想

当你在超负荷的工作中挣扎时，你享受当下、控制思维的能力就会减弱。正念（Mindfulness）和冥想练习有助于帮助你恢复这种能力，更好地享受各种体验。正念的意思很简单，就

[⊖] Magistretti, Pierre J., Pellerin, Luc and Martin, Jean-Luc (1995). "Brain energy metabolism: An integrated cellular perspective". In: Floyd E. Bloom and David J. Kupfer (Eds). *Psychopharmacology: The Fourth Generation of Progress*. New York: Raven Press, pp. 657–670.

是活在当下。[一]它指的是你感知自己内心和周围环境的能力。正念要求你完全投入现状——真正地体会目前的处境，而不是分析它、思考过去或担心未来。毕竟，你只能影响现在，你改变不了过去，也控制不了将来。大多数人都被那些乱七八糟的想法、忧虑、议程、判断和争论占据了大脑，以至于注意不到周围的情形，也没有认真体会自己正在做的事。例如，当你在读这本书时，你有没有走神？例如想想晚上吃什么，或者最近的项目进展如何？在工作中，我们往往"无意识地"走过场，而没有真正地关注自己的行动和感受。正念教我们退后一步，让大脑平静下来，将它从纷纷扰扰的思绪中解放出来。这时我们可以将注意力转向任何事，对周围发生的事做出深思熟虑后的反应，而不是被动应对。

你在培养针对日常情况的专注度时，可以每天抽出少量时间培养正念，尽量养成习惯。这里就需要冥想（Meditation）了。冥想是人类已知的实现内心平静和放松的最古老的方法，它可以提供培养正念所需的最佳条件。冥想可以帮助人们集中注意力（专注于呼吸、一个物体、一句咒语或正在发生的事情），阻止思维去追求焦虑或无用的想法。微软、英特尔和通用磨坊等大公司都推出了大规模项目，在员工当中推广正念和冥想。那些将正念作为领导力实践的公司，例如英特尔，逐渐取得了非常积极的成果。针对英特尔员工的一项调查发现，公司推广正念后，他们的平均压力水平有所下降，整体幸福感提高。另外，

[一] Puddicome, Andy (2011). *Get Some Headspace: 10 Minutes Can Make All the Difference*. London: Hodder & Stoughton.

受访者表示，正念对于他们的脑力产生了积极的影响，例如专注力、创造力、创新能力和敬业度都有不同程度的提高。[一]有了这些效果，正念能够成为全球商业领域最热门的话题之一，也就不足为奇了。

如何培养正念

很多人发现，将正念练习与冥想或放松练习结合起来效果非常好，有助于实现内心的宁静。放松身体，专注地呼吸，这是意识到当下的第一步。但这绝不是唯一的方法。当你坐在安静的地方，在公园或安静的街道散步，洗个舒服的热水澡，吃午饭，开车或抚摸宠物时，你都可以获得正念。最好找到一个安静的环境，让自己不受干扰（这也意味着远离手机）。清理脑中混乱的想法，让感官来刺激你——关注你能看到、感觉到、闻到、听到和品尝到的东西。一旦进入了这种高度的意识状态，你就可以试着思考如何解决工作上的问题，或者思考你可以提出哪些创意了。你会惊喜地发现，你的创造力和洞察力都有所提高。

[一] Schaufenbuel, Kimberly (2014). "Bringing mindfulness to the workplace". *UNC Kenan-Flagler Business School*. [Online] Available from: http://www.kenan-flagler.unc.edu/~/media/Files/documents/executive-development/unc-white-paper-bringing-mindfulness-to-the-workplace_final.pdf.

> **练习 9-4　日常生活中的正念**
>
> 　　为了增强日常生活中的正念，你可以选择每天做一个简单的练习。从早晨的常规活动中找一些平凡而简单的事情，例如穿衣服或刷牙。或者让自己在做家务（如洗碗、铺床或熨衣服）的时候更加专注。将全部注意力集中在这一件事上，记录你的感受和体验。用所有感官去体会这一刻，使它更加充实和具有吸引力。如果你的脑中突然出现了令你分心的想法或担忧，不要管它。想象它像氢气球一样越飞越远，让意识重新回到当前的事情上。
>
> 　　写出这一周要做的正念练习：
>
> - 我将在早上的例行活动中培养正念（例如刮胡子、刷牙或铺床）。
> - 我将在本周内练习对以下家务的专注度（例如熨衣服、吸尘）。
> - 我将在本周内通过以下愉快的活动练习正念（例如在户外散步、洗热水澡、与朋友共进午餐、拥抱爱人）。

关注重要的事

我们花费了太多时间和精力在看似"紧急"的事情上——回电话、查看随机发送的电子邮件、做家务或接待客人，但这些事相对于全局来说并没有那么重要。这些活动消耗了我们的精力，导致我们没有足够的精力完成优先级最高的事项或者有助于完成使命的重要任务，例如长期规划和头脑风暴。重新规划重点工作和优先事项的一个有效方法是使用"富兰克林·柯维时间矩阵"（Franklin Covey Time Matrix），如图 9-3 所示，史蒂芬·柯维博士所著的《高效能人士的七个习惯》也引用了这个矩阵。[一]

	紧急	不紧急
重要	第一象限 紧急且重要	第二象限 不紧急但重要
不重要	第三象限 紧急但不重要	第四象限 不紧急且不重要

图 9-3　紧急 / 重要事项矩阵

资料来源：史蒂芬·柯维所著的《高效能人士的七个习惯》（西蒙与舒斯特出版社于 2004 年出版），经富兰克林·柯维许可复制。

图 9-3 表明，我们的日常事项可以归为四个象限：

- **第一象限：紧急且重要的事项。**这一象限包括危机、截止期限要到了的事情、紧迫的问题、需要"救火"的紧急行动、一些会议。

[一] Covey, Stephen R. (2004). *The 7 Habits of Highly Effective People: Powerful Lessons in Personal Change*. London: Simon & Schuster.

- **第二象限：不紧急但重要的事项**。这一象限包括准备或规划、关系的建立、积极的休闲娱乐、创造或创新、个人发展。
- **第三象限：紧急但不重要的事项**。这一象限包括干扰、无用的电话和电子邮件、无用的会议和报告。
- **第四象限：不紧急且不重要的事项**。这一象限包括琐事、忙碌的工作、消磨时间的东西、上网、垃圾邮件。

在图9-3中的左半边花费太长时间——不停地处理一个个紧急任务，几乎没有喘息的时间，会让人非常疲惫。一定程度的精神压力可能起到积极的作用，但压力过大将使你失去控制，难以圆满完成最重要的工作。这并不意味着你应该忽略第一象限的任务。紧急且重要的事项显然需要你立即处理，否则会产生严重的后果。然而，提高脑力精力的秘诀是将大部分时间花在第二象限，完成最重要的"高等级"工作，即使这些工作对时间不敏感。将更多精力用于创意思考和未来规划更有助于你取得卓越的成果。如果没有足够的重视，你会发现最重要的事项可能突然转移到了第一象限，截止时间迫在眉睫，或者由于规划和准备不充分而出现问题。所以你要采取措施，主动避免这种情况的发生。

第三和第四象限中的任务是你应该削减或彻底放弃的。如果这些任务不重要，你要想一想是否值得去做。对于这样的活动，你可以采用"3D"法，即"拖延"（Delay）、"委派"（Delegate）和"放弃"（Dismiss）。如果一项任务几乎毫无意义，你不如干脆放弃它——无意义的忙碌或者长时间上网、打游戏只会分散你的精力,所以它不应该出现在你的任务列表中。如果你喜欢浏览社交网站以放松,那就留到休息时间再看吧,而不应该把它列在任务列表中。对于那些紧急但不重要的任务,你需要改掉对其立刻做出回应的习惯。它们看起来似乎很紧急,但往往只是干扰因素。如果一项任务可以在两分钟之内完成,你可以马上去做;如果不行,你可以延后处理或委派给别人。如果事前安排好的会议干扰了你更重要的工作,那么会议可以推迟进行;需要马上提交的报告可以让别人去完成;有些干扰性的活动完全不值得你浪费时间。

9.5 精神策略

忽略这一点后果自负!精神是四大精力来源中最强大的一个,是我们生活的所有方面的行动力量。它驱动着我们生活的动力、方向、热情和承诺。我们不会从纯粹的宗教或形而上学的角度来定义精神;相反,它代表着我们强烈的使命感和价值体系,这些都是真实生活的必要因素,无论我们的宗教信仰是什么。在实践层面,鼓励我们、激发我们的热情、使我们全身心投入工作的正是个人使命。为了积蓄精神力量,我们必须借助能赋予我们意义的事物,展现真正的德行和品格。有时候,这意味着我们需要利用自己的优势和美德来服务于其他事业,而不是我们自己,将我们自己的需求居于次要地位,例如抚养孩子、帮助他人或为某项事业做贡献。通过做我们认为正确的事情，重新与我们眼中最令人鼓舞和深刻的价值观联系起来，我们将收获巨大的精神力量。

平衡和积蓄精神力量离不开两件事：

- 找到生活目标，并朝着这个方向行动。
- 了解自己内心最深处的价值观并坚守它。

明确的目标和健康的价值体系是力量、慰藉和指导方向的重要源泉，尤其是在艰难时期。的确，人们在痛苦和创伤中更加需要找到生活的意义，而强大的精神力量在我们的生活中创造了一个稳定的中心，可以弥补我们体力、脑力和情绪精力储备的巨大不足。精神病学家、犹太人大屠杀幸存者维克多·弗兰克尔（Viktor Frankl）讲述了找到生活的意义是如何帮助我们度过最黑暗的时期的。我强烈推荐他的经典著作《活出生命的意义》(Man's Search for Meaning)，这本书描写了他在第二次世界大战期间几个集中营里令人心碎的经历。㊀

要想充满干劲、活力十足，你需要重视自己的精神生活。可以通过以下活动来重新找到未来的目标和梦想，评估目前你对价值观的遵守程度。

观想人生目标

培养精神力量的一个关键方法是追求目标和理想，它们可以为你的生活增添使命感和乐趣。拥有关于自己想得到什么、

㊀ Frankl, Viktor E. (1985). *Man's Search for Meaning*. New York: Washington Square Press.

成为什么样的人、过上什么样的生活的梦想和目标，就是激励你每天早上起床的动力。这些东西提醒你，你做的每件事都是值得的，而且其背后都有一个原因——一个宏大的目标。了解自己想要什么需要时间，它不是你能随便完成的事，它需要你深入探索自己的优势、价值观和热情，并选择一条对你来说真正重要的路。

然而，要将你的目标变成行动，你还要创造一个愿景，想清楚如何努力来实现自己想要的生活。在理想情况下，愿景是一幅完整的画面。换句话说，它要兼顾四个方面的精力（体力、情绪、脑力和精神），让你愿意全身心投入并取得成功，愿景不能仅仅是被大多数人高估的财务或物质水平。在这里，你可以采用观想（Visualization）的方法。大量经验和科学结果证明，即使是简单的想象，也能提高事情发生的概率。观想是一种设想你想要的生活就呈现在你面前的便捷方法。当你发现自己偏离轨道的时候，采取这种方法可以让你在目标的轨道上继续前行。阿诺德·施瓦辛格（Arnold Schwarzenegger）、奥普拉·温弗里（Oprah Winfrey）、威尔·史密斯（Will Smith）和金·凯瑞（Jim Carrey）等名人都曾表示，观想是他们成功的关键。⊖

观想包括运用脑力去设想，或在脑中创造出未来的事件。这听起来有点像做白日梦，在某些方面的确是这样——但这是有目标的白日梦。你在脑中想象的东西是有重点的，因为你事

⊖ Williams, Anna (2015). "8 successful people who use the power of visualisation". *Mindbodygreen*, 8 July. [Online] Available from: http://www.mindbodygreen.com/0-20630/8-successful-people-who-usethe-power-of-visualization.html.

先确定了自己要想象什么，而且也能够用非常生动的细节来描绘这个图景。例如，你可以想象：

- 你穿了什么以及看起来怎么样。
- 你的周围。你能看见、听见、感受到、闻见和品尝到什么？
- 你的感觉。你感到自信、舒适或者自在吗？
- 你的行为。你是否有魅力、有吸引力或对人友好？
- 你产生的影响。你的业绩怎么样？目标实现了吗？
- 成功完成任务或事情后你的感受。你最自豪的是什么？

作为呈现自己的梦想和目标的一种方法，观想的范围非常广。你可以利用它来"看见"未来，想象自己大踏步地实现了生活目标。例如，你可以想象自己实现了大的职业目标——成为世界上最成功的 CEO 之一，将创意成果付诸实践，教导别人，学习医学，经营你自己的公司，获得了不起的晋升，改革自己的工作领域；或者想象你的个人生活：你住在一个漂亮的房子里，养活一大家子人，成为畅销书作家，周游世界但不用操心财务问题。往小处说，你可以用观想的方法想象短期的具体目标，比如用流利的法语点餐，跑完半程马拉松，或做一次成功的演讲。这也是规划理想的一天的好方法。但是你必须努力地实现自己的每一个设想，确保它得到实际兑现。与任何新的技能一样，重复练习是关键。尝试一两次就放弃不会让你有任何进展。坚持三个月，每天做 5 分钟或 10 分钟的观想练习，看看会发生什么。

练习9-5 观想的方法

- 做好练习的准备,想好自己要想象的是什么。你希望实现什么目标?创造什么样的变革?成功的具体标准是什么?你希望想象的场景带给你什么感受?事先了解这些细节有助于让你的想象更有重点,确保思维不偏离练习的目标。

- 找一个可以放松下来的地方,使自己处于舒适的状态。最好坐在柔软的椅子上,或者躺在床上。闭上眼睛,集中精力地呼吸,采用腹式呼吸法,使横膈膜在吸气时上升,在呼气时下降。保持这个状态,直到你完全放松下来,赶走可能干扰你的任何想法(尤其是消极的想法)。把注意力完全放在呼吸上。

- 现在,你已经做好了准备。将自己投射到未来,可以投射到特定的事件,也可以投射到一段时间——一天、一年或五年以后都可以。你在哪里?穿了什么衣服?跟谁在一起?天气如何?你能看见、摸到、闻到、品尝到或听到什么?尽量具体地想象这些细节,使其真实且具有说服力。从自身视角看待一切,仿佛自己身处其中——不要像看电影一样从旁人的角度看自己。

- 投入一些情感。想象自己的情绪和感受——记住,这是你想要得到的感受,而不是担心自己会出现的感受。保持放松、自信和愉悦,或者想怎样就怎样。

- 看着场景慢慢展开。想象事情正在积极地发生，你成功实现了自己的目标。想象自己按照意愿行事，说自己想说的话，且对周围的人产生了巨大的影响。尝试将尽可能多的细节添加进你的想象中，从你和他人谈话的小片段到你自己在场景中的动作，任何东西都可以。认真体会自己的感受和进入脑中的积极想法，直到最后一刻。确保一切进展得尽可能顺利。最后，尽情享受成功吧！
- 当你从练习中得到了自己想要的结果，并且精神上感到振奋时，你就可以停下来了。继续深呼吸，慢慢地从 5 数到 1，然后轻轻睁开眼睛。缓慢而平稳地从你的座位上站起来，回想之前的体验，花点时间品味你感受到的平静和满足。相信你想要的一定会得到。

遵守价值观

价值观是你作为一个人对自己、其他人、周围环境和工作想表现出的行为的最深切渴望。这些方面从整体上决定了什么对你最重要，并为你实现目标提供了行为准则。价值观有上百种，包括尊重他人、为人慷慨、充满乐趣、渴望财富、冒险精神、安全意识、持续学习、遵守秩序、追求卓越等。这些能激励你的东西会提供一种精神力量，让你坚持不懈地投身于自己所做的事。

了解自己的价值观是一回事，将它付诸实践是另一回事。要获得意义和精神动力，你的价值观必须反映在你每天的行为和做出的选择中。如果你没能遵守自己的价值观，就表明你与自己的真实目标、与你坚持捍卫的使命相脱节。你必须遵循价值观的指引，无论受到怎样的外部压力，这是非常重要的。

> **练习 9-6 靶心：你是否遵守了自己的价值观**
>
> 你可以使用瑞典ACT（"接受与承诺疗法"，Acceptance and Commitment Therapy）治疗师托拜亚斯·隆格伦（Tobias Lundgren）发明的"靶心"练习来评估精力和价值观的匹配程度。路斯·哈里斯（Russ Harris）博士进一步完善了这个方法，他是一名医生，曾经出过畅销作品《幸福的陷阱》。㊀
>
> **第一步：明确自己的价值观**
>
> 首先，写出自己在四个基本生活领域的价值观：工作或教育、人际关系、个人成长或健康、休闲娱乐。针对每个领域思考下列问题：
>
> - 你想达到什么状态？
> - 对你来说重要的是什么？你真正在乎的是什么？
> - 你希望培养哪些个人品质、优势或技能？
> - 你打算如何充实或建立人际关系？

㊀ Harris, Russ (2007). *The Happiness Trap: Stop Struggling, Start Living*. Wollombi, NSW: Exisle Publishing.

- 你希望如何通过解决问题实现"成长"或个人发展?

注意:你要思考的是总体的生活方向,而不是具体的目标。价值观就像行为的指南针,不能像目标一样从清单中划掉。例如,成为一个有爱心、愿意支持和尊重伴侣的人是价值观,它需要你持续采取行动,而结婚是目标;做一个关心孩子的家长是价值观,而带孩子去看体育比赛或逛迪士尼乐园是目标。另外,一定要确保这些是你的价值观,而不是别人的!

1. **工作或教育**:带薪工作、职业、实习、学习或教育、技能培训。无偿工作,如志愿服务或家务也包括在内。

2. **人际关系**:生活中最有意义的关系和纽带,包括伴侣、孩子、父母、亲戚、朋友、同事和其他社会交往。

3. **个人成长或健康**:身体、情绪、心理或精神方面的健康和幸福感。

4. **休闲娱乐**:娱乐和放松的方式,包括个人爱好、创意活动、运动和其他休闲娱乐活动。

第二步:了解自己在多大程度上遵守价值观

接下来,画一个飞镖靶,并将它分成四个部分,画几个同心环,如图9-4所示(或者从网上下载一个模板)。在每一部分中标上×,代表你今天在该领域所处的位置。例如,靶心上的×代表你完全遵守了自己的价值观；如果你标在了远离靶心的外环位置，则表明你在这个领域没能遵守价值观。你总共要在靶上标记四个×。

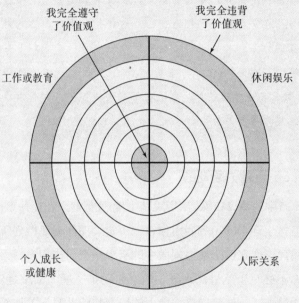

图 9-4 "靶心"练习

资料来源：改编自托拜亚斯·隆格伦的"靶心"工具，图片引自路斯·哈里斯所著的《幸福的陷阱》。

第三步：找出存在的障碍，以及价值观被忽视的原因

将妨碍你在每个领域坚守价值观的所有障碍写下来。哪些因素阻碍了你实现想要的生活？你目前忽视

> 了哪些价值观，为什么？
>
> **第四步：接下来的安排**
>
> 想想你在日常生活中可以采取哪些行动来加强对价值观的坚守。你想开始或进一步采取哪些行动来让自己在每个领域更接近靶心？这些行动可以与你想培养的行为、品质或技能有关，或者也可以只是朝着目标迈出的一小步。你能做些什么来消除面前的障碍（第三步中找出的）？尝试在每个领域找出一两个以价值观为导向的行动。

9.6　66天精力管理图

本章中的建议和练习都可以帮助你改善健康和提升幸福感，但在日常生活中使用哪些由你自己决定。即使无法做到所有这些，我建议你在四个精力领域中的至少一个付出更多努力。记住：你不必马上跳进深水区。如果你在某一精力领域是新手，可以慢慢着手，你管理这一精力的能力将随着时间的推移不断提高。在此基础上，我建议采用"66天精力管理图"方法。通过记录日常行动，你可以在66天内监测自己的进步，同时采取具体步骤，在正确的时间采用正确的方法恢复精力。

为什么是66天

虽然人们普遍认为，养成一个新的习惯平均需要21～28天，但伦敦大学学院的菲利帕·拉利（Phillippa Lally）及其同事开展的研究表明,真正养成一个习惯大约需要66天。[⊖]这个较大的数字似乎令人沮丧,但好消息是,即使你偶尔没做到,也不会对结果产生影响,所以为了充分养成一个习惯,你值得坚持下去。

表9-3~表9-6分别列出了针对不同精力领域的前7天的练习方法,你可以登录http://positiveleaderbook.com/energymanagement/ 自行下载。你选择关注哪些活动、在表中记录多少细节,这完全由你决定——表9-3~表9-6只是示例。祝你好运!

表9-3 体力策略

	练习	饮食(积极)	饮食(消极)	入睡仪式	睡眠长度
示例	10分钟慢跑;5分钟快走	糙米;燕麦;金枪鱼排	巧克力棒;薯片;白面包	阅读;写日记	六个半小时
第1天					
第2天					
第3天					
第4天					
第5天					
第6天					
第7天					

⊖ Lally, Phillipa, van Jaarsfeld, Cornelia H. M., Potts, Henry W. W. and Wardle, Jane (2010). "How are habits formed: Modelling habit formation in the real world". *European Journal of Social Psychology*, October, 40(6), pp. 998–1009.

表 9-4　情绪策略

	呼吸或放松	娱乐活动	体会当前的情绪
示例	5 分钟深呼吸	听最爱的音乐	对新的工作任务感到焦虑；对同事的行为感到恼火 积极的肯定：我接受了新的责任和挑战；我能控制自己的情绪
第 1 天			
第 2 天			
第 3 天			
第 4 天			
第 5 天			
第 6 天			
第 7 天			

表 9-5　脑力策略

	正念活动	完成的紧急且重要的任务	完成的不紧急但重要的任务
示例	午休时间在公园待 10 分钟	做完了明天报告用的 PPT；重新评估了项目预算	为将来的项目进行头脑风暴；为 6 名员工提供一对一辅导
第 1 天			
第 2 天			
第 3 天			
第 4 天			
第 5 天			
第 6 天			
第 7 天			

表 9-6 精神策略

	观想活动	朝着最终目标的行动	基于价值观的行为
示例	醒来后在床上躺5分钟，发挥想象力	写出两页关于商业领导力的书；跑步两小时，为参加慈善马拉松做准备	对同事表现出友好和尊重；在家与家人共进早餐；在回家的路上给最好的朋友打电话
第1天			
第2天			
第3天			
第4天			
第5天			
第6天			
第7天			

The Positive Leader
How Energy and
Happiness Fuel Top-Performing Teams

第 4 部分
积极的地点：
成功 VS 幸福感（"去哪里"）

CHAPTER 10
第 10 章
追求幸福的道路

> 成功不是获得幸福的关键,但幸福是获得成功的关键。如果你热爱自己的事业,就一定会成功。
>
> ——阿尔伯特·史怀哲(Albert Schweitzer)
>
> 德国神学家、哲学家、医生

领导者往往感到迷茫。很多顶层的 CEO、企业家和专业人士虽然取得了不凡的成就和物质财富,但他们仍然在挣扎着生活,因为他们感受不到任何乐趣。这是个常见的陷阱。我们一生都在努力工作,争取达到成功的顶峰,然后购买所有在我们看来能让自己活得幸福的浮华的物质——我们以为通过改变外在形象,可以改变内心的感受。我们依赖成功使自己快乐,但关注点错了。我们如果不听从自己的内心而一味追求成功,就有如站在一个令人疲惫的跑步机上,永远也停不下来,永远看不到终点。如果幸福总在成功的另一边,那么可以说,我们永远也到不了那里。积极心理学告诉我们,还有另一条我们没有考虑过的路：它会带领我们去往一个成功和幸福能够和谐共存的地方。

10.1　富有之人为什么不幸福

人们往往以为，钱能带来快乐。但事实并非如此。

研究表明，财富与幸福感的相关性低得惊人。在大多数西方国家及越来越多的东方发达国家，人们比前几代人要富有得多。20世纪下半叶以来，人们的实际收入增加了，比以往有更大的物质享受——更大的房子、更多的衣服、更好的汽车、更长的假期，还生活在相对和平与安全的环境中。但是人们并没有因此感到更加幸福。事实上，即使物质水平逐渐提高，但与此同时，人们也越来越焦虑和抑郁了。总体而言，世界各地的趋势表明，当人们达到"中等收入"水平，幸福感和满足感不会随着财富的增加而提高。研究结果大体如下：

- 2015年，密歇根州立大学和不列颠哥伦比亚大学的学者对12 000名对象展开大规模研究，结果显示，财富并不能提高富人日常生活的幸福感。⊖研究人员发现"收入和幸福感之间没有任何联系"，也就是说，收入高的人不一定更幸福，但他们相对社会贫困阶层的人来说悲伤感更低。部分原因在于，一定程度的财富让人在面对意外或负

⊖ Kushlev, Kostadin, Dunn, Elizabeth W. and Lucas, Richard E. (2015). "Higher income is associated with less daily sadness but not more daily happiness". *Social Psychological and Personality Science*, 6(5), pp. 483–489.

面事件时更有掌控能力。
- 根据盖洛普公司和Healthways在2008年和2009年开展的大规模调查，心理学家丹尼尔·卡尼曼（Daniel Kahneman）和经济学家安格斯·迪顿（Angus Deaton）指出，当人们的年收入在7.5万美元以下，幸福感会随着收入提高。但是一旦超过这个水平，财富的增加对于幸福感几乎没有影响。[⊖]如果人们有很多钱，他们可以更多地消遣，但是不太能获得积极的情绪体验。因此，更高的收入并不能带来更多幸福。
- 尽管英国人现在的财富是20世纪50年代的3倍，但他们的幸福感却不如当时。根据英国经济调研机构Gfk NOP为BBC电视台开展的一项民意调查，在1957年，有52%的英国人表示自己"非常幸福"，而2005年这一比例仅为36%。[⊖]
- 1985年的一项著名研究显示，最富有的美国人——在《福布斯》100强中占有一席之地，年收入超过1000万美元的人反馈的个人幸福水平仅略高于办公室普通职员或

⊖ Kahneman, Daniel and Deaton, Angus (2010). "High income improves evaluation of life but not emotional well-being". *Proceedings of the National Academy of Sciences of the United States of America (PNAS)*,107(38), pp. 16489–16493. [Online] Available from: http://www.pnas.org/content/107/38/16489.full.

⊖ Eastern, Mark (2006). "Britains' happiness in decline". *BBC News*, 2 May. [Online] Available from: http://news.bbc.co.uk/1/hi/programmes/happiness_formula/4771908.stm.

蓝领工人。①
- 根据哈佛商学院、曼海姆大学和耶鲁大学2015年的一项研究，富有的人——无论财富达到100万美元还是1000万美元，都不会因为财富的增加而更加幸福。他们总想得到更多！富人表示拥有三到四倍现有的财富才会让自己的幸福值达到满分，无论现在已经多么富有。从这些研究结果来看，追逐财富似乎不是获得幸福的有效手段。②
- 20世纪90年代末，美国、瑞士、丹麦和德国人民的幸福水平与新西兰和爱尔兰相当，尽管后面两者的人均收入水平要低得多。③
- 东方的情况怎么样？日本在20世纪50年代非常贫穷，但从那时起，它逐渐转型为最富裕的工业化国家之一。1958～1987年，日本的实际人均收入增长了五倍，汽车拥有量猛增，电视机和洗衣机等耐用消费品也变得普及。尽管日本人民的生活水平有了前所未有的提高，但据报道，人们对生活的满足感和幸福感并没有太大变化。④

---

① Diener, Ed, Horwitz, Jeff and Emmons Robert A. (1985). "Happiness of the very wealthy". *Social Indicators Research*, 16, pp. 263–274.
② Society for Personality and Social Psychology (2015). "Can money buy happiness? The relationship between money and well-being". *EurekaAlert!*, 27 February. [Online] Available from: http://www.eurekalert.org/pub_releases/2015-02/sfpa-cmb021815.php.
③ Allard, Gayle (2003). "GDP and happiness". *IE Business School*, 22 November. [Online] Available from: http://focus.ie.edu/es/node/2252.
④ Easterlin, Richard A. (1995). "Will raising the incomes of all increase the happiness of all?" *Journal of Economic Behavior and Organization*, 27, pp. 35–47.

我们能从这一系列研究中得出的最重要结论是，金钱并不能直接买到幸福，但它确实很重要。在极度贫困的国家，金钱的匮乏会导致极大的痛苦，而富有则可以给人们带来更大的幸福感和满足感。在美国和大多数富裕社会，贫困人口的幸福感仍然较低，但是一旦人们有足够的钱来满足基本的生活需求，多余的财富就难以带来更大的幸福感。

金钱的关键作用在于给你带来安全感和自由，让你过上自己想要的生活。至于它究竟能发挥多大作用，仍然是个无解的问题，与你的具体生活状况和主观视角有很大关系。如图 10-1 所示，马斯洛金字塔（详见第 5 章）在这方面提供了一些启示。

图 10-1　马斯洛金字塔

一方面，金钱可以用来购买更好的衣服、家具、电器、健康的食物和其他基本的物质消费品来满足较低层次的需求。它可以带来安全感和内心的平静，帮助你偿还债务，为未来做好准备，从而减轻你的压力。它还可以帮助你满足日常生活的需求和解决问题。例如，它可以支付医疗保险、儿童保育、房屋清扫等费用，以及会计或教练等其他服务的费用。从这个意义上说，金钱提供了一个非常重要的保障，让你可以更好地掌控自己的生活，特别是在生病和离婚等逆境时期。马斯洛金字塔中这些较低层次的需求代表你的保健因素。缺乏这些东西会导致你不幸福，所以你有动力去追求它们——但拥有它们不一定会让你更幸福。

另一方面，金钱可以带来更多的便利，因而减轻了你的负担，让你有更多时间专注于让自己快乐的事。它使你有更大的自由去追求更高层次的激励因素，让你进一步成长和充实自己。例如，你可以更多地旅行，或者报名参加培训班来提升技能；你可以有更多的闲暇时间培养业余爱好或者与家人朋友在一起，甚至在工作之余去做点小生意；你可以通过购买奢侈品和更高级的化妆品来提升自信；你也可以参加更有意义的社区活动，为社会做出更大贡献。

很显然，能够影响幸福感的是你对金钱的态度，而不是金钱本身。你对金钱的态度取决于个人选择和环境。如果你明智地消费，金钱就可以提升你的幸福感；但如果消费不明智，它就会给幸福感造成很大的影响。你最好把钱花在能给你带来持久快乐，或对你的生活产生最大的积极影响的地方。如果你身体健康、经济状况良好，但家庭生活不是那么顺意，那么就把钱花在培养家庭关系上以提升幸福感。无论你是要夺回自己的时间、享受更多有趣的体验，还是找到更深层的人生意义，为了得到想要的回报，花点儿钱都是值得的。

> **"蜜月效应"**
>
> 　　我永远不会忘记，当我刚刚担任微软公司的总经理时，我有多么兴奋。这个高层职位也带来了高水平的薪酬。我经常坐飞机（一年可能有 200 次），所以我大部分时间都被允许坐商务舱。我还可以住在高级酒店，乘坐出租车出行而不是公交车和火车。我感觉棒极了，享受着职位带来的地位和威望。但几个月后，我适应了这种"高端旅行"，它不再像前几次那样能够给我带来快乐了。几乎每个人都经历过这样的事情，他们花费了几个月或几年的时间追求晋升、销售目标、加薪或任何其他成就，却发现获得的兴奋是短暂的。他们认为，"只要我成为公司合伙人，我就会很快乐"或者"只要整容，我就会感觉良好"，但由此产生的幸福感难以长久，所以他们在实现这个目标后，还会制定一个更高的目标。这个现象叫作"享乐适应"（Hedonic Adaption）。换句话说，你一旦得到了好的东西，就会很快适应拥有它们。加薪或意外之财带来的兴奋感会渐渐消失，你将恢复到一般的幸福水平。结果怎么样？你会把目光投向更好的东西上。但是当你获得了新的财富或成就时，那种感觉很快又会出现——你想得到别的东西，如此循环。如图 10-2

所示当你得到的越来越多时,你的渴望就会与收获一同增长,所以你不会比以前更幸福。

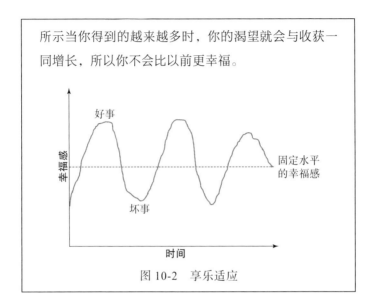

图 10-2 享乐适应

10.2 成功 VS 幸福感:哪个先到

你觉得应该是成功在先,幸福感在后,对吧?

错了!大量积极心理学研究让我们看到,幸福是成功的原因,而不仅仅是结果。你可以在不幸福的情况下取得成功,但如果你从一开始就感到积极乐观,那么你无论做什么都会更加成功。加州大学伯克利分校的商学教授巴里·斯托(Barry Staw)与同事开展了一项研究,记录 272 名雇员的初始积极情绪水平,然后在接下来的 18 个月里监测他们的工作业绩。[一]在

[一] Staw, Barry M., Sutton, Robert, I. and Pelled, Lisa H. (1994). "Employee positive emotions and favourable outcomes at the workplace". *Organization Science*, 5(1), pp. 51–71.

年龄、性别和智力等因素控制不变的情况下，他们发现，那些一开始就比较幸福的人会得到更好的绩效评估结果、更高的薪酬和上级更大的支持。毫无疑问，感到幸福和满足的员工之所以更有可能取得好的成果，一个原因就是他们对自己所做的事情更加投入。

我们的大脑天生就能在感到幸福的时候更好地运转，所以美好的前景可以给我们带来能够帮助我们获得领先地位的化学优势。[1]正如幸福感专家肖恩·埃科尔所言："与处于空白、消极或压力状态下相比，积极状态下的大脑效率高31%。"积极的情绪（如鼓舞、敬畏和感激）会刺激我们的大脑产生多巴胺和血清素。这些神经递质不仅能让我们感觉良好，还会帮助我们整理新的信息，让它保留更长时间，并更容易获取。因此，保持积极状态使我们为更好地学习、发挥创意、分析和解决问题做好了准备。更加灵活和具有独创性的思维意味着我们可以跳出盒子去探索更多的可能性，做出更准确的判断，为棘手的问题找到最佳解决方案。在2009年多伦多大学的一项研究中，研究对象分别想象了积极和消极的体验，然后观察一系列图片。[2]情绪消极的人没有看清图中的所有画面，错过了大部分内容；而情绪积极的人观察到了一切。

我们已经看到，如果把钱明智地花在有意义的目标和活动

---

[1] Achor, Shawn (2010). *The Happiness Advantage: The Seven Principles that Fuel Success and Performance at Work*. New York: Crown Business.

[2] Schmitz, Taylor W., De Rosa, Eve and Anderson, Adam K. (2009) "Opposing influences of affective state valence on visual cortical encoding". *The Journal of Neuroscience*, 29(22), pp. 7199–7207.

上，可以提升我们的幸福感，而幸福感也能创造财富。2012年发表在《美国科学院院报》中的一篇研究论文发现，生活满意度较高或情绪积极的青少年或年轻人长大后的收入水平明显更高。[⊖]那些在青春期"非常幸福"的人的收入比平均水平高出10%，而那些"非常不幸福"的人的收入比平均水平低30%。研究还发现，22岁的人生活满意度（如果评分是1到5）每提高一个点，那么他以后的收入就会增加2000美元。一般来说，积极乐观的态度会让人们更愿意接受新的机会和体验，也更愿意承担风险和接受挑战，这是提高赚钱能力的前提。同时，组织中有积极、快乐的人可以提升士气，打造良好的工作环境。因此，雇主愿意竭尽全力留住这样的员工，包括给他们加薪和升职。

幸福感公式

在就任美国心理学会主席后，先驱教授马丁·塞利格曼将心理学家的注意力转向了探索幸福感，而不是研究人类的痛苦和精神疾病。他将这一新的学科命名为积极心理学，并提出了一个有趣的公式来介绍持久幸福感的要素：

$$H=S+C+V$$

其中：

- H代表我们体会到的幸福感（Happiness）的程度。

⊖ De Neve, Jan-Emmanuel and Oswald, Andrew J. (2012). "Estimating the influence of life satisfaction and positive affect on later income using sibling fixed effects." *Proceedings of the National Academy of Sciences of the United States of America* (*PNAS*), 109(49).

它取决于：

- S：我们感到幸福的生理能力，称为"设定点"（Set Point）。
- C：我们的生活条件（Conditions）或环境（Circumstances）。
- V：我们每天的自愿（Voluntary）行为或选择（我们可以控制的因素）。

如果我们天生感到幸福的能力（"设定点"）处于一个几乎不做什么就能实现幸福的水平，那么可以说，我们是非常幸运的。就像遗传智力或体重的基因一样，设定点也被刻在 DNA 中，在很大程度上决定我们一生的幸福水平。这就解释了为什么有些人很难感到幸福，即使有着大量积极的外部条件（如银行存款或大房子）以及很多自由的选择。

生活条件或环境包括婚姻状况、财富水平、健康状况、是否有吸引力、是否受过良好教育，以及我们无法改变的一些其他方面，例如性别、种族和年龄；还包括我们的居住地、工作、政治和文化因素、气候、社会交往或宗教信仰等因素。环境的改变有时会给我们带来幸福，但其作用没有我们想象的那么重要。例如，那些瘫痪并经历了一段时期抑郁的人通常会在几个月内恢复到以前的幸福水平。

好在我们的幸福感不仅仅是先天与后天的问题，还有第三个方面是我们能控制的。自愿行为是我们可以自由选择的内在因素，例如：

- 参与能够发挥我们优势的活动（更多地感受"心流"）。
- 为崇高的事业做出贡献。
- 致力于培养良好的品格（表现真实）。
- 积极地看待过去。
- 对未来保持乐观。
- 享受现在。

自愿行为是可以被影响的。本质上，你可以决定如何内化过去、预测未来、与世界互动，以及你想在日常生活中保留和放弃什么。⊖这是个好消息，因为这意味着我们所有人都可以通过自己的行为和思考方式变得更加幸福。

索尼娅和她的同事为这个公式添加了一些具体数字，他们认为，幸福感大约有50%取决于基因（S，"设定点"），10%取决于生活条件或环境（C），40%取决于自愿行为（V），如图10-3所示。

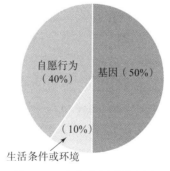

图 10-3 决定幸福感的因素

⊖ Hapacus Team (2010). "The happiness formula: H = S + C + V". *Hapacus*, 11 March. [Online] Available from: http://hapacus.com/blog/the-happiness-formula-h-s-c-v/.

有趣的是，幸福感只有10%会受到生活的影响。重大事件，例如搬家、中彩票、身体残疾、失业、结婚、离婚或为亲人的离去感到悲伤，只占幸福感（或不幸福感）的10%。然而，自愿行为或有目的的活动——你每天的行为和想法决定了40%的幸福感。想一想，40%是很大的比例，而这是你可以控制的。

在踏上幸福的道路之前，先找到起点——你现在有多幸福。

练习10-1 你现在有多幸福

下面的"主观幸福感量表"是由加利福尼亚大学河滨分校的心理学教授、广受赞誉的幸福问题专家索尼娅开发的。[一]

针对下列每项陈述或问题，圈出你认为与自己的情况最贴切的分值。

1. 总体来说，我认为自己：

1　2　3　4　5　6　7

不是很幸福　　　　　　　　非常幸福

2. 与大多数同龄人相比，我认为自己

1　2　3　4　5　6　7

不够幸福　　　　　　　　更加幸福

3. 有些人的幸福感很高，无论发生什么情况，他们都很享受生活，而且能得到最大收获。你在多大程

[一] Lyubomirsky, Sonja (2010). *The How of Happiness: A Practical Guide to Getting the Life You Want*. London: Piatkus.

度上符合这个特征?

1　2　3　4　5　6　7

完全不符合　　　　　非常符合

4. 有些人的幸福程度不高,虽然他们不感到抑郁,但是看起来也不太幸福。你在多大程度上符合这个特征?

1　2　3　4　5　6　7

非常符合　　　　　完全不符合

如何计算幸福值

1. 把四个问题得到的分数相加。

2. 将总数除以4,得到你的幸福值。

一般来说,人们的平均幸福值为4.5～5.5。大学生的幸福值(平均低于5)低于在职的成年人、老年人和退休人士(平均为5.6)。如果你过了上大学的年龄,幸福值却不到5.6,这说明你的幸福感比其他同龄人要低;如果你的分值高于5.6,这说明你比其他同龄人都幸福。但一定要记住,不管你的幸福值有多少,都有进一步提升的空间。

奔波劳碌

哈佛大学积极心理学教授泰勒·本-沙哈尔在提高人们对幸福感的理解方面取得了飞跃。在他的畅销书《幸福的方法》中,他提到了奔波劳碌(Rat Race)的概念:商业世界中的很多领导者和专业人士都盲目地参与其中,为了得到在他们看来能让自己在未来获取幸福的收益，他们在当下日夜操劳。[一]我们看到，奔波劳碌的缺点在于，收益不会持久。然而人们追求幸福的方式各不相同，奔波劳碌只是生活和工作方式的一种典型表现。本-沙哈尔创建了一个具有启发性的"幸福感模型"（见图10-4），它包括四个象限，分别代表奔波劳碌、幸福感、享乐主义和虚无主义，还有表示未来收益或损失的纵轴和表示当前收益或损失的横轴。每个象限代表着现在和将来收益与损失的不同组合。

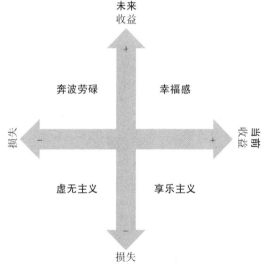

图 10-4　幸福感模型

观察这四个象限，思考一个关键问题：你在哪一象限花费的时间最多？

[一] Ben-Shahar, Tal (2007). *Happier: Learn the Secrets to Daily Joy and Lasting Fulfillment*. New York: McGraw-Hill.

第 10 章
追求幸福的道路

为了更好地回答这个问题,我们先看一下每个象限代表什么:

- 奔波劳碌:奔波劳碌之人希望在未来获得幸福,为了某些预期收益而在此时此刻受苦(未来收益、当前损失)。我们都了解这种人。他们是第一个上班、最后一个下班的上司和同事,被大量无休止的工作包围着。他们的眼睛总是盯着胜利的果实,永远在朝着下一个他们认为会让自己幸福的目标奔赴,无暇享受当下。然而,一旦抵达了目的地,新的冒险、项目或目标几乎马上就能产生,增加了压力,削弱了幸福感。虽然奔波劳碌之人在实现目标时会有短暂爆发的满足感,但他们很少给自己时间充分享受工作成果或欣赏当下的美好。为了追逐下一个目标,眼前的幸福很快被抛到一边。这种始终在忙碌、想要掌控未来的愿望是奔波劳碌之人生活中的压力和不幸福的根源。你可能已经猜到了,有这么多人喜欢奔波劳碌,正是因为我们的文化增强了这种信念。如果我们在工作上实现了目标或达到了某些标准,年底就会得到很好的评价,同时能得到晋升或加薪。正如本 - 沙哈尔所说:"我们不会因为享受旅途的过程,只会因为成功完成了这段旅途而受到奖励。社会奖励的是结果,而非过程;是抵达,而非经过。"由此导致的问题是,如果我们不能从努力追求目标的过程中感受到一些乐趣,就会非常痛苦。
- 享乐主义:与奔波劳碌之人相反,享乐主义者会寻求当下的快乐，不会考虑行为可能产生的未来后果（当前收益、未来损失）。这些人关心的无非休闲娱乐。他们享受生活中的美好事物——美酒、美食、好朋友，但是这些都难以持久。他们或许会不停地换工作，不能承受一点儿"艰苦劳动"，因为他们缺乏方向和前进的动力，而这正是使人生具有使命感的东西。虽然享乐主义者的生活有趣而轻松，充满了快乐，但他们不会受到挑战或感到不满，因为他们从来没有认真学习或完成任何需要付出大量努力的事情。我们都有喜欢享受的一面，把努力等同于痛苦，把无所事事等同于快乐。但真正的幸福不仅仅是拥有大量的快乐和自由时间，还包括在生活的起伏中学习和成长的挑战和机遇。

- 虚无主义：虚无主义者是对生活完全失去了兴趣，放弃了追寻幸福的人。他们体会不到当下的任何快乐，对未来也完全没有目标或希望（当前损失、未来损失）。他们认为自己无法掌控自己的命运，因此觉得生活毫无意义，也不指望将来会有任何好事发生。这些人被困在自己设下的消极陷阱中，觉得自己完全无法改善当前的状况。他们深陷于过去的失望之中，因此忘记了目标，也放弃了希望。积极心理学创始人马丁·塞利格曼将这种沉迷于过去的失败的态度称为"习得性无助"（Learned Helplessness）。如果你在生活中经历过耻辱的失败、不满意的工作、孤独、虐待或失控，你会逐渐意识到，痛苦是不可避免的，试图做任何事来改善自己的处境都是徒劳。这种想法会导致绝望和无助，使人有意地将思维局限于可能带来幸福的机会上。你经常可以看到一些老年人由于失去了精力和对生活的热情而听天由命。然而，由于缺乏自信和对未来感到不确定，越来越多的年轻人陷入了虚无主义。

- 幸福感：感到幸福的人会很自信，因为他们知道，此时此刻能带来快乐的活动也会创造一个充实的未来（当前收益、未来收益）。他们知道如何制定有意义的目标，但不会为了实现目标而放弃在家庭、工作和社区中享受当前的乐趣。他们的工作充满挑战，但是工作时间也很合理，所以他们可以按时下班回家吃晚饭。他们不仅可以参与自己喜欢的项目，得到学习新鲜事物的机会，也拥有幸福的家庭和休闲时光，确保在追逐梦想的过程中保持精力充沛。幸福感是一种平衡——我们既可以享受最终的成果，也可以享受追求成果的过程。

不要试图猜测哪种方式更有利于为我们带来幸福（看名字就知道了）！如今大多数组织都提倡奔波劳碌的工作态度，领导者往往被长时间的办公、越来越多的要求、无偿加班、紧张的通勤，以及缺乏与朋友和爱人相处的空闲时间所困扰。如此周而复始，你无法真正享受胜利的果实。难道你没有注意到，奔波劳碌之人从来都当不了赢家吗？完成下面的练习，看看自己是否被困在这个状态里。

练习 10-2　你是"奔波劳碌之人"吗

作为有野心和抱负的领导者,你或许经常在公司日夜操劳。思考以下几个问题,在给出答案之前花些时间认真想一想:

- 你每天是否至少有一次对生活感到满意?
- 你是否会在日常工作中抽出时间与同事聊天?
- 你在一周之内是否会为自己制定小目标?
- 你是否会为一些小的成就奖励自己(例如出去吃饭、看电影或与朋友相处)?
- 你每天是否会抽出时间休息、放松、反思或冥想?
- 你每天是否会(在工作之余或者在上班时间)参加一些娱乐活动?

最理想的结果是,要追求一种对于所有问题我们都能自信地回答"是"的生活方式。如果你对不止一个问题给出否定的回答,那么选出一个最有必要改善的方面。试着在接下来的一周将否定变为肯定。

如何定义幸福感

作为曾经的"奔波劳碌之人",我的目光总是聚焦于目的地(未来的成功),所以我几乎没有注意到美好的事物就在我眼前和身边。我迫切地渴望成功,翻过一座又一座大山,却从来没有认真欣赏过风景。很可惜,我没有意识到旅途(现在的幸福时刻）本身的意义。未来的目标固然很好，但幸福应该在此时此地——就在你受到别人启发，得到友善的对待，完成很小的任务或者注意到大自然之美的时刻。

享乐主义者和虚无主义者与奔波劳碌之人遵循着不同的但同样错误的前提。享乐主义者认为过程才是最重要的，但虚无主义者彻底放弃了旅程和目的地。实际上，持久的幸福不是最终的地点或目标（未来的目的地），也不是特定的心情或当下的时刻（现在的旅程）；它是两者的结合。我给幸福感的定义是：

你在释放潜能的过程中体验到的全部乐趣。

你要将生活看作愉快地走向有价值的目的地，而不是艰难地爬坡。你的旅行方式和在途中关注的东西是在成功和幸福感之间取得平衡的关键。幸福之路其实很容易找到，前提是你愿意追求使你与众不同并获得意义的东西——没错，我说的就是个人使命。别再奔波劳碌了，开始追求梦想吧。

幸福不是登上山顶，也不是漫无目的地爬山；幸福是朝着山顶攀登的体验。

——泰勒·本–沙哈尔，哈佛大学积极心理学教授

10.3　通往幸福之路：个人的独特性

你是否还记得刘易斯·卡罗尔的《爱丽丝梦游仙境》中有这样一段对话？

爱丽丝："我应该走哪一条路？"

猫："你想到哪里去？"

爱丽丝："我不知道。"

猫："那你怎么走都一样。"

没有明确目标的人就像爱丽丝，很快会对选择哪条人生道路感到困惑。知道你是谁、为什么存在，是你做什么、去哪里的动力。很多人在规划自己的生活或行动时没有认真思考个人使命——自己的独特之处和最终梦想是什么。这些人走到一半就会感到彷徨，原因显而易见，他们走错了方向（他们体会不到幸福），而这时要回头很难。大多数人会继续向前走，最终陷入了奔波劳碌的境地；还有些人则选择"阻力最小的道路"，开始及时行乐。积极的领导者不害怕走上不同的道路、探索未知的领域并打上自己的印记。这是他们找到幸福所在的方法。正如著名的积极心理学家伊洛娜·博尼韦尔（Ilona Boniwell）所说："在很大程度上，幸福取决于我们选择生活方向、形成主观意愿、确保自己坚持最优路径的能力。"⊖

目标是通往幸福的最直接的途径，因为它可以为你今天和未来的幸福提供动力。你的独特性表现在你如何最好地改变这个世界，所以一定要从这里开始起步。发挥你的优势，遵循你的价值观，做你喜欢和必须做的事来提升幸福感。我相信，你的个人使命是确定你在这个世界中的位置的唯一途径（详见第4章）。找到你的优势、价值观和热情之间的重叠领域，有助于你塑造对生活的看法，在工作中找到更大的意义。引导你的同事、朋友和孩子也这样做，让所有人真实而幸福地生活。然而，不

⊖ Boniwell, Ilona (2008). *Positive Psychology in a Nutshell*. Second edition. London: PWBC.

要期待你能享受生活的每一分钟，这是不切实际的。你可能要参与一些困难的课题，从事你不喜欢的工作，或者有时候也要长时间地工作，但是如果你始终遵循个人使命，你就仍然处于通往持久幸福的正确道路上。

制定有意义的目标

我们可以看到，幸福感不仅与抵达目的地有关，还与享受之前的过程有关。当然，目标仍然很重要，但是你要明白，让你感到快乐的不是实现目标，而是被赋予的使命感和方向。如果不制定目标、推动积极的变革，你就会停滞不前，永远不可能成长或进步。当你知道要去哪里，而且真的想到达那里时，你就更容易保持方向，展现真实的自我，甚至不需要实现目标就能感到幸福！因为只要你付出努力，就足以增强自信，获得满足感。即使你没能加入社区管弦乐队，或者成功通过某一戏剧角色的试镜，但是你通过勤奋的练习所取得的进步仍然会让你感觉良好。至少你享受了尝试的过程。生命中任何有价值的东西都需要努力争取，无论是学习一门专业还是抚养孩子。制定一个大的、明确的目标可以帮助你实现永久的改变，使你更快乐。即使是小目标，例如每天花一小时读你喜欢的书，或者锻炼半小时，也会提升健康水平和幸福感。当你在生活中处处发挥优势，遵循自己的价值观，享受其中的乐趣，你就会更加幸福，而且更加成功。因此，有意义的目标让你在大步朝着"成功的巅峰"前进时，也享受攀登的乐趣。

在制定目标时，你要兼顾物质／成就目标，与更深层次也是更重要的人类目标（包括个人成长、有意义的关系和社区参与）之间的平衡。罗切斯特大学的研究人员跟踪调查了147名大学生在毕业两年内的目标/成就和幸福水平。2009年发表的研究结果显示，那些实现了财富、名声和形象目标等外在目标的人不如那些实现更多内在目标（如提供社区志愿服务、实现个人发展和建立持久的关系）的人幸福。为什么会这样？一位受访者表示："费力去追逐财富、名誉和形象的过程让我感觉自己成了生活中的木偶。"这些学生错过了真正重要的东西。相反，关注内在目标的学生"在生活满意度、健康水平和幸福感方面有了大幅提高"。当你专注于真正重要的事情，以及如何让周围的人受益时，你的生活就会有新的意义，一切也会变得更好。忘记那些遥远的外在目标，去追求你自己的个人梦想吧，那样你的生活才会有使命感，而不是像一个木偶。

> **如何制定有意义的目标**
>
> 下面是一些有效的方法，可以帮助你制定目标，做最好的自己，并取得有意义的成就：
>
> - 制定积极的目标，帮助你接近自己想要的东西；不要为了避开自己不想要的东西而制定消极的目标。如果你有一些逃避型的目标（少做不好的事），例如"我不想坐班了，我受够了在电脑上设计传单"，那么可以将它们转化为你要主动追求的目标（多做好

的事),例如"我想更多地从事户外工作,发挥我的创意摄影特长"。问问你自己:"我在这个生活领域中(事业、家人和朋友、乐趣和爱好、健康、物理环境、财务、个人成长、精神层面和贡献等)想取得哪些积极的成果?"想象实现这个目标将得到的所有好处(为自己、家人、公司、社区甚至整个社会),描绘积极的图景。你的生活将会如何变得更好?

- 明确自己想要什么,否则你如何知道自己已经实现了目标?如果你想在考试中取得好成绩,你要具体说明这是什么意思,例如"我的目标是今年夏天高分通过考试"。如果你想换一份更好的工作,那么你要想清楚你想从中得到什么。是更多乐趣,更大自由,见更多人,赚更多钱(具体是多少),还是更多的学习机会?措辞要简单,例如"我的目标是""我将要"或者"我想"。除此之外,你还要承诺在某个日期之前实现目标。麻省理工学院和欧洲工商管理学院在 2002 年开展的研究发现,设定截止期限可以激励我们完成任务,是克服拖延的一种有效办法。[1]所以,你要为自己的目标设定一个符合实际的日期,并坚持下去。

---

[1] Ariely, Dan and Wertenbroch, Klaus (2002). "Procrastination, deadlines and performance: Self-control by precommitment". *Psychological Science*, 13(3), pp. 219–224.

- 我能得到什么？如果其他人（你的公司、领导）给你分配了一个目标或任务，那么你要寻找其中与自己有关的意义。[一]想办法将这个目标或任务与对你重要的事情联系起来，这有助于激发你的内在动力。问问自己：这个任务与我的哪个愿景有关？实现这个目标对我有什么好处？它能帮助我建立优势吗？它是否符合我的价值观？为它而努力会让我成为更好的人吗？
- 将大目标分解为多个小目标。例如，"写一份提案"听起来太大了，具体行动也不明确，因此很难让人迅速取得进展。但如果你把它分解成更加可行的小目标，并把清单上的事项一个个划掉时，完成任务就容易多了。例如，你可以将它进一步分解为"收集背景材料""列一个提纲"以及"写出概述部分"等。完成每一步之后问问自己："接下来要做什么？"这样，你就可以把大的目标转化为行动，一步步引导自己去实现它。不要忘了给每个小目标设定截止期限，从而更快地完成。

[一] Webb, Caroline (2016). *How to Have a Good Day: Think Bigger, Feel Better and Transform Your Working Life*. London: Macmillan.

练习10-3　制定幸福目标

下面的模板改编自 *365 Ways to Be Your Own Life Coach* 一书作者戴维·劳伦斯·普莱斯顿（David Lawrence Preston）[1]提出的办法。你可以根据它来写出你的每一个大目标。可登录网站 http://positiveleaderbook.com/goalsettingforhappiness 下载模板。

1. 我的目标是：
2. 生活领域：

（例如事业、健康、家人和朋友、财务、伴侣、乐趣和爱好、个人成长、物理环境、精神层面和贡献、自我形象。）

3. 目标实现的日期：
4. 实现目标的好处：

（例如为自己、家人、组织、社区或整个社会。）

5. 行动步骤：

（你在接下来的几天、几周、几个月内要做些什么来实现目标？包括常规活动和一次性活动。写出每个活动的具体日期和截止时间。）

6. 需要的支持和资源：

（例如：谁可以提供帮助？需要哪些工具、设备、知识或培训？）

---

[1] Preston, David Lawrence (2009). *365 Ways to Be Your Own Life Coach*. Second Edition. Oxford: How To Books.

7. 我如何知道目标实现了?

（成功的标准是什么？）

本人确认上面关于目标的描述是真实的，并愿意努力实现它。

签名：

签署日期：

审核日期：

CHAPTER 11
第 11 章
到达更好的地方
（如何保持日复一日的幸福）

面朝阳光，便不会看见阴影。

——海伦·凯勒

作家、政治活动家、教育家

自我领导力对于创造出幸福和成功的生活至关重要。保持幸福需要你具有自我意识，并100%愿意将幸福的原则付诸实践。当然，了解你的个人使命，并遵循它的指引，是你踏上真正幸福的旅途所能做的最大转变之一。但你还要清楚，在日常生活中有意识地做一些小事同样可以直接提高你的幸福感。从其名称就可以看出，这些小事更容易付诸实践。在这方面，我将给你一份清单，它包含7种有效的工具和方法，帮助你日复一日地保持幸福。大致内容如下：

1. 知足常乐（心怀感恩）。
2. 了解乐观的基本含义。

3. 传递善意。

4. 期待奖励。

5. 不要与别人做比较。

6. 原谅和放手。

7. 迅速取得一些成果。

11.1　去往更幸福的地点

多年来，我一直在指导人们提升业绩和幸福感。我观察到，花时间了解哪些东西最适合自己的人往往更容易感到满足。"一刀切"的方法会让我们追求幸福的努力化为泡影，使我们徒劳地去追求不符合我们的兴趣或生活方式的计划和战略。幸福对每个人来说都不同。对一个人有用的东西对另一个人可能完全无效，因此我们都应主动地制定适合自己的战略以从体验中获取更多。这在很多方面是基本的常识，因为我们都具有独特的个性和优势，这些会影响我们的偏好。例如，外向的人喜欢与其他人多接触（例如在慈善活动中提供帮助或倾听他人），而内向的人则喜欢安静地写日记或读书，并以此为幸福；有创造力的人喜欢在忙碌的一周内享受绘画或舞蹈课程，而高成就者则更愿意参加酒吧竞猜活动或竞技体育，以培养自己的获胜欲望。提升幸福感的活动必须与我们的生活和工作相协调。例如，压力大、时间紧张的高管更喜欢那些不会耗费大量白天时间的活动，例如在通勤的火车上写信。

11.2　幸福工具包

现在，是时候总结一下提升幸福感所需的工具了。本节提出的所有工具都经过了科学验证，可以提升人类的幸福感。相信大多数人可以凭自己的感觉来判断哪些活动与自己的个性、使命或所处环境最匹配。在阅读的过程中，问问自己这项活动是否吸引你？你是否享受或重视它？选择两三种方法，在一周内专注于此，围绕它们制订行动计划。也许清单上会有一些东西不符合你的兴趣，但是你要保证自己不会出于错误的原因而放弃它，例如"这个想法听起来过于陈腐或平庸"。大多数活动表面上看起来可能是一时兴起，或者过于简单，但它背后的科学是真实有效的。不要不好意思，给它一次机会。

在你对你的决定感到满意后，你就可以从以下活动中找出适合自己的，将它们安排到每天或每周的正式计划中，如果可能的话可以增加一些仪式感。当然，完成以下活动绝不是提升幸福感的唯一方法，如果它们对你毫无吸引力，你可以采用其他办法来振奋精神。对你来说，或许运动、正念或去除杂念的办法更有用。

知足常乐（心怀感恩）

在你能做的所有可以提升幸福感的活动中，心怀感恩是排第一位的。如果你度过了糟糕的一天，你很容易陷入一种纯粹的消极心态，总想着哪里出了问题、本来应该怎样。有时候，确保思维远离消极情绪的最好办法是逆向而行，思考哪些事情令你感激。这可以提醒你重点关注每天发生在你身上的积极的事情，接受自己的好运。即使是很小的事，例如避开交通高峰期，陌生人的友好问候，及时回家给孩子洗澡，听到了鸟叫声或者买了一套新文具，都能给你的一天带来积极的影响。

你可以通过多种方式表达自己的感恩之心，例如私下表示感谢，认真思考或写日记，或者与爱人分享这种心情。你也可以直接向从未好好感谢过的人表达由衷的感谢。感恩之心可以来自过去（积极的回忆、过去的好运或童年经历）、现在（不认为事情是理所当然的）或将来（以积极乐观的态度展望未来）。以下是表达感恩的几种方法。

（1）"三件好事"（日常方法）：加深感恩之心的一个简单方法是每天想出三件令你感激的事。不要仅仅停留在想一想，你还要将它们记在日历本上。不用太花哨，便利贴或小纸片也可以。把想法转化为语言的过程远远好于只是在脑子里过一遍。这有助于你整合想法，结合自己的经历，加深对情绪的影响。在手机上下载一个写日记的App，并充分利用起来。你甚至可以每天拍一张照片，从视觉上记录下你的好运，或者只是将其记录在电脑上。这个没有硬性要求。

你可以在一天中的任何时候思考这三件事。我喜欢在上床前思考，这样可以缓解压力，在睡前清除脑中的繁杂思绪。有时候我也会在起床以后去想。睡前和刚睡醒时是你最放松的时候，这时大脑会产生 α 波，使你处于设定潜意识的最佳状态。尽量具体地描述这件事为什么让你感激——不要只写关键字（例如"我的床"），描述激发这种心情的要素，以及这为什么使你

第 11 章
到达更好的地方（如何保持日复一日的幸福）

感觉良好，例如躺在清香柔软的床单上让你感觉非常愉快。也可以是你在看日落时产生的敬畏感，或者在做某个项目时产生的"心流"使你感觉良好。除了日常的事情，你还要记下那些出乎意料的事，这些往往会激发更强烈的感恩，例如笑得脸疼，在地上捡到了一张 20 英镑的纸币或者看见了彩虹。激励自己去探索新的事物，每一天都心怀感恩。

不要纠结写什么，什么都可以，例如新烤出来的面包，见到一位老同事，穿了新袜子，或者偶然读到的一篇有启发性的文章。在脑中品味每一份馈赠，体会你的感受有多强烈。这样坚持三周，你就会养成习惯。一段时间后，你可能会发现你不必每天做一遍了，因为你开始主动对美好的事物心怀感恩。

（2）"这一周令我感激的事"（每周方法）：如果每天写日记对你来说有点难，你可以尝试每周练习一次，例如在周日晚上。回想过去一周发生的事情，写出五件令你感激的事——从平凡的小事到崇高的大事都可以。坚持十周，看看你对生活的满足感提高了多少。在回想时你可以考虑：物质（食物、汽车、衣服、房子、收藏的 CD、书籍、小玩意等）；你自己（你的健康、身体、技巧或能力，例如聆听、跳舞、写作、成为一个很好的团队成员或朋友）；其他人（你的父母、兄弟姐妹、朋友、伴侣、大家庭、宠物、上司、同事或陌生人）；具体情形和经历（工作或学校里美好的一天、有趣的会议、好玩的聚会、假期）。

在回忆这周之内发生的所有好事时，不要完全忽略不好的事。我知道这听起来有悖于积极思考的理念，但从错误中吸取教训，或者反思自己要如何应对消极的局面，也有助于你产生感恩之心。过去的奋斗或艰难的经历也是一种另类的恩赐,你可以将它们看作自己有能力克服障碍和实现成长的见证。

(3)表达感谢:提升幸福感、培养人际关系的一个非常有效的方法是给他们(例如爱人、朋友、以前的老师、同事或家人)写感谢信,深刻而真诚地感谢他们给你的生活带来的积极影响。这个人对你来说意味着什么?他在哪些方面帮助了你?你想对他说什么?你在想到这个人时,产生了哪些情绪?你的生活由于这个人发生了怎样的变化?尽量把信亲自交给对方,不要邮寄,这有助于向这个人表达他对你有多重要,增加你们之间的亲密度和联系。更好的办法是把信大声读给他们听。我建议你每个月至少送出一封感谢信。

> **练习11-1 三件好事**
>
> 填写下列内容,描述今天或昨天发生的三件好事。对于每件事,努力回想它为什么让你感觉良好或者它是如何发生的。
>
> 第一件好事:_____
> 第二件好事:_____
> 第三件好事:_____
> 示例:
>
> - 我的丈夫今天主动擦了地。他有时候很体贴。
> - 今天与埃利和克里斯一起吃了饭。与老朋友叙叙旧,聊起上学的时候真好。真高兴给他们打了电话。

第 11 章
到达更好的地方（如何保持日复一日的幸福）

- 今天同事表扬了我在某个项目上的付出。我感觉很自豪。
- 与利兹上了一节搏击课，课后感觉精力充沛。感谢她推荐我上这门课。

了解乐观的基本含义

我们探讨过，你对自己的幸福感可以产生 40% 的影响（详见第 10 章），但是你可能不知道，培养乐观的情绪是提升幸福感的最重要途径之一。乐观仅仅指专注于积极结果的能力或倾向——关注好的方面，而不是坏的方面。这是一种"看到杯子里装了半杯水，而不是空了一半，并为此而感激"的态度。空着的半杯就在那里，谁也不能否认，但是如果我们只关注事物消极的方面，而不想着如何最大化地利用它，生活就会非常艰难。所以不要因为领导在周五下班前给你布置一大堆工作，占用了你的周末时间而认为他是个可恶的人。你可以这样想："哇，我一定很优秀，领导信任我，愿意把这项紧急的任务交给我来做，而没有交给其他人。他一定对我很有信心。"有没有发现，当你摆脱消极情绪的影响时感觉好多了？

乐观主义者以自己的优势和成功来定义自己，因此会期待好事降临；与此相反，悲观主义者以弱点和失败来定义自己，因此不会期待好事发生在自己身上。[1]如果你天生就不是个乐观

---

[1] Rowan, Sophie (2008). *Happy at Work: Ten Steps to Ultimate Job Satisfaction*. Harlow: Pearson.

的人，要记住，任何人都可以学会更加乐观，不管天性如何。这是一种可以习得的技能，但你需要一些时间来转变悲观的思想，变得更加乐观和快乐。马丁·塞利格曼最早提出了"习得性乐观"的概念，他认为，关键是先脱离悲观的思维模式，然后再尝试从消极的视角转向积极的视角。通常，当我们面对挫折时，我们对自己说的话可能是完全没有根据的。我们只是没有得到想要的工作，但这不意味着我们没有工作能力或不能胜任。这些都是坏的思维习惯。我们不应该把它们当回事，而应该进行反驳。⊖

> **练习11-2 "ABCDE"模型**
>
> 使用"ABCDE"模型（改编自心理学家阿尔伯特·艾利斯提出的"ABC"模型）来克服悲观的想法和感受，找出更积极的选择来替代它。在日记或一页白纸上完成以下过程。
>
> **(1) A 代表"逆境"(Adversity)**：引发消极情绪反应的时刻或状况，例如压力或担忧。可能是工作危机、将要发表演讲、对工作不满或长期缺乏信心。
>
> 例如："我要怎么熬过这一周？"这么想很可怕。我不可能在最后期限之前完成工作，我的工作水准也

⊖ Seligman, Martin E. P. (2003). *Authentic Happiness: Using the New Positive Psychology to Realize Your Potential for Lasting Fulfillment*. London: Nicholas Brealey Publishing.

第 11 章
到达更好的地方（如何保持日复一日的幸福）

受到了影响，因为我顾不过来了。如果有更多时间，我就可以完成工作，但是我现在要把它分配出去，一想到这个我就很有压力。

（2）B 代表"看法"（Belief）：你对事件的解读。把你对问题自发产生的看法或初始反应记录下来。这些往往是消极的看法，会妨碍你思考。

例如："我应付不了。一天内没那么多时间供我完成所有工作。我会永远有压力，永远做不好这份工作。其他人似乎做得很好，所以问题一定在我身上！我肯定不擅长现在的工作。领导会很生气的，他可能觉得我把事情搞得一团糟！"

（3）C 代表"后果"（Consequence）：有了这种自我限制和挫败的看法，你可能做出怎样的行为。这种看法对你的生活有什么影响？你可能会在精神上打击自己，开始感到恐慌，或者把责任推给别人。以后你可能会有意避开类似的情况，或者极度担心面对同样的事。

例如："没用的，我要放弃尝试了。我永远也做不完，所以尝试没有任何意义。我这么没用，可能要失去这些客户了。我可能还会丢掉工作！不如在被炒鱿鱼之前先提出辞职吧。反正也没有人认可我的成果，而且工作分配也不公平，否则我一开始也不会有这么多事要做。"

（4）D代表"反驳"（Dispute）：反驳自己毫无依据的看法和对事件的扭曲想法。大多数消极的情绪只是过度反应，可以轻易克服。利用事实和逻辑使你的论点令人信服，甚至可以在必要的时候故意唱反调。后退一步想想："情况真的像我想象的那样糟糕吗？可不可以从其他角度看待这个问题？如果我的朋友或伴侣处于同样的情境，我会怎么对他说？"

例如："等一下。可能我承担的工作太多了。我从来没求过人，这次或许可以让同事艾比提供一些帮助，就这一次。我也可以把工作清单上的日常事务委托给实习生。这可以消除那种即将崩溃的感觉，让我专心完成客户期待的高质量工作。未来，我需要认真给工作安排优先顺序，找到更好的办法应对这种局面。我可以跟领导聊一聊我的问题，我相信他会帮我想出办法的。他可能都没意识到我的处境如此艰难。也许我可以减少一些不重要的工作，将我不擅长的工作交给部门的其他人；或者我参加培训，学会平衡工作和生活。我的工作总能受到客户的好评，最近领导对我的反馈也不错，所以我要学会对自己的成绩感到满意，而不是对自己没有时间完成工作而感到压力。"

（5）E代表"能量"（Energy）：当你成功地克服消极的想法时，就会产生积极的能量。描述一下你现在的感觉（例如感到轻松、更有活力、有动力、有力

第11章
到达更好的地方（如何保持日复一日的幸福）

量、受到了鼓舞、放松）。

例如："我觉得更有动力了，可以开始理顺工作。如果能得到指导和支持，我相信我可以更好地安排工作的优先顺序并简化工作流程。只需养成把每个项目的部分工作委派出去的习惯，我就不会因为压力而崩溃。现在，我要一步步来，确保工作都能完成。寻求帮助不是软弱的表现，而是明智之举。一个月后，我可能都不记得自己有过这么大的压力。"

想一想你自己的生活，这种方法给它带来了什么好处。在接下来你要面临的五个不利的工作事件中，用这个练习来克服自己的消极想法，看到光明的一面，并记在纸上或日记里。练习几次之后，应该越来越顺手，你只需简单地在脑中过一遍即可。最后，通过练习，你将从生活大大小小的事情中看到好的一面，提升当前的幸福感，并对未来有更好的展望。

传递善意

在提升幸福感方面，我最喜欢的一个方法就是做好事。我为别人做的任何好事——不管是帮助邻居、分享技能、做志愿服务还是捐赠物品——都会在大脑中产生内啡肽，使我们感到快乐，这被称为"助人快感"（Helper's High）。善行可以当面实施，也可以匿名；可以是自发或有计划的；可大可小；受助者甚至可能没有察觉。有时候，一个很小或很随意的动作也会产生很大的不同，例如赞美他人，给同事冲一杯咖啡，或者为陌生人交停车费。在理想的情况下，这些善行应该超越日常活动的范围。传递善意具体有两种办法：

1. 试着连续一周每天至少做一件额外的好事，体会自己的感受。"额外"的意思是你没做过或者不属于你的日常活动。每天做一件不同的事，否则你很快就会适应，难以像之前一样提升幸福感。

2. 每周选择一天（例如周三），为不同的人做五件好事——全部在一天之内完成。确保自己是主动且有意识地做这些事的。

下面，我们来看看如何在工作场所和其他地方传递善意。表 11-1 给出了一些示例，你可以从中选择。如果你有更多想法，也可以去做，但不要忘记，小事也能产生重大的影响。

表 11-1　善行列表

工作场所	其他地方
帮助同事在截止时间之前完成任务	在公交车或火车上给别人让座
顺路送同事回家	帮邻居遛狗
帮助新同事快速融入	在超市排队时让别人先结账
鼓励别人加入工作小组或参加会议，尤其是内向或安静的同事	给流浪汉食物，并花点时间陪他们聊天
告诉别人他们做得很好	把旧物捐给慈善组织
给同事买蛋糕、巧克力或水果	帮助忙不过来的人照看孩子
主动给人泡茶或冲咖啡	真诚地赞美他人
为团队组织一场"社交之夜"	在路上开车时主动让行
主动与交往不多的同事攀谈	主动将零钱给找不到零钱的人
安慰个人生活不如意的同事	帮人指路

第 11 章
到达更好的地方（如何保持日复一日的幸福）

（续）

工作场所	其他地方
微笑着与身边的人打招呼	帮助他人报税
让公司参与当地社区或慈善项目	在医院、图书馆或慈善商店做志愿者
如果有人请病假，以公司的名义寄一张慰问卡片	帮助别人搬家或移动大件物品
与同事分享新的技能或信息	探望生病的朋友、亲戚或邻居
通过辅导项目来帮助他人	与陌生人交谈
组织公司慈善活动	走路时把垃圾捡起来
支持同事的职业发展	告诉别人他对你很重要
当同事晋升、做演讲、发表优秀作品、获奖时表示衷心的祝贺	主动帮邻居修剪草坪、除草或修理房屋
在团队或公司中开展"善行"活动，例如设立"善待同事日"	把你的停车位让给别人
建立一个社交俱乐部，让不同部门的同事参与进来	帮助别人购物、打扫卫生或做家务
在同事的桌上放一个小礼物，例如杯子或零食	辅导孩子或朋友，或者帮助他们完成作业
给某个人写一封感谢信	为某项事业或慈善机构组织筹款活动
同事要去休假时，祝他们旅途愉快	在咖啡馆为邻座的人付钱
为同事开电梯门或楼门	分享一本你喜欢的书
在同事生日或其他特殊的日子里送上祝福	为邻居烘焙点心
主动去便利店跑腿买咖啡、三明治或巧克力	帮助别人解决电脑、技术或汽车问题

你有无数种方式可以帮助他人。一旦你决定成为一个更善良、更乐于付出的人,你就会本能地知道自己该做什么。把自己所有可爱的善举记录下来,看看你做了些什么、为谁做的、结果怎么样。你也可以写下自己做完每件事以后的感受,以及它对你来说是否容易。继续传递善意吧!

期待奖励

对未来感觉良好是提升幸福感的重要途径。如果你有期待的事情(奖励或愉快的活动),它会让你在这一周有个盼头,并在事情真正发生之前激发出积极的情绪。事实上,期待的过程有时候与实际获得奖励一样让人快乐,甚至比后者更加快乐。这个现象被称为"美好的前景"(Rosy Prospection)。在 2010 年的一项研究中,荷兰科学家对 974 名参与者在休假前后的状态进行了调查,发现最快乐的体验不是出现在休假期间或结束后,而是在休假之前。[一]此外,伦敦大学研究人员在 2005 年的一项研究中得出结论,期待积极结果的研究对象的主观幸福感分值较高。[二]

每个人都应该期待在未来几天、几周或几个月内至少有几件有趣的活动或者奖励。我最近听到了"Nexting"的概念,意

[一] Nawijn, Jeroen, Marchand, Miquelle A., Veenhoven, Ruut and Vingerhoets, Ad J. (2010). "Vacationers happier, but most not happier after a holiday". *Applied Research in Quality of Life*, February, 5(1), pp. 35–47.

[二] McLeod, Andrew K. and Conway, Clare (2005). "Well-being and the anticipation of future positive experiences: The role of income, social networks, and planning ability". *Cognition and Emotion*, 19(3), pp. 357–374.

思是做好积极的规划,并期待这些事情尽快发生。[1]根据认知科学家丹尼尔·丹尼特(Daniel Dennett)的说法,人类大脑是一个"预测机器",喜欢想象自己的未来。当你规划着一直想做的好玩的事,例如和朋友一起吃饭、看一场电影或者去动物园游玩时,未来似乎更加光明。如果你没有把"享受快乐"放在首位,就有可能错过很多享受快乐的机会,因为大量琐碎的事会很快将你的时间占满。通过规划和期待未来,你可以主导自己的幸福,而不是听天由命,这会让你获得自由和对生活的掌控。

即使你现在感觉被困住了,也可以给未来安排几件有趣的事,让自己每天早上醒来时充满期待。这些活动的时长可以从几分钟到几小时不等,甚至可以持续一整天,当然也可以更久,例如休一个长长的假期。将它们看作奖赏,让你的生活充满甜头,帮助你度过接下来几周或几个月的艰难时期。你可以通过以下方法来规划这些活动:

- 安排一些美好的、非常规的活动,例如与朋友们做个水疗,与同事吃顿大餐,去现场看一场足球赛,带着孩子们爬山或者参观农场。旧金山州立大学心理学家在 2014 年开展的研究表明,花钱体验生活比购买物质的东西更能让我们快乐,因为这些体验能创造美好的回忆。[2]

---

[1] Lopez, Shane J. (2013). *Making Hope Happen: Create the Future You Want for Yourself and Others*. New York: Simon & Schuster.

[2] Pchelin, Paulina and Howell, Ryan T. (2014). "The hidden cost of value-seeking: People do not accurately forecast the economic benefits of experiential purchases". *The Journal of Positive Psychology*, 9(4), pp. 322–334.

- 规划一些经常性的活动。例如每两周与伴侣享受一次浪漫的约会，周二晚上与朋友们一起玩飞镖，每隔一段时间就跟孩子们一起看电影等。如果你需要更多的独处时间，可以抽出一个小时写日记、拍照、在公园里散步、做一些园艺或泡个长时间的热水澡。
- 除特殊活动外，你还可以琢磨着做一些小事。偶尔换一条风景优美的路上班，或者在休息的时候认真品尝巧克力蛋糕和卡布奇诺。看你最喜欢的电视节目，或者花几个小时读书或听爵士乐。任何你喜欢的都可以。

不要与别人比较

竞争对手得到了晋升机会；朋友去了最有异国风情的地方旅行；邻居的房子是整条街上最大、最豪华的，他本人还非常有魅力。我们总是忍不住与别人比较，判断自己有多"成功"。根据"社会比较理论"（Social Comparison Theory），人的本性决定了我们会在受欢迎程度、家庭规模、长相、收入水平、职称、运动能力、成绩、智力以及我们能想到的任何标准上与他人比较，来判断自己的社会地位和个人价值。社会比较的好处在于，它可以帮助我们更准确地了解自己在社会上的位置。它甚至可以用于积极的目的，因为在他人的激励下，我们可以进一步提高自己、改善自己的处境。而一旦比较变成了习惯，它就会弊大于利，将快乐从我们的生活中抽走，并助长自卑感、痛苦和焦虑。你越进行比较，就越有可能观察那些看起来比你更好的人（更聪明、更富有、更健康、更漂亮或帅气或有魅力），这样你就会对自己做出不好的判断。这种行为被称为"向上比较"，会导致危险的自尊心不足和强烈的嫉妒的问题，因为不管你喜不喜欢，总有人在某个方面超越你。相反，"向下比较"——与不如我们的人比较，尽管听起来有些可耻，但有助于提高自我评价。

社交网络和大众传媒的爆炸将社会比较带入了一个全新的"虚拟世界"。我们现在比以往有更多的机会与其他人比较（不仅包括我们认识的人，甚至还有我们从未见过的人）。人们通常只会在社交网站上展示自己和亲人最好、最阳光的一面（例如吹嘘自己的新工作、完美的孩子或奢侈的夜生活），所以人们在网上很容易陷入向上比较的陷阱。当你看到很多人发布了新内容，做了有趣的事或买了好玩的东西时，你会觉得自己的生活很无聊，甚至毫无成就。更糟糕的是，它甚至会演变为一种不健康的困扰，使你不断地想为什么自己不如别人。这里有四点建议，可以帮助你克服线下或线上的社会比较：

- **记住自己的独特之处**。生活的幸福感来自做真实的自己。没有两个人是完全一样的。你的优势、经历和成就对你来说都是独一无二的，就像你存在于世界上的意义也是特殊的一样。这些东西永远无法准确地与别人相比。当生活的满足感来自跟其他人的对比时，你就放弃了对自己幸福的掌控。但是当你忠于自己，对已经拥有的东西心怀感激，并为自己取得的成就感到骄傲时，你就不太可能被盲目的对比所左右。索尼娅及其同事针对社会比较的研究结果表明，一个人越快乐，就越不关注周围的人过得怎么样。㊀幸福的人在评判自己时似乎会遵循内心的标准，而不会受到其他人的表现和成绩的影响。CEO 称赞比利做得好，并在他背上拍了一下，这不意味着你无足轻重。事实上，有幸福感的人会从其他人的成功中体会到快乐，并由衷地祝福他们。如果你忌妒朋友的成功，可以想想自己在其他方面的优势来抵消这个想法。重新调整思维，把注意力集中在你的优势而非弱点上。例如，在你周围或许有人得到了晋升，但你可以想，你有一个很棒的家庭，你的生活丰富多彩。当你发现自己进入了比较模式时，另一个建议是回顾自己以往的成就，提高自我价值感。享受自己过去的成就，并且要记住，无论别人怎么样，你在这个世界上都扮演着独一无二的角色。

- **不要过度依赖社交媒体**。很多人过于依赖诸如 Facebook、Twitter、Instagram 和领英等社交媒体来建立与外部世界的连接，却忽略了它对我们内心的影响。我们过于沉迷其中，常常忘记了自己看到的只是别人精心设计后公开的内容，而不是幕后未经剪辑的，充满了各种麻烦、家庭琐事和其他问题的真相。面对这些完美的生活，我们的自尊心会受到伤害。彻底断绝社交媒体不是解决办法，但它肯定有助于限制你在上面花费的时间和浏览方式。我现在非

㊀ Lyubomirsky, Sonja (2010). *The How of Happiness: A Practical Guide to Getting the Life You Want*. London: Piatkus.

第 11 章
到达更好的地方（如何保持日复一日的幸福）

常喜欢用 Facebook 和 Twitter。我很喜欢与关注我的人分享最近的事，与全球各地的人探讨我关心的问题。但好东西也要适量！我发现，适当远离其他人的好消息和丰富的生活对自己有好处。导致消极自我评价的不是社交媒体本身，而是你看待它的方式。只要明智而适度地使用它，你就可以将它作为增进关系、为公司拓展人脉和塑造公共形象的极好工具。

- **重新关注真正重要的事情。** 如果你仅凭一点来评判自己（例如是否拥有漂亮的车或银行存款数额如何），一旦你在这方面做得不够好，就会产生严重的忌妒。不要关注其他人说什么，想一想哪些东西对你最重要——爱、家人、有意义的挑战和成就、精神成长、帮助他人。人生中最大的成功往往是无法衡量的，但它永远值得珍惜。我们之所以与他人比较，往往是因为我们缺乏目标或方向，所以我们要学会追随自己的幸福，花点时间在符合个人使命的人和活动上。当真正专注于自己的内心时，你就不太会与他人比较。毕竟，你还有更好的事情可以做。

- **不要跟别人比，要跟自己比。** 如果你非要与其他人比较，那么就以积极的角度，而不是以竞争的角度。将比较作为一种手段，让你知道自己想要什么——激励你前进，而不是受到忌妒的麻痹。如果我们将其他人视为鼓舞人心的榜样，而不是自我评价的标准，那么我们就能从他们身上学到东西，并用来制定自己的目标。欣赏他人的才华和成就可以帮助我们在自己身上探索新的可能性。这一切都与个人成长有关。努力成为最好的自己，而不是超越他人。专心实现自我提升的目标，这样你就不会想去看其他人在做什么，也会有更大的自信为世界做出贡献。争取每周进步一点。管理好自己四个方面（体力、情绪、脑力、精神）的精力，使自己保持最佳状态。不要试图赶超别人，要与过去的自己比较，庆祝你取得的所有进步。

原谅和放手

当我们不断地回想过去受到的误解、背叛、侮辱或伤害时，就很难对生活感到满意。好的东西，例如同情心和感恩之心，会被愤怒、仇恨和敌意等负面情绪挤走。这些负面情绪会剥夺我们的幸福，让现在的日子黯淡无光。虽然我们可能有充足的理由去记恨别人，但它会对我们的健康造成直接影响，因为一味地沉浸于负面情绪会产生一种慢性的压力。它还会带来强迫症、抑郁症、焦虑症以及一系列其他生理问题。寻求报复或在精神和身体上避开那些给我们带来痛苦的人和事，最终将会适得其反，消耗我们的精力，破坏我们的人际关系。要减少坏事使我们产生的仇恨，唯一的办法就是原谅。

有一点要先弄清楚。原谅不是与伤害你的人和解，也不是宽恕犯错之人，"放他一马"。你没有义务与他们和好或者重新建立任何形式的关系。即使原谅对方了，你也不需要假装发生在你身上的事情无足轻重，否认它的严重性或者忘记它。当然，你也没必要放弃通过法律途径寻求正义或赔偿的权利。

心理学家通常将原谅定义为一种有意识的、经过深思熟虑

第 11 章
到达更好的地方（如何保持日复一日的幸福）

的决定，放弃对伤害过你的人或群体持有怨恨或报复情绪，无论对方是否值得你原谅。⊖ 具体来说，你要收敛自己的气势，转变看法，这样就不会在接下来的几年一直处于愤怒、自怜或绝望中。或许你从未得到过你认为自己值得拥有的东西，例如童年、经历、优势、教育、欣赏、家庭、事业、友谊或爱情。也许你曾感到失望，或者受到背叛、欺凌、遗弃甚至侵犯。原谅并不能消除这些糟糕的记忆，但它确实有助于减轻痛感，将它转化为中性或积极的感受。我们可能会认为，原谅是一种高尚而慷慨的行为，对伤害或误解我们的人有利。但实际上，我们自己才是最大的受益者，因为原谅能让我们自我疗愈和继续向前看。它可以带来平静和宽慰，使我们将痛苦抛在身后，成为更加强大、优秀和坚强的人。通过原谅，我们可以成为故事中的英雄，而不是受害者。

原谅好比释放一个囚徒，然后发现那囚徒是自己。

——路易斯·斯孟德斯（Louis B. Smedes），基督教作家、伦理学家、神学家

我并没有说这是件容易的事，因为它确实不是；它也不会在一瞬间完成。真正的原谅是一个需要勇气、时间和精力才能实现的过程。先从小事做起，比如原谅难缠的客户、粗鲁的司机，或者不爱做家务的伴侣，然后慢慢地原谅生活中的大错。我推荐使用该领域的先驱临床心理学家埃弗里特·沃辛顿（Everett

---

⊖ The Greater Good Science Center. "Forgiveness". *University of California, Berkeley*. [Online] Available from: http://greatergood.berkeley.edu/topic/forgiveness/definition.

Worthington)提出的"REACH"原谅法。[一]

> 练习11-3 "REACH"原谅法
>
> - **第一步：回忆（Recall）伤害**。当我们回想自己受到的难以原谅的伤害时，很容易产生恐惧或愤怒。克服这些情绪的方法是在放松的状态下尽可能客观地回忆事件。想象它，同时缓慢而平静地深呼吸，保持情绪稳定。避免主观评判对方，不要将他们视为恶人，也不要同情自己。
> - **第二步：与伤害你的人共情（Empathise）**。接下来，尝试从对方的角度去体会他们为什么要那样做。如果不得不解释自己的行为，他们会怎么说？发挥你的想象力，探索他们这么做的原因、当时的处境、情绪和经历，整理出一个你能接受的可信故事。这并不容易，但非常重要。要记住，每个人都可能做出不假思索的行为，而抨击别人的人可能正处于一种恐惧、担忧或受伤的状态。你对他们表现出越多同情心，就越不会感到受伤。
> - **第三步：无私（Altruistic）地原谅**。原谅是我们给予他人的礼物。记住，当你因为做错了事而感到内疚并得到原谅时，你就更容易原谅别人。礼物的意

[一] Worthington, Everett (2001). *Five Steps to Forgiveness: The Art and Science of Forgiving*. New York: Crown.

第 11 章
到达更好的地方（如何保持日复一日的幸福）

义是，它可以在必要的时候宽慰他人。就像你的受害者给了一件让你心怀感激的礼物一样，你也可以为了他人的利益而给予原谅这件礼物。送出礼物时要大方一些，不要勉强，这样你才能摆脱伤害，恢复内心的宁静。

- **第四步：表达（Commit）原谅（最好在公开场合）。** 有意识地公开表示原谅，以免自己会后悔然后不再原谅对方。将原谅的话表达出来。你可以给对方写一封原谅信（没必要发送出去），写一首歌或一首诗，记在日记里，或者把自己的意思告诉给一位信任的朋友或群体。这些都是"原谅契约"，可以帮助你放下怨恨。

- **第五步：保持（Hold）原谅。** 这一点也很难，因为即使你原谅了伤害你的人，与这件事有关的记忆也一定会不时地浮现。但拥有这些记忆并不意味着你的原谅是不真诚的。当你回想起来时，不要产生报复的想法，也不要沉浸在它带来的伤害中。提醒自己保持原谅，打消所有消极的想法，重新读一读你写过的东西。随着时间的推移，这些记忆便不会像你选择原谅之前那样令你难受。

用同样的方法正式、主动地原谅自己。把自己从后悔和内疚中解脱出来，可以为幸福感腾出位置，实现个人的平静。列出所有你需要原谅自己的事情，例

> 如抱怨、评判别人、愤怒、担忧、因为无心的行为伤害了别人、自我批评、责备他人、忌妒他人,然后逐一解决这些问题。记住,错误并不能决定你的为人,所以不要把自己逼得太紧。

迅速取得一些成果

到目前为止,你(很有可能)找到了对自己来说有意义的目标,并有了明确的总体方向。这很好。但为什么有时候你还是觉得自己毫无进展?从提升幸福感的角度看,激发积极的情绪和提高工作满意度的最佳方式之一是,在有意义的工作中取得进步。如果你要完成一件大事,很显然你不能一蹴而就,但你可以每天或每周推进很多小的步骤,慢慢推动进展。大多数人会列一个待办事项清单,确保自己不偏离方向,比如:

- 研究一个创意或规划一场冒险。
- 修复软件漏洞。
- 找经理在报告上签字。
- 安排与潜在的投资者会面。
- 联系一下之前的客户。
- 练习推销技巧。
- 想清楚自己的优势。
- 为新的目标存钱。
- 给弗兰克发邮件,咨询一下应该参加哪个培训课程。
- 将文章提交审核。

第 11 章
到达更好的地方（如何保持日复一日的幸福）

将大的目标分解成很多小的任务，是完成工作的好办法。每当我们从待办事项清单上划掉一项，大脑的奖励系统就会兴奋起来，瞬间产生多巴胺等激素。这反过来又激发了我们的动力和信心，让我们进一步行动起来，争取更多的"快速成果"。这也解释了为什么我们有时会在完成一项任务之后，把成果写进待办事项中，因为这样就能体验到划掉它的快感了。

每天最好获得多项快速成果，为这一天增加乐趣和丰富性，但要记住，有些成果比其他的更有价值。例如，清理办公桌的抽屉和整理文件不如朝着大的目标迈进一小步那样有意义。（除非将办公室清理干净对你来说是个有意义的目标！）将太多注意力放在一些小的改进上似乎得不偿失，但随着时间的推移，它们将产生巨大收益。你或许听说过"1% 的力量"：每天或每周有意识地把某件事推进 1%，无论是你与同事的关系（经常说"谢谢"），与自我的对话和自信（克服消极情绪），你的知识水平（读有意义的文章）或是身体健康（预约健身课程），随着时间的推移，你都将看到明显的进步。这种方法并不慢，反而会让你迅速实现更大的目标，因为一蹴而就的想法过于沉重，让人失去了行动的动力。在"1% 的力量"的推动下，你可以朝着目标稳步前进，同时每天收获一点快乐。

那么，你怎样才能在一周内取得有意义的进步呢？遵循以下步骤，可以帮助你迅速取得一些成果，并保持快乐的势头：

（1）**了解自己所处的位置。**审视自己在实现职业、精神、家庭、成长或财务等目标上的进展。在兴趣、优势、知识储备或愿望等方面，你是否对自己的进步感到满意？你需要在哪些方面采取行动，或坚持原有的行动？也许你需要在采取某个行动之前建立信心，或者需要更多支持来完善自己的方法，例如怎样才能节省更多钱。明确自己现在最想要的是什么，并在此基础上开展下一步。

（2）**写下来**。每当一个任务或想法出现在脑海中时，你要尽快把它写下来，不要试图浪费大脑资源来记住这些。无论你是使用记事本、手机 App 还是电脑，最重要的是，一旦想法出现，你就要将它写清楚，这样有助于回顾。DropTask（www.Droptask.com）是一个有效的任务管理应用程序，它不仅可以帮助你随时记录想法，还能帮你在事后进行筛选、分类并挑出重点。

（3）**打造影响范围**。积极心理学家肖恩·埃科尔推荐了一种叫作"佐罗的圈"（The Zorro Circle）的方法，通过将一个大项目分解为更好操控的小步骤，迅速取得成果，如图 11-1 所示。⊖ 就像蒙面剑客佐罗接受的训练一样，你必须首先学会在身边的小圈子里作战，然后逐渐扩大范围。第一，选择一个你想实现的目标；第二，确定一个影响范围，或朝着目标迈进的一小步，你相信自己能顺利完成这一步。掌握了这个领域后，你就可以慢慢地扩大范围了。不断向外扩展，直到实现最终目标。举个例子：

- 我的目标是：还清债务。
- 首先：把所有债务写出来，在它周围画出最小的"佐罗的圈"。

⊖ Achor, Shawn (2010). *The Happiness Advantage: The Seven Principles that Fuel Success and Performance at Work*. New York: Crown Business.

- 其次：制订计划，偿还这笔最小的债务。
- 再次：努力还清这笔债务。
- 最后：围绕下一笔债务画出"佐罗的圈"。

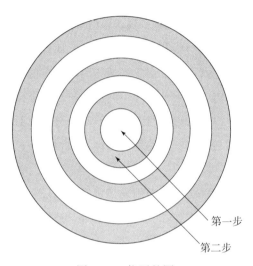

图 11-1　佐罗的圈

（4）**行动要快，但不能太快**。给你自己（和团队）充足的时间来完成任务。进步会让人感觉良好，但失败不会。过度地设定短期目标只会让人不堪重负，甚至扼杀创造力，导致工作质量下降。你要客观、现实地看待自己的工作能力，制定的小目标要能给你适当的压力，还要给你留出发挥创造力的空间。如果你能在最后期限之前完成任务，那么由此产生的良好感觉会激励你追求一两个新的任务，推动你进步，并提升幸福感。

（5）**从完成任务中获得满足感**。从待办事项清单中或工作板上划掉一项任务会让你产生满足感,并鼓励你完成更多任务。咨询公司 Sevenshift 总裁卡罗琳·韦布(Caroline Webb)建议:"在电脑上编制一份任务清单,享受勾选已完成工作的快感;或者在纸上用粗线条划出你已经完成的所有工作,让自己感到满足。"㊀你不喜欢那种感觉吗?我认为清单上的每一项都代表着小小的成功,即使是一些非常简单的事情,比如发一条推文。这样,我的一天中就产生了很多兴奋的时刻,它们会推动我继续开展下一个任务、再下一个……你甚至可以建立自己的激励机制,在每次取得小的进步时就给自己加一分。随着分数越来越高,你可以用它兑换一定的休息时间,放松一下,享受目前的成果。

(6)**在完成任务的同时别忘了提升自己**。在你的待办事项清单中,除了日常工作和相关任务之外,还要加上运动、休息和其他关于自我提升的目标。在一天或一周内管理好自己的精力,从而动力十足地完成繁重的任务,并享受这个过程。留出一点时间用于冥想或散步,不要因为紧迫的任务或日常琐事而忽略了自己;或者将任务清单分成两部分——工作部分和私人部分。不管采取哪种方式,你都会实现真正意义上的进步。

(7)**创造一个愉快的结尾**。科学家发现,快乐的记忆对于提升幸福感有很大影响。我们不会客观地记得发生过的所有事,而是更容易对自己的经历产生偏见。诺贝尔奖得主、心理学家丹尼尔·卡尼曼提出了"峰终定律"(Peak-end Rule),意思是我

㊀ Webb, Caroline (2016). *How to Have a Good Day: Think Bigger, Feel Better and Transform Your Working Life*. London: Macmillan.

们对一件事的评价更多地取决于结束的状态，而不是之前的过程。[⊖]我们可以利用这种偏好，在每天或每周结束时，或者在一场会议/活动的结尾有意识地调整最终状态，提升自己的总体幸福感。例如，在总结演讲或讨论结果时，你可以强调其中的亮点，让每个人重新回想起积极的内容；在一天或一周结束之前，花10分钟左右的时间回顾一下你在工作中取得的最重要进展，并为每一个小的进步感到自豪。列一份"已完成"和"待办"清单，庆祝每一个小小的胜利，即使只是在精神上安慰自己。有些软件（例如 iDoneThis.com）可以每天自动发送邮件，询问你今天完成了什么。正如著名的剧作家莎士比亚所说："结果好，万事好。"所以，要创造一个愉快的结尾。

[⊖] Kahneman, Daniel (2011). *Thinking, Fast and Slow*. London: Allen Lane.

CHAPTER 12
第 12 章
领导力传统
(帮助他人,提供社会支持)

> 做好人就是做好生意……如果你能把事情做好,那么还要争取更好。勇往直前、争得第一、保持独特、处事公正。
>
> ——阿妮塔·罗迪克(Anita Roddick)
> 美体小铺(The Body Shop)创始人

做个好人是积极领导力的基础。人们都希望追随一个好的领导者。最优秀的领导者深谙此道,并且会努力做到这一点。他们会从利他的角度去了解和对待世界,并致力于成为一个负责任、有道德的人。随着人力资本逐渐代替技术成为企业的主要竞争优势,那种"全天无休,不计成本和代价做好工作"的工作方法已经失效了。人们越来越期待一个慷慨大方、乐于奉献、有同情心、为人诚实且能够欣赏他人的领导者,一个能为组织、员工和社区服务的领导者。无论我们现在有多么强大和成功，都没办法在不做好事的前提下仍然保持伟大的领导者形象。在我看来，成功基于我们在生活中取得的成就，而真正的幸福则基于我们所给予的东西。与人为善、乐于奉献的态度可以打造深层、持久的幸福感，激励我们和我们的追随者做到最好。

12.1 "好的"领导者：实质、风格与服务

在商业领域工作的 20 多年里，我观察了一些好或坏的领导者。一般来说，我发现好的领导者擅长三件事：

- **实质**：做自己擅长的事。他们有出色的能力。
- **风格**：做一个真实的好人。他们有优秀的品格。
- **服务**：为他人谋福祉。他们关心他人。

这三个方面代表了获得影响力的三种根本途径。如今，大多数领导者倾向于凸显自己在职场中的主导地位和资历。我们都见过以自己强大的能力掌权的领导者。他们取得了极大的成就（实质），但往往缺乏真实的品格（风格），且忽视他人的需求（服务）。有些人喜欢发号施令，没完没了地分配工作，或者迫使已经超负荷的团队长时间工作，却很少认可或奖励员工。这些领导者往往不受员工欢迎，因为他们激发出了员工的恐惧，而不是信任。还有些人喜欢将自己关在闪闪发光的象牙塔里，很少走出来与人交谈、聆听或者陪伴在团队身边。当然，还有一种极端情况：无私的领导者会倾尽所能地帮助他人，努力实现

业务目标（服务），却忽略了自己的优势（实质），或者对团队太仁慈（风格）。这样如何得到别人的尊重？

领导者要想对团队产生最大的影响力，并且激发更强的积极性，最好在这三个方面取得平衡。乍一听似乎很棘手，但是这三者其实是相辅相成的。例如，了解自己的优势并付诸行动可以使我们更有信心，不容易受到他人的威胁，并在外人面前更加热情和开放。这有助于提高我们的声望，并建立更紧密的关系。此外，当我们自在地表达自我时，就会更愿意为他人服务，通过分享自己的能力和资源帮助他人取得进步。本质上，作为领导者，我们会越来越有影响力，因为得到了他人的尊重和喜爱。领导力顾问杰克·曾格和约瑟夫·福克曼曾面向51 836名领导者开展研究，结果证明了赢得他人的喜爱对于领导力的价值。"喜爱指数"最高的领导者同时也被自己的直接下属、同事和上司形容为高效的领导者。[一]在排名垫底的1/4里面，只有27人的总体领导力和工作效率分值较高。换句话说，非常不受欢迎的人很难被人评价为好的领导者。发挥积极领导力的人确实很容易得到别人的喜爱。

实质（领导力的实践）

在某种程度上，每一位领导者都必须在工作中有所成就。有实质的领导者可以完成工作并取得成果。他们无论做什么都

[一] Zenger, Jack and Folkman, Joseph (2013). "I'm the boss! Why should I care if you like me?" *Harvard Business Review*, 2 May. [Online] Available from: https://hbr.org/2013/05/im-the-boss-why-should-i-care.

能发挥自己的能力和优势。他们有积极的行动习惯、良好的执行力和实现目标的韧劲。作为领导者，拥有更多实质的关键在于发挥优势，所以我的建议是：

多做自己擅长的事，少做自己不擅长的事。

停下来想想生活中那些令你尊敬、对你有影响力的人。他们取得了多大的成就？是否有明显的优势？现在将他们与你不太喜欢或者对你影响不大的领导者进行对比。后者实现目标了吗？他们的优势明显吗？再评估一下你自己。你是否发挥了自己的优势？是否为自己设定了目标，激励自己不断进步？作为领导者，你做了些什么、通过什么方式以及取得了哪些成就构成了你的实质。如果你可以将至少 80% 的时间用于在自己有天赋和优势的领域从事工作，那么工作就会更加有趣和充实，你也会更有效率，完成更多工作。

风格（领导力的表现）

那些希望对他人产生积极影响的人明白，人们都愿意追随自己信任的人，无论他名片上的头衔是什么。你作为领导者的"风格"是由你的品格决定的，也就是你的为人和行为举止，例如做正确的事、始终如一、信任自己的团队、主动承认错误。有影响力的领导者不仅追求成果，还会培养自己的品格，真实地表现自己。人品较差的领导者或许会在短期内通过绝对的权威和业绩取得成功，但很难持久，除非他们努力成为更好的人。好人也能使他人变好，表现出积极素质（例如始终如一、正直、谦逊、热情、诚实、有远见、自信、温暖、勇敢、有同情心、乐观、信任他人、善于沟通和幽默）的领导者更有可能赢得忠心耿耿的追随者。不管你做什么，一定要言行一致，只有这样才能成为自己心目中的领导者。

> **从敌人到值得信赖的伙伴**
>
> 　　领导力领域的畅销书作家乔·欧文（Jo Owen）开展的实证研究表明，诚实和正直是排在首位的两大领导力标准。他指出，如果一位领导者在这两方面的评价较高，并因此得到他人的信任，那么他在其他所有方面的口碑也会很好；如果他在这两方面做得不好，那么他在其他方面的表现也会遭到贬低。[一]诚实和正直是信任的来源。在拥有领导他人的道德权威之前，你必须首先赢得他们的信任。我在微软任职时，公司与欧盟的关系便面临着这个问题。两者打了多年的官司，关系很僵！微软对竞争行为的调查一拖再拖，并且在2004年和2008年分别对法庭判处高额罚金的判决提出上诉，因此失去了欧盟的信任。接任微软欧洲部主管之后，我知道自己必须扭转这种局面，激励双方开展合作，提供保证，并建立一种互惠关系。我首先劝说公司领导层尽快了结此案，而不是继续上诉使

[一] Adapted from: Owen, Jo (2012). *The Leadership Skills Handbook: 50 Essential Skills You Need to Be a Leader*. Second edition. London: Kogan Page.

第 12 章
领导力传统（帮助他人，提供社会支持）

事态进一步恶化。幸运的是，在 2009 年，这个案子得到了各方都满意的解决。

从那时起，我们开始采取措施，通过不同的手段与欧盟建立信任，例如在爱尔兰和荷兰投资建设数据中心，支持在教育领域推广技术和电子技能，甚至为其他非技术项目提供协助。2012 年，我被选为欧盟委员会高等教育高级别小组顾问，我是来自商业领域的唯一一名成员。这些手段显然奏效了，我们与欧盟机构的关系现已恢复正常。双方从敌人变成了值得信赖和有价值的伙伴。

还记得我在第 5 章提到的从打网球中获得的启示吗？听起来似乎有些离谱，但我年轻时从打网球中学会的道理为我与欧盟建立和谐的关系提供了帮助。事实上，这些道理可以普遍应用于生活和商业的各个方面：

- 第一，你在球场上是独自一人的，与在生活中一样。你的决定和反应完全由你自己做出。因此，你可以自由选择如何应对生活中的事件。
- 第二，一定要坚持到最后一球，无论是在球场上还是生活中。永远不要放弃你的目标。

在微软公司，我们可以自由决定如何回应和应对法律诉讼。2009 年，通过选择了结诉讼，我们为与

> 欧盟的关系开辟了一条更加趋向合作和富有成效的道路。在那之后，我们也没有放弃。有些批评人士认为，一旦案件解决，我们就不会履行承诺。但我们不仅信守承诺，还利用自己的资源帮助欧盟解决了重大的问题，例如教育。我们坚持到了最后一球。双方的关系由坏变好，又变得更好。

服务（领导力的付出）

最后而且同样重要的是，好的领导者重视与他人建立健康的情感联系，以及为社会做出积极的贡献。将幸福放在第一位的领导者乐于帮助身边的人提升幸福感。致力于奉行与人为善、慷慨大度的价值观的领导者会创造一个和谐、积极而富有成效的工作氛围。基本上，所有的一切都是为了"与人为善"。但是只有当你真正关心同事，并平等对待他们时，才能真正做到与人为善。仅仅因为你的头衔是"上级"，并不意味着员工的价值在你之下。人不是能被操控、装箱和买卖的财产。他们具有无限资源和潜能，必须得到平等的对待。毕竟，领导者只能通过他人之手，与他人一道，并为了他人才能取得成就。所以，对别人好是值得的。当你真正关心别人的时候，这种好处自然会显现出来。小聪明、小伎俩没有任何帮助，躲在自己的头衔背后也没用。你必须提高自己的共情能力，最大限度地发挥出自己在情绪智力上的潜能。

- 关心、在意他人，对他们的为人和所做的事表现出兴趣。

- 走出去,为你所在的社区或更大的世界做出贡献。
- 为团队成员的身体、脑力、情绪和精神健康投资。
- 接受并认可他人——看到每个人的优势。
- 权衡行动和不行动的后果,成为更好的公民。
- 让身边的人成为英雄,感激他人为你和团队所做的事。
- 学会不求回报地付出。想办法暗中为同事、客户或合作伙伴服务。
- 对团队负责。
- 为团队成员提供支持,在他们处境艰难的时候表示善意和同情。
- 在所有交易和冲突中寻求双赢。
- 培养人才,鼓励和帮助员工完成任务和实现个人发展。
- 强调工作的意义。

多伦多大学罗特曼管理学院和杜克大学的研究人员发现,在职场上,人们更喜欢追随善良且志趣相投的人。[一]当人们在工作中需要帮助时,会选择"讨人喜欢"而不是"有能力"的同事来帮助他们。人们更喜欢与体贴、友善的人共事,而不是能力虽强但"不太友善"的人。当然,展现自己的能力非常重要,但如果你想成为让人喜欢的领导者,你要表现得慷慨大度,让人感到放松。换句话说,你要提供良好的服务,还要具备良好

[一] Casciaro, Tiziana and Lobo, Miguel Sousa (2005). "Competent jerks, lovable fools, and the formation of social networks". *Harvard Business Review*, June. [Online] Available from: https://hbr.org/2005/06/competent-jerks-lovable-fools-and-the-formation-of-social-networks.

的实质。美国小说家亨利·詹姆斯（Henry James）说过一句话，很好地概括了这一点："人的一生中有三件重要的事：第一件是善良，第二件是善良，第三件还是善良。"现在你明白了吗？

领导力评估

> **练习12-1 领导力评估**
>
> 下面你要进行自我评估。成为积极的领导者意味着要有自知之明，所以你要认真了解自己在实质、风格和服务这三个核心领域中的表现。表12-1中每个问题的分数都是从1到10，你如何给自己打分？最高分是10，表示你在这方面很完美。你务必诚实地回答下列问题。最终的分数代表着你目前的真实情况，也就是你现在表现出的样子，而不是你想成为的样子。如果你不太确定给自己多少分，可以问问身边最了解你的人。
>
> **表12-1 领导力评估表**
>
> | 领导力评估 | 分数 |
> | --- | --- |
> | **实质（领导力的实践：发挥优势完成任务）** | |
> | 意志坚定：即使在艰难时期，我也有强烈的获胜愿望。我毫不费力地把所有的精力和优势投入工作，坚持走我的路 | |
> | 追求成果：我总能把工作完成得很好。我能按时完成任务，并实现工作目标 | |

(续)

领导力评估	分数
目标明确：我会制定有意义的目标来推动成果的取得。我在面对巨大挑战时能爆发出更大的能量；目标越大，能力越大	
处事灵活：我在应对新的项目时会充满激情。我愿意承担一定的风险，来适应变化和应对意外事件	
寻求成长：我不断寻找新的学习、成长和进步的途径。我会利用每个机会发挥优势	
总分	
风格（领导力的表现：正直、真实的品格）	
诚实：不欺骗别人，对自己的错误负责。我会说出全部实情，哪怕令人难以接受	
可靠：在任何情况下，我都坚持做正确的事。我会表达真实的意思，而且言出必行	
公平：平等对待每一个人，无论他们的地位、观点和信仰如何。我努力成为一个好人，做出公正且深思熟虑的判断	
公开：我愿意广泛听取人们的观点。我会聆听别人的反馈，并在做决定时参考别人的意见和建议	
乐观：面对逆境时，我能保持坚韧和冷静。我的眼光不局限于暂时的挫折和问题。我永远能看见杯子里留存的半杯水，而不是空着的一半	
总分	
服务（领导者的付出：为他人奉献自己）	
为他人服务：我会为高尚的事业提供志愿服务。我想为社区推动变革	

(续)

领导力评估	分数
社会交往：我喜欢与人接触，并且与各个年龄段和阶层的人平等相处。我鼓励员工之间建立关系，享受与人交流	
关怀他人：我会对组织内外的人表现出真正的关心和同情。我关注人们所经历的事，不计回报地帮助他们	
慷慨大度：我能敏锐地察觉到其他人的需求。我愿意花些时间来了解人们需要我做什么，并付出时间和精力来帮助他们取得成功。其他人从我这里得到的好处多于他们给我带来的好处	
提供支持：我喜欢帮助和鼓励他人，不会强迫和催促他们。我尽量保持平易近人，主动表扬和认可他人	
总分	
三个部分的总分	

分数解析：

- 首先将每个部分（实质、风格和服务）的五个分数相加，算出各自的总分。
- 接下来将三个部分的总分加在一起，得到最终的分数，填在最后一行。

大多数领导者的分数在中等水平，即70～110分，很少有人得到更高或更低的分数。你处于哪个区间？

- 低于70分：看起来这说明了一点，如果你想

第 12 章
领导力传统（帮助他人，提供社会支持）

成为积极的领导者，特别是想影响更多人，还需要在这三个方面继续努力。最后的总分是否表明你有所失衡？例如，你是否能按时完成任务，但在这个过程中让很多人不堪重负？你可以根据自己的优势建立一套职业道德标准，探索如何通过真实地表现自己来塑造一个良好的形象，让人们更愿意追随你。多关注自己与他人的交流方式，提高人际交往能力，并尽量帮助他人。如果你要做一个艰难的决定，尽量着眼长远，不要因为选择捷径而牺牲自己或公司的利益。

- 70～110 分：你很可能发挥出了自己的优势，通过表现出尊重、公平和可靠来取得成果和鼓舞他人。但你做得是否到位？注意自己在哪些领域做得最好，在哪些领域需要多加关注。例如，你可能有良好的品格，但仅有这个是不够的——在凸显自己的性格优势的同时，你还要建立高质量的人际关系，针对特定任务提升技能，追求更好的结果。如果你不够慷慨或者不乐于助人，那就想办法改变自己，发挥影响力，在公司和社区推动更加积极的变革。

- 110 分以上：很少有人能达到这个水平，你做得很好！作为非常积极的领导者，你的品格无

> 可挑剔，你能发挥巨大的影响，而且你的善良会留下持久的传统。但即使你在上面的测试中得到很高的分数，也不意味着你在现实中充分发挥了优势。本书提供了所有必要的工具，可以帮助你进一步成长，扩大自己的积极影响，所以你要充分利用起来。

12.2　要给予，不要索取

面对现实吧。冷漠、沉迷于业绩的 CEO 时代即将结束。在当今这个数字互联的世界里，名誉和道德比以往任何时候都重要。人们会远离那些在与员工和客户打交道时耍手段的领导者和组织。过去几年间，领导者习惯于将善良和同情心这些人性化的情感封闭起来，在办公室表现得很强硬，从而为组织赢得胜利。现在这种方法已经失效了。大量研究表明，领导者的善良、慷慨和负责任的行为是团队和组织成功的有力保证。人们愿意为拥有"灵魂"、关心他人的领导者工作。他们希望自己的领导者和公司在打造商业帝国的时候帮助自己提升价值，而不是一味消耗他们的价值。

没有一个领导者是中立的，所有人都会对他人产生积极或消极的影响。我敢肯定，在各个领域中都有些人通过走捷径或玩弄手段而获得领先。他们也许能暂时逃脱惩罚，但很快就会因为自己的不道德行为受到惩罚，就像安然公司的高管一样，

第 12 章
领导力传统（帮助他人，提供社会支持）

他们的道德缺失让数十万员工和投资者付出了金钱和生命的代价。因循守旧的人以及通过耍小聪明出名的人是不会轻易得到原谅的。有时候，重要的不是领导者做了什么，而是他们没有做什么。不关心他人或者态度消极的领导者由于自己的冷漠和置身事外会对周围的人产生消极影响；相反，积极的领导者会专注于留下积极的传统。他们是优秀的公民，渴望做正确的事，为所有人打造更好的工作和社会环境。他们愿意付出，而且重视决策的长期影响。没错，培养善意和信任可能需要时间，但你最终会为自己的积极性获得巨大的回报，由此产生的良好声誉将助你取得成功。想一想，到目前为止，你对身边的人和整个世界产生了积极还是消极的影响？

做一个好人对企业有利，因为这为整个组织文化定下了基调。你有没有遇到过这种情况：你的领导者或导师不遗余力地帮助你，即便这对他们来说没有任何好处？我打赌，你一直对那个人忠心耿耿。或许他们也激励你以同样的方式去帮助别人。2010 年，纽约大学的乔纳森·海特（Jonathan Haidt）牵头开展了一项有趣的研究，结果发现，当领导者处事公平且愿意为团队的利益牺牲自己的业余时间、利益甚至职业发展机会时，员工就会产生一种更高的幸福感——"升华"（Elevation）。[⊖]因此，这些员工会对领导者和组织更加忠诚。不仅如此，如果领导者乐于助人，他手下的员工就更愿意帮助其他团队的人。这种奉

⊖ Vianello, Michelangelo, Galliani, Elisa Maria and Haidt, Jonathan (2010). "Elevation at work: The effects of leaders' moral excellence". *The Journal of Positive Psychology*, September, 5(5), pp. 390–411.

献精神可以在你周围创造一个更加友善和富有同情心的环境，其中的人们更愿意相互帮助。此外，不管是个人业绩，还是团队业绩都会得到提升，因为行为友善的团队成员会有更高的工作效率，也能提供更完善的客户服务。

乐于助人的领导者和团队还能得到更重要的好处——提升幸福感。

做好事是提升幸福感的前提

帮助他人不仅对他们有好处，这本身就是一件很棒的事，也是你感到幸福的根本原因。花些时间和精力去帮助他人，会让你产生大量的催产素、血清素和多巴胺，这些都可以在你的心理奖励系统中激发良好的感觉。2015年，威斯康星大学麦迪逊分校的唐纳德·莫伊尼汉（Donald Moynihan）和小平·永井（Kohei Enami）以及乔治敦大学的托马斯·德雷勒（Thomas DeLeire）联合开展的研究发现，那些认为在工作中乐于助人很重要的30多岁的人在近30年以后再次被调查时，声称他们的生活更加幸福。⊖工作中的利他主义会极大地影响生活的意义，因为你坚信自己的工作会创造变革，这是你的快乐源泉。

好消息是，我们不必在帮助别人和帮助自己之间做出选择。《沃顿商学院最受欢迎的思维课》（*Give and Take*）的作者亚当·格兰特（Adam Grant）发现，自我利益和他人利益是两个

⊖ Moynihan, Donald P., DeLeire, Thomas and Enami, Kohei (2015). "A life worth living: Evidence on the relationship between prosocial values and happiness". *The American Review of Public Administration*, May, 45(3), pp. 311–326.

完全独立的动机。你可以同时实现两者。㊀实际上，最为幸福和成功的人会同时受这两方面的驱动。为他人的幸福做出贡献会让我们感受到意义和快乐。然而，我们不能因此过度消耗自己，或者为了别人放弃自己的一切。追求自己的幸福是第一位的。不快乐的人很难对别人表现出慷慨或仁慈，而这只会导致更大的不快乐。艾丽斯·伊森（Alice Isen）和葆拉·莱温（Paula Levin）早在1972年进行的一项研究发现，自我感觉良好的人更愿意帮助别人，并做出慈善的行为。㊁美德和幸福感是相辅相成的，我们付出的越多，就会越快乐，因而更愿意继续付出。给予是一种不断产生回报的礼物。

当你年纪渐长，你会发现你有两只手。一只手用来帮助自己，一只手用来帮助别人。

——奥黛丽·赫本，英国著名女演员、人道主义者

留下足迹

在职业生涯的某个阶段，大多数领导者都会问自己："我怎样才能实现积极的变革？"通常，当我们反思生活的指导原则及让自己感到充实的东西时，我们会发现仅仅向社会索取是不够的，我们必须为它做出贡献。㊂我们都希望自己的生活在某种程

㊀ Grant, Adam (2014). *Give and Take: Why Helping Others Drives Our Success*. London: Weidenfield & Nicolson.

㊁ Isen, Alice M. and Levin, Paula F. (1972). Effect of feeling good on helping: Cookies and kindness. *Journal of Personality and Social Psychology*, March, 21(3), pp. 384–388.

㊂ Sanborn, Mark (2006). *You Don't Need a Title to Be a Leader: How Anyone, Anywhere Can Make a Positive Difference*. London: Random House Business Books.

度上是有意义的，可以通过自己的努力让世界更加美好。作为领导者，我们所能提供的最崇高、最持久的礼物就是我们留下的传统。积极领导力可以帮助我们打造让自己感到骄傲，并且永远不会被人遗忘的传统。你的传统代表着你给组织创造了多少价值，以及你在组织内外改善了多少人的生活。

你如何才能最大限度地留下自己的足迹，成为世界上一支善良的力量？方法就是发挥自己的独特优势，坚持个人使命，同时帮助他人。这样，你不仅会让别人的世界更加美好，还可以提升自己的幸福感。比尔·盖茨就是一个振奋人心的榜样，他是一个极为慷慨的人。他的财富多到在全球有着影响力，但当他开始将自己的财富捐献出去时，他的幸福感才最高。在与妻子一起成立了盖茨基金会之后，他将大部分财产用于改善全球卫生和教育事业。用他自己的话说："对我来说，钱超过一定的限度就毫无用处了。它的作用是成立一个组织，并将资源分配给世界上最贫穷的人。"他是我至今见过的最有善心的人之一，他慷慨无私地将自己的时间、建议和金钱给那些真正需要的人。与此同时，他通过追求自己坚信有价值的事业来发挥自己的积极能量。

我在相当微小的层面上也在竭尽全力地做着自己的贡献。我的使命是帮助他人激发自己的潜能，因此我为慈善机构（例如 PCs Against Barriers）和欧洲的政府机关提供无偿咨询服务。我还通过 AIESEC（致力于促进国际学生交流）和国际青年成就组织欧洲机构等青年组织帮助下一代开启自己的职业道路。例如，我一直委托 AIESEC 的年轻人帮我写演讲稿，而没有将这一工作安排给微软公司的员工。我发现，付出（无论是金钱、创意还是精力）可以教会我们超越自我，并提醒我们自己是社会的一分子。当我们做出有意义的贡献时，便在人与人之间建立了强大的联结，拓展了更多可能性，帮助创建一个对所有人都更美好的社会。

参与慈善活动的三种途径

问题：你怎样才能帮助别人？

给予的方式有很多。领导者及其团队可以通过以下几种简单的方式参与慈善活动。

志愿服务

幸福感和志愿服务之间有明显的关联。新加坡国立大学和杜克大学的研究人员在2012年开展的一项研究表明，每个月只做一天志愿服务就可以让你的生活更有使命感，并加强你与社区的联系。[一]抽出时间做些志愿服务，有助于扩大你的社交圈、提升自信和健康、增强职业技能，并提供有趣而简单的方式来探索你自己的兴趣和热情——这些都是做好事同时能带给你的收益。你或许觉得自己现在太忙了，没有时间去做志愿者。但是想一想：重要的并不是你付出了多少时间，而是你具有了志愿者的身份。这意味着你需要定期回馈社会，将志愿者作为你

[一] Son, Joonmo and Wilson, John (2012). "Volunteer work and hedonic, eudemonic, and social well-being". *Sociological Forum*, September, 27(3), pp. 658–681.

的一种身份,这最多只需要每个月提供 3 ~ 4 小时的志愿服务。即使一件很小的事也能给有需要的孩子、成年人、动物或组织带来真正的改变,让你散发出"温暖的光芒",最大限度地提升幸福感。

> **去哪里找志愿服务的机会**
>
> - 社区剧院和艺术中心。
> - 当地动物收容所、救援组织或野生动物中心。
> - 图书馆和博物馆。
> - 养老院和日托中心。
> - 医院或卫生所。
> - 孤儿院或托儿所。
> - 学校和学习(辅导)中心。
> - 青年组织、体育队和课外活动项目。
> - 遗址修复中心和国家公园。
> - 服务机构,例如扶轮社(Rotary Club)和狮子会(Lion Club)。
> - 教堂等场所。
> - 环保组织。
> - 市民热线。
> - 应急响应组织,例如警察局或水上救援机构。
> - 残疾人和特殊需求团体以及相关俱乐部。
> - 在线数据库,例如 Do-it.org、Reach、TimeBank、

> Volunteering Matters 等。
> - 慈善商店或组织,你可以在其中参加例如客户服务、办公室管理、分发传单、筹款、驾驶、公共关系和研究等活动。

企业在促进志愿服务方面可以而且应该发挥关键作用,尤其是因为它拥有更专业且高效的团队。参加企业志愿服务的员工对组织和同事的态度往往更加积极。联合健康保险(UnitedHealthcare)和"寻找志愿者"(VolunteerMatch)组织在 2010 年联合开展的研究显示:[1]

- 81% 的员工表示与同事一起做志愿服务可以加强工作关系。
- 76% 的员工由于参与了志愿服务而对雇主的感觉更好。
- 21% 的员工表示,如果雇主没有提供机会和方向,他们不会主动提供志愿服务。

通过在团队或企业范围内发起志愿者项目,可以鼓励同事表达善意和奉献社会。联合利华和 Ben & Jerry's 等企业为员工提供全年带薪志愿工作假,以帮助志愿者项目落地。有很多现成的项目可供参考,帮助你制订自己的计划。"海外志愿服务"(VSO)和"时间银行"(TimeBank)等志愿服务组织为激励员工参加志愿服务提供了多种选择,包括灵活的短期任务、定制

---

[1] UnitedHealthcare and VolunteerMatch (2010). "Do Good Live Well Study: Reviewing the benefits of volunteering". March. [Online] Available from: http://cdn.volunteermatch.org/www/about/UnitedHealthcare_VolunteerMatch_Do_Good_Live_Well_Study.pdf.

化的长期项目以及一次性的团建活动。重要的是，你要让团队成员在这些活动中有发言权，以鼓励他们积极参与。你甚至可以举办慈善活动展览会，让人们了解当地社区的需求，这样他们就能知道自己有哪些选择。我建议安排一位协调员负责牵头，并担任主要联络人。他可以负责鼓励同事参与，确保企业赞助的志愿服务有完善的规划，同时表彰志愿者的成果，保持人们始终情绪高涨。

把钱花在别人身上

最重要的给予方式是捐钱。把钱花在别人身上被称为"亲社会支出"（Prosocial Spending），已被证明是提升幸福感的有效手段。在不列颠哥伦比亚大学开展的一项实验中，46名学生各自拿到了一个信封，里面装着5美元或20美元，要在一天结束之前花掉。结果表明，收到指令把钱花在别人身上（例如请朋友吃饭、给家人买礼物或捐给慈善机构）的人比为自己花钱的人更快乐。㊀还有一项研究针对波士顿一家公司的16名员工如何花费3000～8000美元的奖金展开了调查。研究人员发现，把大部分奖金花在别人身上的人比全部花在自己身上的人更加幸福。奖金有多少根本不重要，最重要的是有多大一部分花在了别人身上。

积极的领导者会在其他人身上投资，以帮助团队在工作中获

㊀ Dunn, Elizabeth W., Aknin, Lara B. and Norton, Michael I. (2008). "Spending money on others promotes happiness". *Science*, March, 319(5870), pp. 1687–1688.

第 12 章
领导力传统（帮助他人，提供社会支持）

得更多快乐。试着给你的员工发一笔奖金，但有个条件：这笔钱必须用在其他同事身上，或者捐给慈善组织。当团队成员之间互相给予时，他们的关系就会更紧密，同时每个人都有积极表现自我的机会，这两点都有利于提升幸福感。过一段时间，你会发现团队互动有所改善。员工也可以选择能共享的礼物，将积极而充满关爱的工作环境产生的社会效益最大化。奖金数额不必太大。谷歌公司推出了"同行奖金"（Peer Bonus）计划，任何员工都可以举荐另一名有良好工作表现或为别人提供帮助的团队成员获得150 美元的奖金。与公司规模相比，这点钱似乎不算什么，但是让别人获得奖金的感觉本身就很好。⊖Shopify、IGN 和 Zappos 等公司也开展了类似的同行认可项目。

另一种促进社会投资的有效途径是设立内部员工支持计划（Employee Support Programme），让员工为有需要的同事提供经济和情感支持。达美乐比萨（Domino's Pizza）和美国西南航空（Southwest Airlines）等公司都提供了此类服务，呼吁员工为面临医疗或财务困境的同事捐款。⊜给予的行为加强了团队对组织的忠心，也提升了他们对自己和组织的自豪感。人们能够从慈善和关怀的角度看待自己和组织，这对希望积累情感资本、使给予行为更具价值的积极领导者来说是个好消息。

⊖ Dunn, Elizabeth and Norton, Michael (2013). "How money actually buys happiness". *Harvard Business Review*, 28 June. [Online] Available from: https://hbr.org/2013/06/how-money-actually-buys-happiness/.

⊜ Grant, Adam, Dutton, Jane E. and Rosso, Brent D. (2008). "Giving commitment: Employee support programs and the prosocial sensemaking process." *Academy of Management Journal*, 51(5), pp. 898–918.

利用自己的优势和专业知识

如果你没有多余的钱可以给别人,你也可以贡献自己的时间、专业知识或技能。领导者每天都能遇到付出的机会,而且以任何方式为他人服务都是值得钦佩的。然而,如果你能以最有效的方式做出贡献,就能发挥最大影响。通过选择有助于发挥专业或个人优势、经验和知识的任务、慈善机构或委员会,你可以做出更大贡献。列出你最擅长的领域,将它们转化为你可以为他人做的事。例如,作为一名经验丰富的教练,我会为青年组织提供免费的指导,帮助青年人最大限度地发挥潜力。我也会利用科技行业的背景为政府机关提供建议,指导它们更好地利用科技造福社会,例如提高教育质量,以及提供更加个性化、协作型的学习机会。你的优势在哪里?如果你擅长平面设计,可以考虑帮助非营利组织设计传单和宣传材料;如果你擅长策划会议,可以帮助它们筹划和协调慈善筹款活动;如果你喜欢运动,也喜欢与孩子在一起,可以在校外体育俱乐部当教练。

如果你的时间有限,现在无法参与任何活动,那么可以遵循一个简单的规则:"五分钟的帮助"(Five-minute Favor),即花五分钟以内的时间主动为任何人做些事,不期待回报。具体做法包括:㊀

㊀ Anderson, Kare (2013). "Pay it forward with the five-minute favor". *Forbes*, 17 July. [Online] Available from: http://www.forbes.com/sites/kareanderson/2013/07/17/pay-it-forward-with-the-fiveminute-favor/#3494ae147733.

- 使用产品,提供坦诚的、有建设性的意见。
- 根据两个人各自的兴趣,通过电子邮件相互引荐。
- 转发一篇文章或者推荐一本书,让别人受益。
- 读一份简短的文件,提供有用和简洁的反馈。
- 为某个人、作品、产品或服务写推荐信。
- 在社交网站上分享、评论或转发内容。
- 在领英或其他公开网络上推荐或赞赏某个人或产品。

考虑在组织内部建立一个互相帮助的小圈子,让一群人定期聚在一起,各自提出请求,并满足其他人的请求。㊀人数可多可少,一般在 15 ~ 30 人。"小圈子"里的每个人都可以提出生活或工作上的请求,而其他成员将帮助他实现。他们可以建立人脉或引荐他人,贡献自己的知识或技能,或者直接提供帮助。通过"爱心传递",每个人和整个群体都将获得新的价值,所以最终,所有人都是赢家。这种方法是由密歇根大学社会学家韦恩·贝克(Wayne Baker)和他的妻子谢里尔(Cheryl)通过 Humax 提出的(详见 http://www.humaxnetworks.com/)。这个网站提供了一套工具,你可以利用这些工具来组建"小圈子",在组织中培养相互帮助的氛围。

12.3 职场社交

积极的人都喜欢社交。他们愿意建立人际关系,其他人也

㊀ Grant, Adam (2014). *Give and Take: Why Helping Others Drives Our Success*. London: Weidenfield & Nicolson.

喜欢待在他们身边。埃德·迪纳和马丁·塞利格曼针对"非常幸福的人"进行研究，发现这些人区别于人的一个关键特征是善于交际。排在前10%的最幸福的人拥有牢固的恋爱关系，有很多亲密的和偶然结交的朋友，喜欢参与团体活动。[一]幸福的人能够成为优秀的领导者、同事、伴侣和朋友，因为他们散发着积极的能量，愿意接受别人的意见，而且乐于帮助他人；相反，不幸福的人往往会远离社交场合，避免与人接触，而且不太愿意参与讨论或者提供帮助。

社会支持的积极影响

社会支持是帮助我们度过艰难时期的关键。很多商业领导者认为，在职场上必须与团队保持距离，独自承担责任。在他们眼里，过分依赖别人会显得自己太软弱，因而将失去对团队的控制。但事实并非如此。没有人是一座孤岛。无法与他人和谐相处的领导者永远不能发挥自己的全部潜力。领导力不是一个人的任务。托马斯·爱迪生发明电灯泡并不全依靠他自己的努力，他手下有20~30名年轻的助手帮助他。积极的领导者会将依赖他人看作力量的源泉，而不是弱点。当你在工作中有一群可以依赖的伙伴时，你的智力、情感和体力资源就会成倍增加，因此你将获得更大的成就。

研究表明，人们对工作关系的感觉越好，他们的表现就越好。例如，1996年针对一家金融服务公司60个业务部门的350

[一] Diener, Ed and Seligman, Martin (2002). "Very happy people". *Psychological Science*, January, 13(1), pp. 81–84.

第 12 章
领导力传统（帮助他人，提供社会支持）

多名员工开展的一项研究显示，团队成就的最大预测因素是成员之间的关系。㊀这对领导者来说是个好消息，因为他们可能无法控制团队成员的个性、背景或能力，但他们仍然可以在很大程度上影响团队内部的社交活动和人际关系。一个相互支持的工作氛围有助于激发个人参与，提升团队的活力、创造力和专注力，并激励人们付出最大努力。英国餐厅品牌 Pret a Manger 的 CEO 克莱夫·施莱（Clive Schlee）把公司在销售上的成功归因于拥有一支快乐的、互动良好的团队。2013 年，他曾透露，在参观各个门店时，"我首先观察的是员工之间是否有交流——朝对方微笑，做出回应，感到快乐并认真投入工作。我几乎仅凭肢体语言就能预测出销售业绩"。㊁

如何开展职场社交

你与他人的关系可以让工作变得更加有趣，也可能将工作变成一场噩梦。那么，如何与你的上司、同事以及团队成员建立更加积极和有意义的关系呢？

下面的"SOCIAL"模型提供了答案。

㊀ Campion, Michael A., Papper, Ellen M. and Medsker, Gina J. (1996). "Relations between work team characteristics and effectiveness: A replication and extension". *Personnel Psychology*, 49(2), pp. 429–452.

㊁ Moore, Peter (2015). "Pret a Manger – behind the scenes at the 'Happy Factory'". *The Guardian*, 14 April. [Online] Available from: http://www.theguardian.com/small-business-network/2015/apr/14/pret-a-manger-happy-coffee-chain.

练习 12-2 "SOCIAL"模型

S（Similarities，相似之处）

寻找你和别人的相似之处。罗伯特·西奥迪尼（Robert Cialdini）在《影响力》一书中提到，人们都喜欢与自己相似的人——无论是思维、个性、背景还是生活方式相似。[一]作为领导者，你可以利用这个原则让人们更喜欢你。根据你和同事的相似之处与对方培养关系。你们在同一个地区长大还是上过同一所学校？你们有没有共同的爱好、兴趣或运动？你们喜欢同一类电影或音乐吗？是否有共同的理想？是不是都养狗？谎言很容易被看穿，所以要表达真实的自己。你与上司、同事或下属之间的相似之处越多，你就越容易与对方建立紧密的关系。

O（Open Approach，敞开心扉）

敞开心扉，鼓励人们与你交谈，尤其是谈论他们的私人问题。要成为积极的领导者，你首先要让团队知道你是可以接近的。人们需要知道，不管有好事还是坏事，他们都能来找你，并在想得到帮助时提出来。你给人的印象取决于你的日常行为——每天早上是否愉快地走进办公室，是不是经常微笑，你的肢体语言和说话的语气，你是否经常做出积极

[一] Cialdini, Robert B. (2007). *Influence: The Psychology of Persuasion*. New York: Harper Business.

第 12 章
领导力传统（帮助他人，提供社会支持）

的评价以及是否热情。将办公室的门始终敞开，不时地四处走走，与同事聊聊天，这种方式被称为"走动式管理"（Management by Wandering Around, MBWA）。体会办公室的气氛，感受周围人的非语言行为。认真聆听和观察，提一些问题，当有人发现机会、提供反馈或想法、分享重要的数据、聊起孩子或去哪里休假时，你要表现得很有兴趣。可以跟大家开个玩笑，让所有人都轻松一下。除此之外，你还要多与人沟通。有些领导者天生外向，擅长建立和谐的关系；另外一些人则需要多下点功夫。如果你属于后者，可以从提高自我意识开始做起。肖恩·埃科尔在自己的作品《幸福原动力》（*Before Happiness*）中指出，人们倾向于无意识地互相映射，所以你要仔细观察交谈的对方。⊖他们看起来是否焦虑、恍惚、疲劳或困惑？如果是，那说明你没有表现出应有的积极态度。改变你自己的表情、肢体语言和语调，看看这个人对新状态的反应是否积极。表现出同理心是关键的第二步。让对方看到你愿意聆听、思考他说的话，并与他共情。这时你会发出一个信号，证明你们之间不存在障碍，而且为解决问题和更紧密地合作开辟了新的路径。

⊖ Achor, Shawn (2013). *Before Happiness: Five Actionable Strategies to Create a Positive Path to Success*. London: Virgin Books.

C（Communicate Intentionally，有意识地沟通）

沟通是所有人际关系中的核心要素。它是一种黏合剂，把所有东西粘在一起。如果缺乏积极的沟通，那么团队成员之间的关系就很容易破裂。团队发展顾问帕特里克·兰西奥尼（Patrick Lencioni）指出了团队可能出现的五种问题：缺乏信任、担心出现冲突、承诺不足、逃避责任和不重视结果。[一]例如，如果人们在会上没有互相质疑，或者对路线或战略没有自己的意见，这就不是一个好兆头。如果会议过于乏味，没有人参与辩论，这表明人们感觉这项业务与自己无关，或者漠不关心。辩论是一种健康的行为，应该在整个团队中积极推广，因为它可以激发出深刻的见解，为决策提供依据。有时候，辩论可能过于激烈并引发冲突，但这不一定是坏事。公开的冲突有助于提高效率，并暴露一些潜在的问题，因此有助于团队的成功。你要担心的是背后的冲突，例如人们在走廊里说悄悄话，私下表达不满，而不是公开地在会上提出来。如果你想在团队中鼓励积极的沟通，避免这样的问题，你需要针对会议流程制定一套规则。可以采用以下方法来激发更深入的讨论：

- 积极的开始。从一开始就有积极态度的团队往

㊀ Lencioni, Patrick (2002). *The Five Dysfunctions of a Team: A Leadership Fable*. San Francisco: Jossey-Bass.

第 12 章
领导力传统（帮助他人，提供社会支持）

往表现得更好。在每次开会之前先总结好的方面，激发团队的热情，再开展富有成效的讨论。例如，你可以让每位参会者分享最近在工作或个人生活中遇到的好事。此时此刻，他们能想到让自己感到兴奋、开心或自豪的事情。给每个人 30～60 秒的时间分享自己的积极经历。整个过程不会超过五分钟，但可以在会议之初创造积极的氛围。

- 明确目标。所有会议都必须有一个明确的目标或议程。如果你不知道为什么开会，就很难获得自己想要的结果。例如，开会是为了解决问题、做决定、分享信息、听报告还是进行头脑风暴？每个人都必须清楚开会的目的，否则就会遇到障碍。例如，头脑风暴会议的目标是让每个人尽可能地发挥创造力，而不是采取行动或做决定。在这种会议中，团队成员需要保持开放的心态，将对每个创意的判断和分析留到下次去讨论。如果他们做不到，那么大家就会因为害怕被否定而不敢说出想法。你需要在会议之初清楚地阐明会议的目的，介绍自己在会议期间和会后想达成的目标。不要将会议变成散漫的聚会。

- 鼓励团队参与对话。在会议期间，直接征求每个人的意见，鼓励全员参与。让所有人公开提出自己的观点和想法。根据"二八原则"进行沟通：将大部分（80%）时间用于聆听，少部分（20%）时间用于说话。积极聆听他人的想法，关注肢体语言。提一些开放性的问题，鼓励团队成员自由地分享观点，或者得到自己满意的结论和答案。确保你推动和认可团队成员积极参与讨论，以让他们自信地表达看法。这有助于对话顺利进行。如果会议中途产生了冲突，你要赞赏每个人的立场，将人们引回到积极的方向。

- 获得行动支持。在会议快结束的时候争取大家对决定的支持，并就推动公司或团队向前发展应采取的行动达成一致。总结出一个行动计划——谁在什么时候做什么，以进一步分配工作。在这之后，你要确定好这次没有讨论完的议程并找出解决它们的办法。
- 微笑着结束会议。在会议结尾总结会议成果，强调团队做出的积极贡献。确保每个人带着愉快的心情离开会议室，不要让任何人觉得浪费了时间。总结积极的讨论成果，你学到了什么，以及这次会议为什么成功："大家针对这个问题提出了这么多不同的观点，真是太好了。我想在做这个决定之前,我们已经考虑了所有可能的角度。"或者问问团队,他们认为会议的哪些内容比较好,或者在他们看来最有价值。借此机会,团队成员可以思考自己喜欢的会议形式,以及他们能借鉴的积极的内容。提醒每个人要有大局观念,对公司的发展方向充满热情。最后,面带真诚的微笑宣布会议结束,感谢每个人做出的贡献。

I(Interactive Environment,互动的环境)

为团队打造一个有趣的、互动的工作环境,强化人际关系和员工的敬业度。可以通过以下方法来培养更加紧密的关系,为工作增添乐趣:

- 一起吃饭。邀请同事共进午餐,这样做可以帮你进一步了解他们,从而更好地与他们相处。如果可能的话,为同事之间一起用餐提供便利(例如提供免费的食物,或者灵活安排餐厅开放时间)。这有助于满足他们的社交需求,提升工作幸福感。
- 打造亲密的团体。允许员工围绕着共同的兴趣成立团体,例如体育俱乐部、女性交际圈、读书俱乐部、健步走小组、烹饪班或合唱团。这些团体有助于加深同事间的友谊,提升身体、脑力、情绪和精神健康。通过提供资金和设施来表明你对这些团体活动的支持，或者帮助制订宣传方案，在整个组织中进行推广。
- 庆祝活动。在办公室为同事的生日、毕业、孩子出生或取得胜利等场合举办小型庆祝活动，这是加深关系和营造"家庭氛围"的好办法。你也可以庆祝一个不寻常的节日，例如"泡泡堂日"或"祖父母日"，为枯燥的一周增添乐趣。
- 社交空间。给团队成员一定的空间和时间，让他们自行建立人际关系。在不打扰其他团队成员的前提下，安排一个指定的区域供大家闲聊。你可以放置舒适的座椅和咖啡机，让人能够放松地与他人交流。
- 相互引荐。在组织中促进人际交往的最简单和快速的方法是引荐来自不同部门、从未谋面的人相互认识。如果你认为两个人能从对方身上受益（无论是在工作还是生活中），不妨让他们认识一下。
- 提升团队的精神面貌。通过正式和非正式的团建活动鼓励团队合作，激发团队意识。网上有很多团队出游、做游戏和开展活动的建议，包括远足、聚餐、打保龄球等，这些都有助于培养同事间的亲密关系。选择一项大多数人都

第 12 章
领导力传统（帮助他人，提供社会支持）

感兴趣的活动，这样大家都能开心地参与进来。提供头脑风暴和知识共享的空间，鼓励项目团队或工作小组之间加强协作。思维导图软件（例如 OpenGenius 提供的 iMindMap）等可视化工具可以帮助团队共同获取和整理信息。当人们在不同的地点工作时，利用视频会议软件、即时聊天软件或公司内部的社交网络来建立和加强人际关系。

A（Appreciate Others，称赞他人）

每个人，从 CEO 到清洁工，都希望因自己的身份和所做的事得到赞赏。如果我们花时间去认可和称赞他人，就能打开通往良好的工作关系的大门。这是因为在赞赏某样东西时，我们不仅能认识到它的价值，还能提升它的价值，就像银行存款可以增值一样。不要吝惜对团队或同事的称赞，尤其要表现出对诚实、努力、可靠、热情、增进关系和乐于助人等积极行为的认可。下面是有效表达称赞的一些方法：

- 养成习惯。当人们经常获得积极的鼓励时，会感觉更有动力和受到重视，所以你要经常对小事表达赞美，而不是偶尔表扬大的成就。不要等待时机，要在事情发生的第一时间表达你的认可。

- 公开表扬。用显而易见的方式表达你的认可，让组织中的其他人知道发生了什么。你可以在公司的内部通讯中提到某个人，或者在管理层会议或公司活动中当着别人的面表扬他。
- 内容要具体。不要简单地说"干得不错"或者"与你共事很高兴"，要针对团队成员的工作提出具体的称赞，强调他们如何为更大的业务目标做出了贡献，同时表示你希望看到他们做出更大的成就。
- 认可过程。如果你只对结果提出表扬，人们就会以为只有结果才是最重要的。要认可过程，表明良好的工作行为也很重要。例如，当某个人采用了创造性的工作方法，汇报非常详尽，沟通效率高，或者做了一些职责范围之外的事，你要对他表示认可。
- 写感谢信。感谢信可以以电子邮件、卡片、便利贴或信件的形式发出。形式不重要，重要的是它背后的意义。
- 送礼物。大方一些，奖励给同事一个小礼物，例如音乐会或体育赛事的门票、奖状、礼券、现金奖励、证书、休假或感谢午餐。
- 奖励全家人。赠送给同事及其家人餐厅礼品卡或演出门票。如果他长时间加班、无暇陪伴家人，这将是一份很棒的礼物。你也可以将感谢信和鲜花直接寄给他的家人。
- 培养他们的天赋。奖励的形式可以是教育或培训机会，例如参加研讨会或工作坊，这有助于提高员工的优势和工作热情。你也可以为员工聘请私教来培养他们。
- 分享爱。召集所有团队成员，让每个人在纸条上写下别人身上值得自己欣赏的两三个特点。⊖ 人们应该关注自己对同事的欣赏——无论是对方的优势、他们的成就，还是在工作中一起度过的时光。创建一份团队思维导图或表格，把这些纸条贴在每个人的名字下。这是激励团队成员互相欣赏的好办法。
- 使用"表扬—提问—润色"（Praise-Question-Polish，PQP）的方法。你在开展绩效评估或同行评审时，要遵循下面的流程：首先，表扬个人或团队，尽量找出对方做得好的地方，强调哪些方面进展较为顺利；其次，围绕你不确定的问题或成果向对方提问；最后，进一步润色，针对如何建立优势或完善流程提供建议。

⊖ Gladis, Steve (2013). *Positive Leadership: The Game Changer at Work*. Annandale: Steve Gladis Leadership Partners.

L（Learn，学习）

通过更好地了解同事，增加社交投资，加深私人关系。争取每个月了解每个团队成员的一个新特点，在以后的交流中可以用到——可以是工作以外的事（非工作目标、宠物、爱好、孩子的名字、最喜欢的食物或休假的地点），也可以是工作上的内容（专业优势、工作风格、他们喜欢的工作类型、职业理想）。邀请不同的同事一起吃早餐或午餐，聊一聊他们本人，不谈工作或时事。如果领导者能够表示出对个人的兴趣，并加深对员工的了解，就会让员工感觉得到了理解、认可和关心。你也可以借此机会弄清楚如何通过对双方都有意义的方式来帮助他们。如果你刚加入一个团队或组织，最好从第一天就表现出"学习的态度"。你可能充满了新的想法，但不要以为自己无所不知，在没有充分了解所有人的优势和工作方法的前提下试图开展激进的变革。在开始施展领导才能以前，一定要充分了解情况和收集人们的想法，否则团队就会疏远你。不要认为自己得到了全部答案；记住，你要学习的还有很多，要通过提问来了解团队的文化、流程、制度和成员的所有方面（其中人是最重要的）。最关键的是要赢得团队的信任和尊重，让他们愿意接受大规模改革。一旦充分了解了团队和每个人的优势，你就可以带领他们走向成功。

CONCLUSION

结 论
你的成功与幸福感

成功是登上峰顶，幸福感则没有极限。

——佚名

你坚持到了最后！感谢阅读本书，希望其中的见解和工具能激励你成为最优秀、最真实的领导者。我们探讨了大量问题，现在，我想在你开始积极领导力的旅程之际，最后再给你一些鼓励。

过去十年间，商业局势发生了巨大变化。商业格局从等级分层走向了扁平化，很多流程被重新配置或外包出去，透明度提高了，时间更紧张了，人们的期待有所上升，领导者和团队之间的界限被打破。虽然这个动荡的新商业世界提供了更多的创新和取得成功的方式，但失败的可能性也增加了。你不能再依赖于传统的指挥控制型领导方法。以团队的长期敬业度和幸福感为代价，一味追求短期业绩，这样做注定会走向倦怠和灾难。最新的心理学研究一致表明，领导者唯一的制胜之道就是做一个好人。

　　本书阐释了所有人在当今世界中要成为更优秀的领导者应该遵循的积极原则、技能和行为。当你利用积极心理学知识时，你所做的远不只是最大限度地提高自己的幸福感和工作效率。你的行动将产生连锁反应——通过努力让自己更加幸福和成功的同时，你还能激发周围人的潜力，改善他们的生活。幸福是可以传染的，它会给你的团队、组织和整个社会带来效益。

　　"积极领导力4P模型"提供了一个快乐的领导和生活的模板。通过关注人（优势和敬业度）、目标（使命和愿景）、过程（精力管理）和地点（幸福的道路）这四个积极的方面，它提供了必要的框架和工具，可以帮助你更好地了解团队，指引他们去往积极的方向，同时提升他们的幸福感和满足感。它还能帮助你深入了解你自己，以及你想要什么，从而充分激发你的潜能。你可以将它看作催化剂，用于探索自己的优势和最终目标，从而提高生活质量，以真正重要的方式取得成功。正如下图所示，在积极领导力的旅程中将它作为指引，可以帮你巧妙地平衡自己

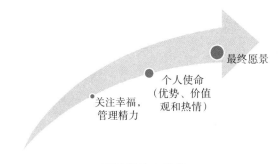

积极领导力路径

结论
你的成功与幸福感

各方面的精力，专注于幸福的事情，同时追求自己独特的个人使命，朝着最大的愿景努力。

我深信，这本书代表着时代精神，为现代的领导者提供了希望、乐观与可能性。有了积极领导力，你不再需要做出非此即彼的选择——和善或强硬，质量或数量，这种方法或那种方法，要么赢、要么输。"积极领导力4P模型"告诉我们，成功不一定有代价，你可以实现全面的胜利：

- 要成为一个非常成功的领导者，你不必样样精通。
- 你可以100%地做自己，同时赢得尊重。
- 你可以接受员工的弱点，同时打造一支能取得成果的强大团队。
- 你可以同时用心和用头脑来领导。
- 你可以为团队和组织服务，同时为自己创造价值。
- 你可以做自己喜欢的事，同时取得卓越的成果。
- 你可以停止追逐时间，积累更多精力，同时把事情做好。
- 你可以成为一个开拓性的、善于创收的领导者，同时造福世界。
- 你和团队都可以在通往成功的道路上获得幸福！

无论你手下有5人还是500人，领导的是一家银行、医院、学校还是创业公司，你都可以通过提高积极性来激励团队、取得卓越的成果，并以最快乐的方式工作。设想一下，如果我们都选择发挥自己的优势，真实地遵循自己的使命，并以积极的态度领导别人，那么，我们的工作、社群甚至整个世界会变成什么样？希望本书中的一些观点能帮助你在生活和工作中找到一种新的、有意义的乐趣，让你在人类历史上留下积极的足迹。

祝你在获得成功和幸福感的过程中一切顺利。

扬·穆赫菲特

下一步计划

获得有效的帮助、培训和工具,提升自己的领导力水平,释放团队潜能。

积极领导力资源和模板

可登录以下网站,获得本书中专门提供的实用资源和模板:http://positiveleaderbook.com。

- 探索你的优势,并付诸行动。
- 找到自己的心流,同时利用必要的挑战提升团队能力。
- 有效管理自己的精力。
- 制定与幸福感有关的目标。

演讲才能

扬·穆赫菲特在听众眼中是一位能够引人入胜且发人深省的演讲者,他曾在全球各地就商业、教育、个人发展和技术等话题发表演讲。对希望发挥自身优势、创造积极的环境、实现发展和取得成功的团体和组织来说,他的演讲极具价值。

如你希望邀请扬发表演讲,请发邮件至 jan@muhlfeit.com。

请登录 http://janmuhlfeit.com/en/ 了解更多关于扬的信息。

关注扬的社交媒体账号

Twitter：@janmuhlfeit
Facebook：https://www.facebook.com/janmuhlfeit
领英：https://cz.linkedin.com/in/muhlfeit

OpenGenius 领导力培训课程

学习最新的领导力技巧，打造积极的职场文化，使组织冲向成功和幸福感的新高度。扬·穆赫菲特推荐以下几种课程（上课地点在英国）：

- 创意领导力5日认证课程（英国加的夫）。
- 积极领导力1日工作坊（英国加的夫）。
- 企业定制培训。（OpenGenius 专门针对组织需求定制内部培训。我们的培训专家致力于在你指定的场所提供独特且目标明确的课程。）

欲了解更多信息，请访问 www.OpenGenius.com。

提高工作效率的软件

为了帮助你漂亮地规划、管理和完成所有工作,这款视觉任务管理软件提供了简便的方法。现有免费版可使用,详情参见 www.DropTask.com。

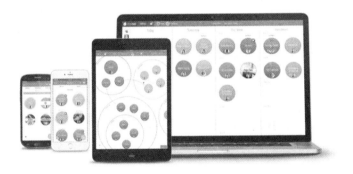

致　　谢

感谢那些在我努力激发全世界人们潜能的过程中给予我鼓励和支持的人。

我对本书的共同作者梅利娜·考斯蒂深表感激，她无所保留的付出使得本书内容更加充实。她对本书的写作怀有坚定的信念，并孜孜不倦地研究、阐明理论和编辑文本，这些都是无比珍贵的。在本书出版的各个阶段中，她都是优秀的副驾驶员。

特别感谢我在OpenGenius公司的好朋友们，尤其是克里斯·格里菲斯（Chris Griffiths，CEO）和利兹·奥斯兰（Liz Oseland，培训部主管），他们两人在本书的早期撰写过程中提供了巨大支持。对于他们给予的良好建议和热情的投入，我深表感激。另外，我还要感谢研究员迪诺·考斯蒂（Dino Costi）在文献资料方面的大力协助。

当然，我不能忘记我最棒的妻子和女儿，她们在我撰写本书期间给予了极大的耐心、鼓励和理解；我更不会忘记爱我的父母，是他们激励我成为现在的自己。

感谢微软公司的各级领导，是他们允许我自由、自主地发挥优势，并自行制定优秀的标准。如果没有他们非凡的指导和才智，可以说，我肯定无法带领团队像之前那样成功地实现共同目标。我最想感谢的是我的终极偶像比尔·盖茨，他是积极领导力方面的光辉榜样，致力于让世界变得更美好。当然，所

致　谢

有（包括过去和现在的）同事和团队成员在愉快的长期职业生涯中愿意采纳我的疯狂建议，对此我深表感激。

由衷地感谢积极心理学领域做出开创性贡献的杰出学者，特别是马丁·塞利格曼博士、泰勒·本–沙哈尔（Tal Ben-Shahar）、肖恩·埃科尔（Shawn Achor）和索尼娅·柳博米尔斯基。他们是真正的传递幸福的使者，如果没有他们富有启发性的洞见和经验性知识，本书可能无法呈现给大家。

感谢培生公司（Pearson）的出版团队，让我有机会分享自己的观点。特别感谢埃洛伊塞·库克（Eloise Cook，高级策划编辑）、梅拉妮·卡特（Melanie Carter，高级内容编辑）和安东尼娅·马克斯韦尔（Antonia Maxwell，文字编辑），他们的辛苦付出和专业能力保障了本书的质量。

另外，我要对以下给予了大量帮助的人表示衷心感谢：迪帕克·乔普拉（Deepak Chopra）、蒂姆·加尔维（Tim Gallwey）、彼得·泽姆斯基（Peter Zemsky）、杰夫·雷克斯（Jeff Raikes）、斯蒂芬·约瑟夫（Stephen Joseph）、奥兰多·阿亚拉（Orlando Ayala）、安德鲁拉·瓦西里乌（Androulla Vassiliou）、弗兰克·布朗（Frank Brown）、珍妮弗·布兰克（Jennifer Blanke）、戴维·斯沃博达（David Svoboda）、让–菲利普·库尔图瓦（Jean-Philippe Courtois）和帕特丽夏·法尔科·贝加利（Patricia Falco Beccalli）。

最后，感谢我所有的朋友、领导和支持者们在我撰写本书的过程中给予的关心。希望本书能反映出各位对于为人类创造积极的、充满成功和幸福感的未来这一美好愿望。

对出版社的致谢

感谢以下出版社允许复制版权资料：

英文书第 8 页表格由盖洛普公司版权所有，本书拥有内容使用许可，盖洛普公司保留全部出版权；英文书第 11 页图示来自韬睿咨询公司（Towers Perrin）发布的《2007～2008 年全球员工调查》；英文书第 27 页图示由 Ready to Manage[一]机构提供；英文书第 85 页图示来自特雷弗·范·高普（Trevor van Gorp）和埃迪·亚当斯（Edie Adams）所著的《情感与设计》（*Design for Emotion*，摩根·考夫曼公司 2012 年出版），经特雷弗·范·高普许可复制；英文书第 126 页图示获贝恩公司（Bain & Company, www.bain.com）许可；英文书第 193 页图示来自托尼·施瓦茨（Tony Schwarts）和克里斯汀·波拉斯（Christine Porath）发表的文章"满足员工需求的力量"（The Power of Meeting Your Employees' Needs），经哈佛商学院出版社许可复制；英文书第 217 页图示来自史蒂芬·柯维（Covey, S.）所著的《高效能人士的七个习惯》（*The 7 Habits of Highly Effective People*，西蒙与舒斯特公司 2004 年出版），经富兰克林·柯维（Franklin Covey）许可复制；英文书第 306 页标识和截屏使用 DropTask 软件制作。

[一] Ready to Manage 是提供管理和领导力领域培训的一家机构。——译者注

关于作者

扬·穆赫菲特是一位全球战略家、高管教练和导师。他曾任微软欧洲公司董事长,在这家高科技巨头公司工作长达22年,在信息通信技术领域积累了丰富的经验。扬的专长在于领导力培训,他致力于帮助商业、学术、政治和体育领域的知名人物和组织发挥自身优势,取得出色成绩。他目前在欧洲工商管理学院担任"驻场企业家"(Entrepreneur in Residence),并为剑桥大学高级管理人员工商管理硕士(EMBA)学生提供培训,也是帝国理工学院商业顾问团的成员。

扬积极的生活态度及其作为领导者和教练的成就使他成了一位受欢迎的演讲者。他在世界经济论坛、经合组织、欧盟委员会、欧洲议会、哈佛大学、欧洲工商管理学院、剑桥大学和《经济学人》杂志社举办的活动中均发表过出色的演讲,广受好评。他还曾接受过美国有线电视新闻网(CNN)、CNBC、彭博社、《金融时报》《纽约时报》和《华尔街日报》等媒体的采访。

扬·穆赫菲特出生于1962年,在捷克斯洛伐克长大。在加入微软之前,他在公共和私营领域均有过工作经验。白手起家的扬之所以能在全球经济领域的"超级联赛"中大获成功,关键在于他能够激励他人和团队取得超乎想象的成就。他的个人使命是"帮助全球各地的个人、组织和国家释放自己的潜能"。

若想获取更多关于扬的信息,请关注:http://janmuhlfeit.com/en。

梅利娜·考斯蒂是一位专业的商业作家，具有营销管理背景。她与克里斯·格里菲斯合著过亚马逊畅销书 *GRASP the Solution*，并与全球培训和软件供应商 OpenGenius 有密切合作。梅利娜取得了伦敦城市大学商业研究专业一级荣誉学士学位。除写作外，她还为有学习障碍和残疾的成人学生提供学术支持服务。